Soziologische Studien
Band 25

# Politische Korruption, Medien und Gesellschaft

## Oder:
## Der diskursive Kampf um ein Tabu in Argentinien

Silvana Figueroa

Centaurus Verlag &
Media UG 2001

Die Deutsche Bibliothek – CIP-Einheitsaufnahme

Figueroa, Silvana:
Politische Korruption, Medien und Gesellschaft :
Oder: Der diskursive Kampf um ein Tabu in Argentinien /
Silvana Figueroa. – Herbolzheim : Centaurus-Verl.-GmbH & Co. KG, 2001
  (Soziologische Studien ; Bd. 25)
  Zugl.: Konstanz, Univ., Diss., 1999

  ISBN 978-3-8255-0333-8      ISBN 978-3-86226-447-6 (eBook)
  DOI 10.1007/978-3-86226-447-6

ISSN 0937-664X

*Alle Rechte, insbesondere das Recht der Vervielfältigung und Verbreitung sowie der Übersetzung, vorbehalten. Kein Teil des Werkes darf in irgendeiner Form (durch Fotokopie, Mikrofilm oder ein anderes Verfahren) ohne schriftliche Genehmigung des Verlages reproduziert oder unter Verwendung elektronischer Systeme verarbeitet, vervielfältigt oder verbreitet werden.*

© *CENTAURUS Verlags-GmbH & Co. KG, Herbolzheim 2001*

Umschlaggestaltung: DTP-Studio, Antje Walter, Lenzkirch
Umschlagabbildung: Hieronymus Bosch, um 1450–1516. Ausschnitt aus „Die sieben Hauptsünden und die vier letzten Dinge", Tischplatte, Öl auf Holz, 120 x 150 cm. Prado-Museum, Madrid. Photo: Archiv für Kunst und Geschichte, Berlin.
Satz: Vorlage der Autorin

"Soy de un país vertiginoso donde la lotería es parte principal de la realidad: hasta el día de hoy, he pensado tan poco en ella como en la conducta de los dioses indescifrables de mi corazón. Ahora, lejos de Babilonia y de sus queridas costumbres, pienso con algún asombro en la lotería y en las conjeturas blasfemas que en el crepúsculo murmuran los hombres velados."

Jorge Luis Borges, *La Lotería en Babilonia.*

"Ich stamme aus einem schwindelerregenden Land, in dem die Lotterie ein Hauptbestandteil der Wirklichkeit ist; bis zum heutigen Tage habe ich so wenig über sie nachgedacht wie über das Verhalten der unenträtselbaren Götter meines Herzens. Jetzt, da ich fern von Babylon und seinen geliebten Bräuchen weile, denke ich mit einem gewissen Staunen an die Lotterie und an die blasphemischen Mutmaßungen, die sich die Verschleierten in der Dämmerung zuraunen."

Jorge Luis Borges, *Die Lotterie in Babylon.*

**Danksagungen**

Mein Unternehmen, eine Dissertation in Deutschland zu schreiben, hat großzügige menschliche, fachliche und finanzielle Unterstützung gefunden. Deswegen möchte ich an dieser Stelle meinen geduldigen "Mitstreitern" und Diskussionspartnern Dank aussprechen. Dr. habil. Hubert Knoblauch bin ich für seine fachliche Betreuung dankbar; Prof. Dr. Soeffner hat mich mit fruchtbaren Ideen beim Arbeiten motiviert und mich in meiner Forschung sehr aufgeschlossen unterstützt. Bei Bernd Schüler bedanke ich mich für Korrekturen. Meine Eltern, meine Schwester und mein Bruder haben mir das unbedingte Vertrauen und die Unterstützung all meiner "Verrücktheiten" geschenkt. Jochen Dreher verdient mein größten Dank: Nicht nur für die wertvolle fachliche Betreuung, vielmehr für seine Menschlichkeit und Geduld. Meine Promotion wurde durch ein Stipendium der Konrad-Adenauer-Stiftung finanziert, der ich zu Dank verpflichtet bin; bei Dr. Detlev Preuße bedanke ich mich für seinen Beistand während der Durchführung meiner Arbeit.

Silvana Figueroa

# Inhaltsverzeichnis

| | | |
|---|---|---|
| I. | Einleitung | 1 |
| II. | **Die politische Landschaft Argentiniens** | 8 |
| II.1. | Historischer Hintergrund: Die Wurzeln des Autoritarismus | 8 |
| II.2. | Die Ausmaße der Korruption | 15 |
| II.3. | Demokratie und Justiz in Argentinien | 18 |
| II.4. | Demokratie und Pressefreiheit in Argentinien | 24 |
| II.5. | Korruption: Indikator einer anomischen Gesellschaft? | 31 |
| III. | **Das Datenmaterial und seine Spezifität** | 40 |
| III.1. | Nachrichten als Form des journalistischen Diskurses | 40 |
| III.2. | Die Spezifität des audiovisuellen Textes | 42 |
| III.3. | Die Spezifität des journalistischen Textes | 50 |
| III.4. | Die Gattung "Nachrichten" und die soziale Konstruktion der Wirklichkeit | 62 |
| III.5. | Fernsehnachrichtensendungen in Argentinien | 67 |
| IV. | **Die Forschungsmethode** | 70 |
| IV.1. | Methodologische Ausgangspunkte und Begriffe | 70 |
| IV.2. | Die Begriffe der Grounded Theory | 72 |
| IV.3. | Das Untersuchungsmaterial in seiner Quantität und Qualität | 80 |
| IV.4. | Grounded Theory und die Analyse des journalistischen audiovisuellen Diskurses | 85 |
| IV.5. | Datenanalyse und die Entstehung der kombinierten Forschungsmethode | 95 |
| IV.6. | Die Implikation | 112 |

| V. | **Die Konstruktion der Korruption in den Nachrichten** | 120 |
|---|---|---|
| V.1. | Die "Austreibung des Dämons" bei *ATC 24* | 121 |
| V.1.1. | Die *monopolisierte* Verwendung des Wortes "Korruption" | 122 |
| V.1.2. | Der *Dämon* der Korruption | 127 |
| V.1.3. | Die Sicherung der Autorität der Regierung im Diskurs | 130 |
| V.1.4. | "Auch im Ausland gibt es schwarze Schafe..." | 133 |
| V.1.5. | Moralische Kommunikation und die Annullierung der Korruptionsvorwürfe gegen die Regierung | 137 |
| V.1.6. | "Die Korruption" als unsichtbares Übel | 143 |
| V.1.7. | Korruption oder Kriminalität? | 145 |
| V.2. | *Telenoche 13* | 148 |
| V.2.1. | "Die Korruption" beim Namen nennen? | 148 |
| V.2.2. | Die "technizistische" Thematisierung der Korruption | 151 |
| V.2.3. | Die implizite Vermittlung der Korruption | 154 |
| V.2.4. | Korruption, Kriminalität und Moral | 167 |
| V.2.5. | Moralische Kommunikation und der Begriff der *Kriminalität* | 168 |
| V.2.6. | Die visuelle Gestaltung der Korruption | 171 |
| V.2.7. | Ñoquis *in flagranti*: Die versteckte Kamera geht auf die Jagd | 175 |
| **VI.** | **Das Tabu der Korruption** | 186 |
| VI.1. | Der Begriff des Tabus | 187 |
| VI.2. | Tabuisierung auf sprachlicher Ebene | 189 |
| VI.3. | Der Umgang mit dem Tabu in Bildern | 195 |
| VI.4. | Die magische Kraft des Geldes | 198 |
| VI.5. | Mediale Strategien der Vermeidung des Tabus | 206 |
| VI.6. | Das Tabu der Korruption bei *ATC 24*: Ritualisierte *Magie* | 213 |
| VI.7. | Das Tabu der Korruption bei *Telenoche 13*: Das Spiel mit dem Feuer | 223 |
| VI.8. | Exkurs: Die Lächerlichkeit der regierenden Klasse | 228 |

| | | |
|---|---|---|
| VI.9. | Der Umgang mit dem Tabu bei *Telenoche*: Strukturelle Analogien mit *ATC 24* | 232 |
| **VII.** | **Die demokratische Ordnung und ihre Wächter: Schlußfolgerung** | 237 |
| **VIII.** | **Zusammenfassung** | 245 |
| **IX.** | **Literaturverzeichnis** | 250 |

# I. Einleitung

Stellen wir uns vor: Eine Fremde hält sich in Buenos Aires, der faszinierenden Hafenmetropole Argentiniens auf und hat die Absicht, Spanisch zu lernen. Es wurde ihr das Sprachinstitut der Universität Buenos Aires empfohlen, das den für sie geeigneten Kurs "Spanisch für Ausländer" veranstaltet. Unsere potentielle Sprachschülerin findet endlich das Gebäude im Finanzzentrum der Hauptstadt, ist sich jedoch nicht sicher, ob die Adresse des Sprachinstituts wirklich die richtige ist: In einem Bezirk, im dem sämtliche Paläste der Banken modernen oder klassischen Baus luxuriös und mächtig erscheinen, findet sie sich plötzlich einem Gebäude gegenüber, das alt, ungepflegt und wie verlassen aussieht. Ein bronzenes Schild bestätigt es jedoch: "Universidad de Buenos Aires, Facultad de Filosofía y Letras, Instituto de Idiomas". Sie betritt das Gebäude und stellt fest, daß es einmal ein sehr prunkvolles war; eine hohe Decke mit kristallenem Kronleuchter und die prächtige, imponierende Marmortreppe sind Indizien für gute alte Zeiten. Sie wirft einen Blick auf die Treppe und bemerkt einen Mann, offensichtlich einen Angestellten, der dort mit mühevoller Arbeit beschäftigt ist. Was macht diese Person eigentlich dort? Renoviert wird hier offensichtlich nicht. Der Mann poliert die alten, prachtvollen Reliefe auf den Bronzekugeln des Treppengeländers. Diese ganze Szene wirkt surrealistisch: Was für einen Sinn besteht darin, die alten Bronzefiguren zu polieren, während das verwahrlose Gebäude fast auseinander fällt?

Diese Szene, wie unsere Hauptdarstellerin schnell begreifen wird, veranschaulicht im Kleinen ein Charakteristikum der politischen Kultur Argentiniens: Sie demonstriert die Ambivalenz der Bürger zwischen den Mythen und dem Horizont der idealen Demokratie einerseits und der tatsächlichen "formalen" Demokratie andererseits - den Mythen einer Kultur der Helden, die für Gleichheit, Freiheit und Brüderlichkeit kämpften und deren Bronzestatuen poliert und konserviert werden, während das "Gebäude" der Demokratie durch die eigentlichen alltäglichen Handlungen der Bürger, die häufig ungerecht, betrügerisch, willkürlich in bezug auf die demokratische Kultur sind, gefährdet ist.

Die vorliegende, diskursanalytische Studie, die im Bereich der Kultursoziologie anzusiedeln ist, beschäftigt sich mit dem journalistischen audiovisuellen Diskurs über politische Korruption in Argentinien. Ihr Ziel besteht darin, zu untersuchen, wie politische Korruption in zwei unterschiedlichen Fernsehnachrichtensendungen präsentiert wird. Warum wird im Rahmen dieser Analyse die *mediale Darstellung* der Korruption untersucht und nicht die Korruption selbst? Einerseits stellt die Korruption ein verstecktes politisches Phänomen dar, über das die Bürger zum größten Teil durch die Medien erfahren. So ist die *Konstruktion* des Begriffes der Korruption, die die Medien leisten, ein grundlegendes Element der Vorstellung und Bewertung der Korruption seitens der Bürger. Aber nicht nur die Definition der Korruption, sondern mit ihr die Bewertung dieses Phänomens werden durch die Medien stark geprägt. In diesem Sinne nehmen die Medien die wesentliche Rolle in der Gestaltung des Schnittpunktes von Kultur und Verbrechen ein:

> "Criminal events and perceptions of criminality are reported on by the media less than they are constructed within the media; their existence is inevitably measured more by rating points than by rates of crime." (Ferrell und Sanders, 1995: 14).

Die vorliegende Studie geht andererseits von der Annahme aus, daß die audiovisuellen Medien mit ihren Darstellungen audiovisuelle Texte herstellen, die nicht nur die soziale Wirklichkeit konstruieren, sondern als unumgängliches essentielles Zeichen für die politische Kultur Argentiniens interpretiert werden können. Darüber hinaus bieten die Medien mit ihren Filmen, Nachrichten, Videoclips usw. eine Ressource für die Individuen dieser Kultur an, ihre eigene Subjektivität und Einstellung in bezug auf unterschiedliche Bereiche des Lebens zu erfahren, zu entfalten und zu bewältigen. Darüber hinaus kann die Analyse der Politik heutzutage nicht mehr von der Analyse ihrer massenmedialen Ausdrucksweisen getrennt werden.

Die *soziale Konstruktion* (vgl. Kap. III.4.) der politischen Korruption durch die Medien ist ein wenig erforschtes Thema der Soziologie. Einerseits sind Studien im wissenschaftlichen Diskurs vertreten, die Korruption als politisches, wirtschaftliches oder kriminologisches Phänomen analysieren, unabhängig von ihrer Darstellung durch die Medien. Manche von diesen Studien schlagen mögliche Maßnahmen oder Reformen für die Vermeidung bzw. Entwurzelung der politischen Korruption vor. So geht beispielsweise Rose-Ackerman (1999) von einer wirtschaftlich-politischen Perspektive der Erforschung der Korruption aus und formuliert Reformvorschläge für ihre Entwurzelung; Etzioni (1984) beschäftigt sich mit der Analyse der politischen Korruption und ihrem Bezug zum demokratischen System in den Vereinigten Staaten, sowie mit Reformmaßnahmen; Holmes (1993) untersucht das Problem der Korruption und der politischen Legitimation in kommunistischen Herrschaftssystemen; Heidenheimer (1970) formuliert eine Definition und entwickelt eine Analyse der administrativen und legislativen Korruption, beispielsweise im Rahmen von Wahlprozessen und in unterschiedlichen Ländern. Anderseits wird das Thema Korruption unter dem Stichwort "Medienskandal" in bezug auf die massenmediale Darstellung eines einzigen Falles, beispielsweise von Germis (1988), der die Fälle "Flick" und "Wörner/Kießling" analysiert, untersucht. Die Logik dieser Skandale in ihrer medialen Darstellung wird von Ebbighausen und Neckel (1989) erforscht. Außerdem legten Heidenheimer, Johnston und LeVine (1989) ein sehr ausführliches Handbuch über das Thema politische Korruption vor. Die *"Normalität"* der Darstellung der Korruption jedoch, die diese Studie untersucht, wird in der Regel nicht analysiert:

> "Traditionellerweise wurde der politischen Korruption nur sporadisch die Aufmerksamkeit von Politikwissenschaftlern und Ökonomen zuteil - besonders jener, die sich für vergleichende Politikwissenschaft interessieren. Die pragmatische Dimension des Problems wurde relativ umfassend untersucht, da solche Studien sich auf die Identifikation der Quellen der Korruption, der Klassifikation der Arten der moralwidrigen Beeinflussung und den Vergleich der 'wirklichen' Kosten und Erträge der Korruption in verschiedenen politischen Systemen konzentriert haben. Für seine abstrakteren oder 'symbolischen' Dimensionen wurde allerdings nur

wenig Arbeit aufgewandt. Bei der Untersuchung der Korruption in einem *politischen-institutionellen* Kontext haben wir ihren rhetorisch-sozialen Kontext praktisch völlig ignoriert." (Gronbeck 1985: 257-258).

Die von Gronbeck geschilderte Situation in bezug auf die Analyse der politischen Korruption hat sich seit 1985 wenig geändert. Eine Ausnahme stellt Murphy (1983) dar, der sich mit dem Problem der Beziehung zwischen Journalisten und ihren Quellen für die journalistische Untersuchung (journalistic investigation) der Korruption beschäftigt; jedoch analysiert Murphy die Produkte der journalistischen Arbeit - die Nachrichten - nicht. Dies ist auch der Fall bei Doig (1983), der die Grenzen und die Konflikte des kritischen "investigativen" Journalismus in bezug auf die Veröffentlichung von Korruptionsfällen aufzeigt. Die vorliegende Studie zielt darauf ab, diese Lücken der sozialwissenschaftlichen Forschung über die politische Korruption zu füllen.

Das Bestreben dieser Untersuchung besteht in einem Vergleich der Darstellung der politischen Korruption in zwei argentinischen Fernsehnachrichtensendungen. Dieser Vergleich erweist sich deswegen als sinnvoll, weil eine der Sendungen - *ATC 24* - von der staatlichen Rundfunkanstalt ATC ausgestrahlt wird, die in der Öffentlichkeit als "Stimme der Regierung" agiert. Die Nachrichtensendung *Telenoche* hingegen wird von Canal 13 produziert, der dem mächtigen Medienoligopol Grupo Clarín angehört. *Telenoche* ist der argentinischen Regierung gegenüber kritisch eingestellt. Die Daten für die Untersuchung stammen aus dem Jahre 1995, wobei der Eindruck erweckt werden könnte, daß die Ergebnisse dieser Studie heute nicht mehr "aktuell" seien - Ende 1999 wurde in Argentinien eine neue Regierung gewählt. Der damalige Präsident, der Peronist Carlos Menem, wurde von Fernando de la Rua aus der vormals oppositionellen *Partido Radical* abgelöst. Daß mit dem Regierungswechsel das strukturelle Problem der politischen Korruption in Argentinien "unberührt" blieb und diese politischen Verhältnisse sich bis heute keineswegs änderten - und damit der mediale Umgang damit in seiner strukturellen Logik auch nicht -, zeigt die Tatsache, daß schon Mitte des Jahres 2000 einer der größten politischen Skandale der argentinischen Geschichte mit einer Veröffentlichung der Zeitung *La Nación* "platzte": Der Regierung de la Ruas wird vorgeworfen, 13 Senatoren - sowohl aus der peronistischen als auch aus der radikalen Partei - bestochen zu haben, damit sie der *Reforma Laboral*, dem neuen Gesetz für die Arbeitsflexibilisierung, im Parlament am 26. April 2000 zustimmen. Inzwischen mußten Arbeitsminister Alberto Flamarique und der Chef des Geheimdienstes, Fernando de Santibañes, zurücktreten, wobei über den Skandal nur sporadisch Nachrichten veröffentlicht werden; der Korruptionsfall wurde jedoch längst nicht aufgeklärt (vgl. Clarín Digital im Internet, 14.11.2000). Bei der Beobachtung dieses aktuellen Korruptionsskandals und seiner medialen Darstellung wird deutlich, daß die Logik des argentinischen medialen Diskurses und der argentinischen Politik in bezug auf politische Korruption sich von jener, die in der Zeit der Regierung Menems vorherrschte, nicht substantiell unterscheiden.

Das zweite Kapitel - "Der Politische Kontext Argentiniens" - umfaßt eine Darstellung des historischen Kontextes und der gegenwärtigen Situation des juristischen Systems, der Pressefreiheit und der politischen Kultur in Argentinien. Die Betrachtung dieser vier Bereiche soll aufzeigen, daß einerseits die argentinische Demokratie mit Recht als "formal" - im Gegensatz zu "substantiell" - bezeichnet werden und andererseits eine "Diagnose" der argentinischen zivilen Kultur, wie sich herausstellen wird, als "anomisch" gefaßt werden kann.

Das darauffolgende dritte Kapitel beschreibt die theoretische Perspektive, aus der das Datenmaterial für die Analyse betrachtet wird. Dabei handelt es sich vor allem um eine diskursanalytische Perspektive, die in jedem Text eine umfassende Bedeutungsstruktur erkennt und nicht eine Gruppierung voneinander unabhängiger Zeichen. Diese Perspektive unterscheidet außerdem zwischen einer Handlungs- und Interaktionsebene einerseits und einer Diskursebene, mit ihrer "imaginären" Konstellation andererseits. Letztere stellt eine "fiktionale" Welt dar, die, wenn sie "entziffert" wird, ein Indiz oder einen Schlüssel zur analysierten Kultur - zu ihrem Horizont, ihren Bedeutungen und ihrer Komplexität - anbietet. Jedoch gelten die Nachrichten für das Publikum als "wirklich" und "faktisch"; die diskursiven Strategien der Journalisten und die Eigenschaften des journalistischen Diskurses werden mit Hilfe des Begriffes der Gattung erläutert, da sie die Basis der Glaubwürdigkeit der Nachrichten bilden. Dieses Kapitel schließt mit einer Verdeutlichung der Besonderheiten der argentinischen Nachrichtensendungen.

Im vierten Kapitel erfolgt die Präsentation der für die Analyse verwendeten Forschungsmethode. Die Methodologie dieser sozialwissenschaftlichen Studie ist qualitativ und basiert auf Begriffen der Grounded Theory, die mit Konzepten des symbolischen Interaktionismus und der *dichten Beschreibung* von Geertz kombiniert wurden, um bezüglich der Natur des Datenmaterials angemessen zu sein. Der Charakter dieser Untersuchung ist - aufgrund eines Mangels an vergleichenden Studien, insbesondere in der argentinischen Kultursoziologie, jedoch auch im allgemeinen - sowohl *explorativ* als auch innovativ. Die Grounded Theory und ihre Begriffe werden diskutiert und anschließend - mit Hilfe von weiteren qualitativen methodologischen Begriffen - für die Analyse des audiovisuellen journalistischen Diskurses adaptiert.

Kapitel V befaßt sich mit der Darstellung der Korruption in den analysierten Sendungen. Hier wird deutlich, daß es sich bei den analysierten Fernsehnachrichtensendungen um zwei Diskursgemeinschaften handelt, die auf unterschiedlichen - expliziten und impliziten - Ebenen die Korruption thematisieren. Die diskursiven Konstellationen, die *Telenoche* und *ATC 24* in bezug auf die politische Korruption konstruieren, sowie die diskursiven Strategien, die die Sendungen dazu verwenden, werden analysiert und verglichen.

In Kapitel VI wird die Hauptthese dieser Studie formuliert, wodurch die vorherigen Kapitel "gebündelt" werden: Der Begriff des Tabus als Schlüsselkategorie und seine Verbindung zu den dargestellten Kategorien werden *miteinander verknüpft*, wobei erst an dieser Stelle der Versuch einer dichten Beschreibung in bezug auf die Darstellung der politischen Korruption erreicht wird. Die Hauptthese dieser Studie besagt, daß die Korruption ein politisches Tabu in den Nachrichtensendungen darstellt, wobei der Umgang der beiden Sendungen mit dem Korruptionstabu sich als ausgesprochen unterschiedlich erweist.

Dieser Unterschied im Umgang mit und in der Thematisierung der Korruption von beiden Sendungen soll nicht im Tabu selbst gesucht werden: In der Schlußfolgerung wird hingegen argumentiert, daß die politische Korruption zu den grundlegenden Verboten der demokratischen Ordnung gehört. Dieser letzte Abschnitt der Forschungsstudie besteht darüber hinaus in einem Versuch, die analysierte Darstellung der Korruption in den Nachrichtensendungen und die politische Kultur Argentiniens im Umgang mit Korruption weitgehend mit den fundierenden Elementen einer demokratischen Kultur zu verknüpfen.

# II. Die politische Landschaft Argentiniens

Das vorliegende Kapitel beschäftigt sich mit dem Kontext der gegenwärtigen politischen Situation Argentiniens und ihrem historischen Hintergrund. In dieser Beschreibung soll ausführlich dargestellt werden, in welchem Maße der Autoritarismus und der Hyperpräsidentialismus im politischen System, ein überlastetes und teilweise ineffizientes juristisches System und das ständige Verletzen der Gesetze seitens der Bürger den Rahmen für eine Pressefreiheit, die trotz all diesen Problemen gilt, verengen. In diesem Kontext wird die Äußerung von Kritiken an der Regierung und der regierenden Klasse zur gefährlichen Tätigkeit, die sogar in manchen Fällen von kühnen Journalisten mit dem Leben bezahlt wurde. Themen wie die politische Korruption müssen in Argentinien "vorsichtig" behandelt werden, so daß die "Empfindlichkeit" der Regierenden nicht verletzt wird.

## II.1. Der historische Hintergrund: Die Wurzeln des Autoritarismus

Von 1974 bis 1983 erlitt Argentinien die blutigste Diktatur seiner gesamten Geschichte. Der *"Proceso de Reorganización Nacional"* ("Prozeß der nationalen Reorganisation") hinterließ 30000 "Vermißte" (*"desaparecidos"*) als eines seiner dramatischsten Ergebnisse: 30.000 Leute, die ohne irgendwelche gerichtliche Verfahren von den regierenden Militärs entführt und ermordet wurden (vgl. FDCL 1983; Hamburger Institut für Sozialforschung (Hrsg.) 1987; Reemtsma 1991; Scheerer 1991). Als Teil des "totalen Krieges" gegen die "Subversion" opferte die Diktatur jeden Bürger, der eine Bedrohung für ihre eigene ideologische Hegemonie darstellte, insbesondere Gewerkschafter, Journalisten, Rechtsanwälte und Psychiater (vgl. Brysk 1994: 40).

Der Autoritarismus der letzten Diktatur war jedoch kein neues Element der politischen Kultur Argentiniens; er hatte seine Wurzeln in einem langen sozialen, politischen und wirtschaftlichen Niedergang. Um ihn verstehen zu können, muß man vier Schlüsselelemente der argentinischen Geschichte dieses Jahrhunderts betrachten: Erstens war das argentinische wirtschaftliche Akkumulationsmodell (*modelo de acumulacion*) instabil[1] und wurde von verschiedenen politisch hoch mobilisierten sozialen Kräften abgelehnt. So war zweitens das Militär als ein legitimierter politischer Akteur akzeptiert, der regelmäßig gemeinsam mit zivilen politischen Kräften in der argentinischen Gesellschaft intervenierte. Drittens verursachte die Spannung zwischen den Normen und den Institutionen einer repräsentativen Demokratie einerseits, und die Exklusion mehrheitlicher politischer Kräfte andererseits, eine tiefe Legitimitätskrise. Schließlich beteiligten sich fast alle politischen Kräfte an Menschenrechtsverletzungen und förderten dadurch den Wachstum eines repressiven staatlichen Apparats. Jedes dieser Elemente trug dazu bei, daß eine neue Form des Autoritarismus Anfang der siebziger Jahre entstand: Der "*Proceso*" (vgl. Brysk 1994: 23-24).

Es muß dennoch angemerkt werden, daß keiner der obengenannten Gründe alleine eine Erklärung dieses Niedergangs bieten kann, so wie die intensive Repression seitens des *Procesos* unmöglich vorauszusagen war. Chronische, sich wiederholende Wirtschaftskrisen hatten besondere politische Auswirkungen bezüglich des Charakters und der Entwicklung der politischen Institutionen Argentiniens. Dieses systemische Scheitern verursachte spezifische Reaktionen der Akteure, die durch deren Wahrnehmungen von Bedrohungen und Spielregeln des dargestellten politischen und wirtschaftlichen Systems geprägt waren (vgl. Brysk 1994: 24). Wie später gezeigt

---

1   Smith faßt die politisch-wirtschaftliche Situation im Argentinien nach 1930 folgendermaßen zusammen: "After the Depression, neither liberal democracy nor a strong and enduring authoritarian system emerged. The material root of the failure to construct a new hegemonic system lay in the manner in which the post-1930 political economy was structured around two different poles of accumulation - one agrarian and the other urban and industrial - with contradictory relations with the world market." (Smith 1989: 44).

werden wird, hat diese Dynamik zur Folge, daß in der argentinischen Gesellschaft eine besondere Art von Anomie bis heute vorherrscht, die auf der Schwächung der sozialen Bindungen und einem ausgeprägten Individualismus basiert (vgl. unten II.5).

Trotz seiner paradoxen Eigenheiten[2], war Argentiniens Entwicklung im 20. Jahrhundert typisch für Lateinamerika. Das Verhältnis zwischen Agrikultur und Industrie war verzerrt und konnte sich in das internationale Wirtschaftssystem nicht einfügen; die Entwicklung des ökonomischen und des politischen Liberalismus fand nicht gleichzeitig statt und das Militär dominierte das politische Leben. Ein hoch mobilisierter Kampf um Anteil am Gewinn in einer zusammenschrumpfenden Wirtschaft verursachte autoritäre und repressive Zyklen. Im allgemeinen traten positive wirtschaftliche Trends in Verbindung mit zivilen verfassungstreuen Regierungen auf (1945, 1957 und 1963), während wirtschaftlich instabile und im Niedergang begriffene Entwicklungsphasen mit militärischen Interventionen zusammenfielen. Waisman (1987: 101) verfügt ebenfalls über eine Erklärung des Ausbruches von politisch-autoritären Phasen aufgrund bestimmter wirtschaftlicher Zyklen, die jedoch auf einer etwas anderen Logik basieren, als jene, die bereits dargestellt wurden. Seiner Auffassung nach bestand der grundsätzliche Destabilisierungsmechanismus - insbesondere seit Perón und mit dem Höhepunkt im Jahre 1976 - darin, daß die Zahlungsbilanz zu Sparmaßnahmen führte. Diese verursachten die Mobilisierung der Arbeiter, die zu hohen Inflationsraten führte und diese polarisierten die Gesellschaft mit der Folge, daß die Bourgeoisie und der Staat sich bedroht fühlten. Das führte schließlich dazu, daß eine *Militärjunta* die Ordnung durch Demobilisierung, d. h. durch Repression, wieder restaurierte (vgl. Brysk, 1994: 25).

---

2  Argentinien verfügte Anfang des Jahrhunderts über ähnliche Naturressourcen, kulturelle Muster und frühe Prosperität wie Kanada oder Australien. Trotzdem nahm die politische und wirtschaftliche Entwicklung ein, wie man sagen könnte, lateinamerikanisches Profil an (vgl. Brysk 1994: 24).

Das Militär stellte somit in diesem System einen routinierten politischen Akteur dar, der wie eine politische Partei und als Vertreter der staatlichen Autonomie agierte. Zwischen 1930 und 1983 regierten in Argentinien 24 Präsidenten, von denen 16 militärische Offiziere waren. In dieser Zeitperiode erfuhr das Land außerdem 26 erfolgreiche Militärputsche.

Aber auch demokratische Regierungen waren häufig durch die Einschränkung demokratischer Rechte und durch den Ausschluß mehrheitlicher politischer Kräfte gekennzeichnet. Zwischen 1930 und 1983 erlebte Argentinien zehn Mal einen Staatsnotstand, was insgesamt 30 Jahre der gesamten fünfzigjährigen Periode umfaßte. In den Provinzen Argentiniens ersetzten föderale Interventionen zumeist die demokratisch gewählten provinzialen Behörden und sogar der populäre Juan Perón, der frei gewählt wurde, "säuberte" das Richteramt, restringierte die Presse und schaffte die Autonomie der Universitäten ab. Während dieser Zeit fanden selten freie Wahlen statt: Die konservative Restauration wurde in den dreiziger Jahren mit kontrollierten Wahlen aufrechterhalten; die peronistische Partei wurde zwischen 1955 und 1973 verbannt. Trotzdem kam 1963 Arturo Illia, der Präsident der Radikalen Partei, mit nur 25 Prozent der Stimmen - in einem System mit obligatorischer Wahl - zur Macht. Keine der dominanten intellektuellen Strömungen - Liberalismus und Nationalismus - leistete eine Unterstützung der demokratischen Institutionen und beide rechtfertigten die Ausübung der politischen Gewalt. Jedoch war der Staat die ursprüngliche und vorherrschende Quelle der politischen Gewalt in Argentinien und jede politische Kraft, die die Macht des Staates innehatte, verübte Menschenrechtenverletzungen unterschiedlicher Art.

Im Jahr 1983 wurde Raúl Alfonsín als erster demokratischer Präsident nach dem *Proceso* gewählt. Diese politische Phase wurde als *"transición democrática"* (demokratischer Übergang) bezeichnet und einer seiner bedeutendsten politischen Erfolge war die Verurteilung der bisher regierenden Militärs. Die Offiziere der Diktatur wurden zu unterschiedlichen Strafen verurteilt und die Gerichtshöfe waren auch für die Verurteilung aller Menschenrechtsverletzungen und von anderen Delikten, die die Streitkräfte begangen hatten, disponiert. Zahlreiche gerichtliche Verfahren waren im Gang, als der selbe Präsident, Alfonsín, das "Gesetz des Schlußpunkts" (*ley de punto final*) und das "Gesetz der Gehorsamkeit" (*ley de obediencia debida*) durchsetzte. Alfonsín trat am 8. Juli 1989 zurück, fünf Monate bevor sein Mandat geendet hätte. Hyperinflation, gefolgt von sozialen Aufständen und eine Unsicherheit in bezug auf die Unterstützung der Regierung durch das Militär, sowie interne Probleme zwischen den Hierarchien des Militärs, hatten ihm die Möglichkeit des Weiterregierens verbaut. Als Nachfolger Alfonsíns wurde der Peronist Carlos Menem gewählt.

In seinem ersten Mandat setzte Präsident Menem ein Bündel wirtschaftlicher Reformen in Kraft, die mit dem herkömmlichen staatlichen, populistischen Modell der Importsubstitution brachen. Diese Maßnahmen wurden von einigen peronistischen Gewerkschaftern bekämpft, die Mehrheit kooperierte jedoch mit Menems Reformen, deren Ergebnis außerdem war, daß die Mittel der Gewerkschaften sich verringerten: die Mitgliedschaft sank, ihre Finanzen verschlechterten sich, die kollektiven Handlungen wurden dezentralisiert und das Streikrecht wurde begrenzt (vgl. McGuire 1997: 216).

Die Fähigkeit der politischen Institutionen, den Verteilungskonflikt zu kanalisieren und zu organisieren, beeinflußt tatsächlich die Möglichkeit der demokratischen Konsolidierung. Im Falle der Regierung Menems nahm diese Fähigkeit ab, weil die demokratische Qualität der Institutionen zurückging. Verbesserungen auf bestimmten Ebenen kamen zustande, indem Menem einige gesetzliche und verfassungsmäßige Änderungen durchführte, die die Flexibilität, Gerechtigkeit und Relevanz gewisser demokratischer Arenen und Prozeduren erhöhten und indem er die Möglichkeit eines militärischen Widerstandes abschwächte. Anderersseits wurde die PJ (*Partido Justicialista* = Peronistische Partei) von Menem deinstitutionalisiert, er regierte per Dekret

- durch Gesetze, die ohne Zustimmung des Parlaments in Kraft gesetzt werden können -, vergrößerte den Obersten Gerichtshof und "reinterpretierte" manche Wahlgesetze; seine Verwaltung war außerdem von Korruption und Inkompetenz stark geprägt und er begnadigte die Militärs, die wegen Menschenrechtsverletzungen verurteilt worden waren. Menems Regierung war außerdem gegenüber physischen Angriffen auf regierungskritische Journalisten zumindest indifferent.

> "By deinstitutionalizing the PJ, Menem reduced its ability to organize and channel the demands of the (now less powerful) unions; and by playing fast and loose with electoral, legislative, and judicial processes, he fostered skepticism about their fairness and relevance." (McGuire 1997: 217).

Auch Palermo und Novaro (1996: 370) vertreten die These, daß Menem die institutionellen Möglichkeiten der Gestaltung und Übertragung der sozialen Forderungen schwächte, was seine Machtkonzentration erhöhte. Dies drückte sich darin aus, daß der Staat zu einer Art "black box" wurde, in welcher die Mächtigen und Regierungsnahen direkt mit der Exekutive verhandelten. In dieser Dynamik ergab sich die einzig verbleibende Möglichkeit für die Wähler, die Regierung durch die öffentliche Meinung zu beeinflussen, was die Rolle der Massenmedien in der Gestaltung der sozialen Forderungen verstärkte.

Zurück zu den wirtschaftlichen Reformen der Verwaltung Menems: Diese Maßnahmen brachten zum Teil wichtige Vorteile mit sich, wie Stabilität und eine niedrige Inflationsrate. Aber die Mängel dieser Verfahren sollten nicht als gering eingeschätzt werden. Wie sie in Kraft gesetzt wurden, und vor allem, was Privatisierungen betrifft, litten diese Maßnahmen unter gravierenden Unregelmäßigkeiten. Die wichtigsten Privatisierungsverfahren der (hauptsächlich, aber nicht nur) staatlichen Fluglinie, des Telefon-, des Elektrizitäts- und des Stahlunternehmens, waren von Korruptionsanschuldigungen gekennzeichnet. Andererseits war einer der höchsten Preise, den Menem für sein wirtschaftliches Programm bezahlen mußte, die rasche Zunahme der

Arbeitslosigkeit: Zwischen April 1991 und Mai 1995 - einer Periode schneller Preisstabilität und des Wachstums des Bruttoinlandsprodukts - steigerte sie sich von 6.9% auf 18.6% der argentinischen erwerbsfähigen Bevölkerung.

Menems Regierungsstil war, wie erwähnt, durch die Anwendung von präsidialen Dekreten (*decretos presidenciales, de necesidad y urgencia*) charakterisiert: Diese Dekrete sind in der argentinischen Verfassung als Möglichkeit für den Präsidenten verankert, um sie bei Staatsnotstand (*estado de emergencia*) in Kraft zu setzen; sie sind gerichtlich verbindlich, wenn sie nicht vom Parlament aufgehoben oder nicht verfassungsgerecht erklärt werden und wurden dafür gestaltet, um sie im Notstand, also im Rahmen außergewöhnlicher, außerordentlicher, unvoraussehbarer Situationen oder in voraussehbaren, aber unvermeidbaren Fällen anzuwenden.

Per Dekret - *"mega-decretos"* wurden sie von der Presse genannt - begrenzte Menem z. B. das Streikrecht, dezentralisierte die kollektiven Verhandlungen zwischen Unternehmen und Gewerkschaften und spaltete die Gewerkschaften von der Kontrolle der wichtigen *obras sociales* (staatliche Krankenkassen und soziale Hilfswerke). Bis Dezember 1993 hatte Menem 308 solche Dekrete erlassen, während in den vorhergehenden 140 Jahren insgesamt 30 *decretos presidenciales* verkündet wurden. Er erklärte diese Maßnahmen als Reaktion der Regierung auf die "Langsamkeit" der legislativen Handlungsfähigkeit (vgl. McGuire 1997: 255 ff.).

Abgesehen vom stark personalisierten Regierungsstils Menems, der die Qualität der Demokratie abschwächte, bleiben in Argentinien noch viele autoritaristische Enklaven erhalten, wie zum Beispiel die SIDE (*Secretaría de Inteligencia del Estado*). Diese staatliche Geheimpolizei leistete bisher mit Erfolg Widerstand, wenn die Gesetzgeber ihre Tätigkeiten untersuchen wollten. Von einem 122 Millionen US-Dollar-Budget werden die Verwendungszwecke für nur 5 Millionen US Dollar ausführlich deklariert. Außerdem waren von der SIDE im Jahre 1992 nur vier fest angestellte Arbeitnehmer gemeldet (vgl. McGuire 1997: 253).

## II.2. Die Ausmaße der Korruption

Auch in bezug auf legislative Tätigkeiten in Argentinien können fragwürdige Aspekte erwähnt werden. Als eines von vielen Beispielen kann folgendes angeführt werden: Im Jahr 1991 wurde festgestellt, daß manche Senatoren die Flugtickets verkauften, die sie vom Staat dafür erhielten, den Kontakt mit ihren Wählern in den Provinzen beizubehalten. Später in jenem Jahr, kurz nachdem das Abgeordnetenhaus eine knapp berechnete Arbeitslosenversicherung für die Arbeitnehmer verabschiedete, genehmigten die Abgeordneten eine wesentlich großzügigere Versicherung für sich selbst (vgl. McGuire 1997: 256).

Die schlechte Lage der Justiz in Argentinien - die durch (unter anderem) Überlastung, Ressourcenmangel und nicht selten Manipulation, die auch durch das Erbe der Diktatur und durch die Veränderungen des Obersten Gerichtshofs erklärt werden kann - ist auch der Grund dafür, warum Dutzende der von Menem ernannten Beamten Erfolg hatten, trotz Bestechungsverdachts, der Verurteilung und der Haft zu entgehen. Im folgenden werden die bekanntesten Korruptionsfälle dargestellt.

Der damalige Arbeitsminister Jorge Triaca mußte kündigen, weil er beschuldigt wurde, "Rückerstattungen" (*"retornos"*) während der Privatisierung von SOMISA - des staatlichen Stahlunternehmens - erhalten zu haben. Der Chefdirektor des ANSSAL (*Administración Nacional del Seguro de Salud* / Bundesversicherungsanstalt) Hugo Barrionuevo[3] mußte ebenfalls aufgrund eines Bestechungsverdachts kündigen. Gleichermaßen erging es dem Innenminister Julio Mera Figueroa, als festgestellt wurde, daß er Geschäftsbeziehungen mit einem angeblichen Drogenhändler und Terroristen, Mohamed Al Kassar, pflegte. Sein Nachfolger, José Luis Manzano, mußte sein Amt wegen Anschuldigungen der illegalen Bereicherung niederlegen. Der

---

3   Der bekannteste Ausspruch von Barrionuevo wurde in einem Interview in einer Radiosendung geäußert: "Ich habe mein Geld nicht beim Arbeiten verdient".

Direktor der PAMI (*Programa Asistencial Medicina Integrada* / Rentenversicherungsanstalt), Miguel Nazur, und seine Nachfolgerin, Matilde Menéndez, mußten wegen Verdachts auf Bestechung zurücktreten. Zwei Berater des Präsidenten, Miguel Àngel Vicco und Claudio Spadonne, wurden aufgrund einer Anklage wegen Staatsbetrugs in einem Ernährungsprogramm für unterernährte Kinder entlassen; der Minister für öffentliche Bauarbeiten kündigte unter festem Verdacht auf Betrug und Amtsmißbrauch und die *"Multifuncionaria"* María Julia Alsogaray wegen Beschuldigungen der illegalen Bereicherung.

Auch mehrere Verwandte von Menem, die verschiedene wichtige Regierungsposten besaßen, traten wegen Korruptionsskandalen ab. Amira Yoma beispielsweise, Sekretärin des Präsidenten (*secretaria de audiencias presidenciales*), die im internationalen Flughafen in Buenos Aires mit einem mit US-Dollar gefüllten Koffer, vermutlich Drogengelder, gefaßt wurde. Karim Yoma, Sekretär für Sonderangelegenheiten des Außenministeriums, mußte kündigen, nachdem er beschuldigt wurde, Gelder von spanischen Managern verlangt zu haben. Emir Yoma, Wirtschafts-Sonderberater des Präsidenten gab seine Stelle auf, nachdem Manager des Swift-Armour Gefrierfleisch-Konzerns ihn beschuldigten, "Beiträge" verlangt zu haben.

Zahlreiche peronistische Gouverneure, die Menem unterschiedlich nahestanden, wurden wegen Korruptionsanklagen oder anderen Anschuldigungen des kriminellen Verhaltens zum Rücktritt gezwungen, z. B. Jorge Escobar (Provinz San Luis), Carlos Mujica (Provinz Santiago del Estero), Ramón Saadi (Provinz Catamarca) und Carlos Grosso (Capital Federal = Buenos Aires Hauptstadt).[4]

---

4   Die zahlreichen Korruptionsfälle und -skandale der Regierung Menems werden von Verbitsky 1991 und 1997 und in Cerruti und Ciancaglini 1991 ausführlich beschrieben.

Seit Anfang der 90er Jahre - vor allem seit der Stabilisierung der Demokratie - ist das Thema "politische Korruption" immer häufiger in den argentinischen Medien präsent. Am 6. Januar 1991 wurde der Presse bekannt, daß der nordamerikanische Botschafter in Argentinien, Terence Todman, bei der Regierung einen schriftlichen Protest einlegte: Ein Regierungsbeamter - Emir Yoma - hatte bei einer nordamerikanischen Firma (Swift-Armour S.A.) Schmiergeld dafür verlangt, daß die Firma ihre Steuerzahlungen erledigen konnte. Doch das Thema Korruption war bereits im politischen Diskurs Argentiniens vertreten, und der Vatikan und einige Wirtschaftsunternehmen, die wegen gewissen "verdächtigen" wirtschaftlichen Entscheidungen Schäden erlitten, hatten auch ihre Warnungen geäußert. Der Präsident der Vereinigung der Ausländischen Banken in Argentinien (*Asociación de Bancos Extranjeros de la República Argentina*) führte damals in einem Privatseminar den Neologismus *Kleptokratie* mit Bezugnahme auf eine Gruppe von Regierungsvetretern ein (vgl. Cerruti und Ciancaglini 1991: 219-281).

Die Debatte über politische Korruption war jedoch bis zum Swift-Skandal nicht so deutlich in den Medien präsent. Seitdem wurde der Regierung immer öfter Korruption vorgeworfen. Ihre Reaktion war einerseits der Versuch, die Medien zum Schweigen zu bringen, andererseits Untersuchungen zu fördern: Das Ziel dieser Untersuchungen war jedoch nicht, die möglichen Korruptionsfälle zu erleuchten, sondern die Quellen der Presse zu identifizieren, die ihr Information über Korruption lieferten (vgl. Verbitsky 1997: 45).

Im August 1992 ergab eine Umfrage, daß die Bürger die Korruption als das schwerwiegendste Problem des Landes einschätzten.

> "Bei einer Befragung antworteten 97% der interviewten Personen, daß die Korruption in Argentinien hoch oder sehr hoch sei. [...] Diese Umfrage verdeutlicht, wie weit die Gesellschaft von der Korruption betroffen ist. Sie zu beenden ist als schwierig einzustufen, da sie sich auf hohem Niveau befindet. Vereinfacht kann gesagt werden, daß fast alle Bürger korrupt sind - daß die Gesellschaft korrupt ist.

Dabei haben nur einige wenige einen Nutzen von der Korruption, aber viele dulden sie. [...] Es ist festzuhalten, daß es bereits früher Korruption gab, heute wird sie jedoch durch die Medien aufgedeckt." (Schreuers 1995: 176).

Die häufigste Antwort von Menem auf die Korruptionsvorwürfe war, daß Argentinien eine "Diktatur der Presse" erleide; deswegen schlug seine Regierung dem Parlament eine Reihe gesetzlicher Maßnahmen vor, die das Ziel verfolgten, die kritische Presse zum Schweigen zu bringen (vgl. Kap. II.4.). Auch auf die zahlreichen Attacken auf Journalisten - zwischen 1989 und Dezember 1992 erhielten 139 Journalisten Morddrohungen und 50 wurden physisch verletzt - reagierte die Regierung zumindest indifferent. Im Januar 1997 wurde die Leiche des Journalisten José Luis Cabezas erschossen und verbrannt aufgefunden. Es wurde später festgestellt, daß seine Mörder - zum Teil Polizisten der Provinz Buenos Aires - Beziehungen mit dem Multimillionär und engen Freund Menems Antonio Yabrán pflegten. Cabezas, der für die Jet-Set-Zeitschrift Caras arbeitete, war der erste Fotograf der es geschafft hatte, ein Foto von Yabrán zu veröffentlichen. Der Mord Cabezas' verursachte zahlreiche Demonstrationen für seine Klärung, weil er auf besonders grausame und "sichtbare" Weise begangen wurde. Dieser Fall wurde bisher noch nicht vollständig geklärt und inzwischen beging Antonio Yabrán am 20. Mai 1998 vermutlich Selbstmord.

## II.3. Demokratie und Justiz in Argentinien

Die Schwächen der Demokratie in Argentinien liegen unter anderem im stark ausgeprägten präsidialen Regime begründet, das die Verfassung des Landes vorschreibt. Folgendermaßen werden einige Grundbegriffe der modernen Verfassung in bezug auf die Justiz und Presse beschrieben und ihre Anpassung für das argentinische Grundgesetz analysiert:

"Zweck der modernen bürgerlichen Verfassung ist es, den Staat so zu organisieren, daß er am vorteilhaftesten die bürgerlichen Freiheiten schützen kann. Als bedeutendste Voraussetzung hierfür wurde und wird noch die Verwirklichung des Prinzips der Gewaltenteilung in der Verfassung angesehen. Zu der Gewaltenteilung kommt die Rechtsstaatlichkeit als weiteres entscheidendes Prinzip einer modernen bürgerlichen Verfassung hinzu. Es besagt, daß in die bürgerlichen Freiheiten nur aufgrund eines Gesetzes (das von den Repräsentanten der Bürger im Parlament beschlossen worden ist) eingegriffen werden kann. Dem Rechtsstaatprinzip folgend müssen sich alle Akte der Staatstätigkeit auf gesetzliche Bestimmungen zurückführen lassen und vor Gericht überprüfbar sein. *Voraussetzung hierfür ist die Unabhängigkeit der Richter."* (Scheuers 1995: 8, Kursivsetzung S.F.).

Wie später noch detailliert dargestellt wird, ist die Verfassungstreue in der Realität in verschiedenen Ländern nicht immer der Fall, was die "demokratischen" Verfassungen häufig in eine Fassade verwandelt. Aus diesem Grund ist für die Analyse der politischen Realität eines Landes von Bedeutung, nicht die geschriebene Verfassung sondern die gelebte Verfassung zu betrachten.

Wie bereits erwähnt wurde, ist die Gewaltenteilung eine wesentliche Komponente der modernen demokratischen Verfassung. Die horizontale Gewaltenteilung wird in die gesetzgebende (legislative), ausführende (exekutive) und richterliche (judikative) Gewalt gegliedert. Wenn entweder zwei dieser Gewalten oder sogar alle drei in einer Hand sind, dann ist die Freiheit bedroht. "Daraus resultiert der Grundsatz der Inkompatibilität: wer an der Ausübung einer Gewalt teilhat, darf im Rahmen der anderen Gewalt nicht mitwirken. Dadurch sollen sich die einzelnen Gewalten gegenseitig kontrollieren." (Schreuers, 1995: 8).

Ohne Gewaltenteilung und gegenseitige Kontrolle kann die Gewährleistung der Grund- und Menschenrechte nicht beibehalten werden. Es kann jedoch belegt werden, daß diese Gewaltenteilung im politischen Leben Argentiniens nicht der Fall ist. Die Regierung Menems erhöhte die Anzahl der Obersten Verfassungsrichter von fünf auf neun. Außerdem gründete sie eine neue Nationalkammer der Straffkassation (*cámara nacional de casación penal*), beanspruchte einen Großteil der freien Stellen in den neu gegründeten mündlichen Gerichten (*tribunales orales*), sechs Stellen in den bereits bestehenden föderalen Gerichtsbezirken (*juzgados federales*), sechs in den neu gegründeten föderalen Gerichtsbezirken und fünf neue Stellen in der Föderalkammer (*cámara federal*), plus 30 Staatsanwaltschaften. Das heißt, daß 60 Schlüsselpositionen von regierungsnahen Personen in der Justiz besetzt wurden, neun von zehn Stellen in Justizbehörden, in einem wesentlichen Gerichtsstand (*fuero*)[5]: genau in jenen Gerichten, in welchen die Tätigkeiten der Beamten der Zentralregierung untersucht werden (vgl. Verbitsky 1997: 116).

Als Folge davon wurden nur selten die "Verfassungsauslegungen" der Exekutive in Frage gestellt und keines der großen Korruptionsverfahren gegen Regierungsmitglieder führte zu Verurteilungen, was wiederum zu einem sehr geringen Prestige der Justiz in Argentinien führte.[6] Im Jahr 1998 veröffentlichten verschiedene Zeitungen in Buenos Aires die Ergebnisse von Meinungsumfragen, die zeigten, daß die Mehrheit der Bevölkerung sowohl an die Unparteilichkeit der Justiz als auch an ihre Unabhängigkeit von der Exekutive nicht glaubt (vgl. Verbitsky 1998: 98). Andere Umfragen der Gruppe Gallup Argentina und des Forschungsinstituts Unión para una Nueva Mayoría zeigten, daß das Vertrauen der Befragten in die Presse so hoch ist wie das Mißtrauen gegenüber der Justiz (vgl. Verbitsky 1997: 124).

Die Einschränkungen der Kompetenzen und die gegenseitige Kontrolle zwischen Legislative und Exekutive wurden während der Regierung Menems "flexibler" als je zuvor; daraus folgte eine Balance zugunsten der Exekutive:

---

[5] Für die Übersetzungen wurde das folgende Wörterbuch verwendet: Martin Rothe: Rechtswörterbuch Spanisch-Deutsch/Deutsch-Spanisch; Neuwied; Kniftel; Berlin: Luchterhand, 1996.

[6] Eine Umfrage von Demoskopia am Ende des Jahres 1995 ergab, daß 70% der Befragten daran Zweifel hatten, daß Argentinien ein Rechtsstaat sei (Zeitung Clarín 5.1.1996: 10). Andererseits zeigten Umfragen von Gallup, "daß der Anteil der Befragten, die Vertrauen in die Justiz haben, zwischen 1984 und 1995 von 57% auf 27% der Befragten zurückgegangen ist." (Nolte 1996: 113).

"Dies gilt in besonderer Weise für die wirtschaftlichen Reformen, zu deren Umsetzung Menem während seiner Amtszeit verstärkt auf präsidentielle Dekrete statt Gesetze zurückgriff. [...] Auf dieser Grundlage konnten geltende Gesetze modifiziert werden, ohne daß der Kongreß im Einzelfall diesen Veränderungen zustimmen mußte." (Nolte 1996: 113; vgl. auch Palermo und Novaro 1996: 256-266).

Die Meinungs- und Organisationsvielfalt stellt ein weiteres grundsätzliches Element der Demokratie dar. In einer pluralistischen Demokratie muß das Problem gelöst werden, wie die Interessen verschiedener Gruppen zu einem einheitlichen Gemeinwohl zusammengefügt werden können. Es besteht in diesem Rahmen jedoch die Gefahr, daß sich stärkere Interessengruppen durch Ausübung von Druck oder durch Täuschung ungerechtfertigte Sondervorteile verschaffen. Durch Korruption, Bestechung, Drohung, Nötigung und Gewalt und auch durch Autorität, Freundschaft und rationale Überzeugung kann politischer Einfluß genommen werden. Jedoch ist eine freiheitliche Demokratie ohne Meinungs- und Organisationsvielfalt nicht denkbar. In einer noch nicht konsolidierten Demokratie wie der argentinischen, ergibt diese Spannung zwischen Meinungsfreiheit und Gruppeninteressen ein besonders komplexes Problem für den Staat.

Die argentinische Verfassung erklärt das Präsidialsystem zum Regierungsmodus. Welche Konsequenzen hat diese Herrschaftsform? Zwei Grundformen der repräsentativen Demokratie sind die parlamentarische und die Präsidial-Demokratie. Ihr Unterschied besteht darin, daß der Regierungschef in der parlamentarischen Demokratie vom Parlament abhängig ist, während in der Präsidial-Demokratie beide Gewalten voneinander getrennt sind und aus getrennten Wahlgängen hervorgehen, d.h., daß der Präsident direkt aus dem Volk seine Legitimation bezieht. Der Präsident ist in einem präsidialen Regierungssystem außerdem gleichzeitig Regierungschef und Staatsoberhaupt; er bildet die Regierung, die allein ihm gegenüber (und nicht, wie im parlamentarischen Regierungssystem, dem Parlament gegenüber) Verantwortung trägt. Folglich ist das Staatsoberhaupt der parlamentarischen Kontrolle entrückt und selbstständiger Leiter der Regierung (vgl. Schreuers 1995: 13). Obwohl die argentinische Verfassung die amerikanische zum Vorbild hat, sind die Unterschiede zwischen beiden, was die (im argentinischen Fall höhere) Machtkonzentration des Präsidenten betrifft, ausgesprochen groß.[7]

Was die Beziehungen zwischen den provinziellen und nationalen Ebenen Argentiniens angeht, ist die politische Autorität auf eine nationale Regierung und 23 halbautonome Provinzen verteilt. Letztere haben ihrerseits ihre eigene Verfassung, die die Kompetenzen der Provinzregierung festlegt. Der Präsident, der für einen Zeitraum von vier Jahren gewählt wird, regiert auf nationaler Ebene, ebenso der Kongreß, aus zwei Kammern (Senat und Abgeordnetenhaus) bestehend, und die Judikative mit einem Obersten Gericht. Die Exekutive ist, wie bereits erwähnt wurde, gemäß der argentinischen Verfassung, eine starke Gewalt:

> "In der alten Verfassung (1853) sind im Artikel 86 insgesamt 22 Kompetenzbereiche des Präsidenten festgehalten, und auch in der neuen Verfassung (1994) sind es immer noch 20 Bereiche im Artikel 99. Zu den wichtigsten Aufgaben des Präsidenten zählen:
> - Der Präsident ist der höchste Chef der Nation, ihm untersteht die allgemeine Verwaltung des Landes.
> - Der Präsident nimmt, gestützt auf die Verfassung, an der Erarbeitung von Gesetzen teil, verleiht ihnen Gesetzeskraft und veröffentlicht sie.
> - Er ernennt und entläßt die Botschafter, Konsule und andere Handlungsbevollmächtigte.
> - Er erhebt die Staatssteuern und entscheidet über ihre Verwendung.

---

[7] Schell (1992: 357) hält es jedoch für "irreführend - bei aller Bedeutung, die das Präsidialamt besitzt - das amerikanische System als ein 'Präsidialsystem' zu bezeichnen, da dieser Begriff die Wechselbeziehung zwischen Exekutive und Legislative verschleiert und die Rolle des Kongresses im System unzulässig vernachlässigt." Außerdem besteht der Kongreß der Vereinigten Staaten aus zwei Kammern, dem Repräsentantenhaus und dem Senat. "Die zwei Häuser des Kongresses sind - mit wenigen Ausnahmen - zwar verfassungsrechtlich gleichberechtigt, unterscheiden sich jedoch sowohl in Größe, wie auch in Stil, Atmosphäre und Organisationsstruktur." (Ebd. 333 und 357).

- Er unterzeichnet und schließt Friedens-, Handels-, Seefahrts- und Bündnisverträge usw. ab.
- Er ist Oberbefehlshaber der Streitkräfte.
- Er erklärt den Krieg, etc." (Schreuers 1995: 57).

Obwohl in der neuen Verfassung vom Jahre 1994 einige Aufgaben des Präsidenten geändert wurden, blieben seine Kompetenzen im wesentlichen nur wenig eingeschränkt. Deswegen wurde das Präsidialsystem Argentiniens als "hyperpräsidentialistisch" (vgl. Nino 1992: 73 ff.) bezeichnet. "Während der Präsidentschaft von Carlos Menem hat sich die Machtkonzentration im Amt des Präsidenten - die allerdings unter seinem Vorgänger Alfonsín sehr ausgeprägt war - noch verstärkt, unbeschadet der Verfassungsreform von 1994, die den Präsidentialismus abmildern sollte." (Nolte 1996: 112; vgl. auch Palermo und Novaro 1996: 146-148 und Cavarozzi 1997: 123-124, 130-133, der den "Hyperpräsidentialismus" als Reaktion auf die Auflösung der Politik darstellt).

Entsprechend dieser Darstellung kann die argentinische Demokratie als "formelle" - im Gegensatz zu einer "substantiellen Demokratie" - gekennzeichnet werden, insbesondere was ihren partizipativen Charakter betrifft. Inwiefern das politische System Argentiniens als konsolidiert bezeichnet werden kann, wird durch die Argumentation Noltes deutlich:

> "Um diese Frage zu beantworten, gilt es, zwischen der Funktionsweise der demokratischen Institutionen - hier gibt es, wie aufgezeigt wurde, immer noch, bzw. erneut Defizite zu beklagen - und der Verwurzelung der Demokratie in der politischen Kultur zu unterscheiden. Als vorläufiges Resümee kann man vorausschicken, daß nicht mehr das Überleben der demokratischen Ordnung in Frage steht; die Diskussion zielt heute vielmehr auf die Qualität der Demokratie." (Nolte 1996: 115).

Nolte beschreibt die politische Lage Argentiniens darüber hinaus als "blockierte Demokratie" und argumentiert, daß das Land, die Entwicklung seiner politischen Institutionen im Sinne einer pluralistischen Demokratie betreffend, über Jahrzehnte hinter seinem sozioökonomischen Entwicklungsniveau zurückblieb. Einige der "Blockadesyndrome" wurden unter Menem und seinem Amtsvorgänger Alfonsín überwunden und auf diese Weise verbesserten sich die Aussichten für eine dauerhafte Konsolidierung der Demokratie (vgl. ebd. 119).

Jedoch bestehen die Folgen der noch festzustellenden und oben beschriebenen Schwächen der demokratischen Institutionen und der gescheiterten Gewaltenteilung in Argentinien darin, daß die Grund- und Menschenrechte häufig verletzt werden. Beispiele wie außergerichtliche Vollstreckungen, Folter, "verschwundene" Personen, Todesdrohungen, Abhängigkeit der Justiz und unterschiedliche Angriffe auf die Presse zeigen dies deutlich. Die dafür Verantwortlichen werden außerdem selten identifiziert bzw. bestraft.

### II.4. Demokratie und Pressefreiheit in Argentinien

Die unbegrenzte Pressefreiheit ist im Argentinien des zwanzigsten Jahrhunderts so "neu", wie die repräsentative Demokratie. Zwischen 1930 und 1983 waren nur zwei durch freie Wahlen legitimierte Präsidenten in der Lage, ein Mandat zu vollenden - bei beiden handelte es sich um Generäle der Nationalarmee. In diesem Rahmen waren die Möglichkeiten dafür, daß die Pressefreiheit aufrechterhalten werden konnte, recht gering. Vor allem während der letzten Diktatur - von 1976 bis 1983 -, der blutigsten und autoritaristischsten der gesamten argentinischen Geschichte, "verschwanden" ca.

einhundert Journalisten[8], was im Vergleich zur Gesamtheit der berufstätigen Journalisten einen ausgesprochen hohen Prozentsatz darstellt (vgl. Verbitsky 1997: 12).[9]

Während des *Procesos* verkündeten die argentinischen Massenmedien die offizielle Version der politischen Wirklichkeit. Die Diktatur erklärte die Machenschaften des Terrorstaates als "Krieg gegen die Subversion" und alle Veröffentlichungen über Verletzungen der Menschenrechte wurden zensiert. Sämtliche politischen Bewegungen für Menschenrechte wurden ebenfalls verboten und verfolgt.

Als die Diktatur zu Ende war, erlebten die Medien eine Katharsis der Berichterstattungen über die Enthüllungen von Menschenrechtsverletzungen, der Interpretationen der Zeit der Diktatur und des Entstehens neuer kritischer Informationsquellen (vgl. Brysk 1994: 127). Trotzdem wurden Themen, die sich mit Menschenrechtsverletzungen oder Menschenrechtsbewegungen auseinandersetzten, in dieser Übergangsphase auch zensiert. Als Beispiel kann erwähnt werden, daß der staatliche Sender ATC sich verweigerte, ein Konzert zu übertragen, das von Amnesty International organisiert wurde. Bezugnahmen auf die Mütter von Plaza de Mayo[10] wurden von der gleichen Sendung, die ein privater Sender ausstrahlte, "herausgeschnitten".

Anfang Dezember 1988 rebellierten die Militärs in einer Kaserne in Villa Martelli (in der Provinz Buenos Aires). Für diese Zeit hatte der staatliche Sender geplant, eine Reihe umstrittener Filme über Menschenrechte auszustrahlen, deren Vorführung aber später abgesagt wurde. Als positives Zeichen des Wandels der demokratischen Werte

---

8  Der Bericht der CONADEP (vom Hamburger Institut für Sozialforschung in die deutsche Sprache übersetzt; 1987: 190) zählt 84 "verschwundenen" Journalisten, jedoch wird geschätzt, "daß die Gesamtzahl der 'verschwundenen' aus dieser Berufsgruppe einhundert beträgt."

9  "Wenn man einen Berufsstand nennen soll, der ganz offenkundig den voreingenommenen Blick des von der Militärregierung errichteten unheilbringenden Apparates zur politisch-gesellschaftlichen Verfolgung und Unterdrückung auf sich zog, sind besonders die argentinischen Journalisten zu erwähnen." (Hamburger Institut für Sozialforschung 1987: 189).

10 Fundación Madres de Plaza de Mayo: eine Stiftung, die von Frauen gegründet wurde, deren Söhne und Töchter aus politischen Gründen "verschwunden" waren.

kann gelten, daß Menschenrechtsaktivisten und andere Organisationen als Folge der genannten Ereignisse protestierten (vgl. Brysk 1994: 129).

Erst als im Jahre 1988 eine Zivilregierung die andere ablöste und mit der Bezwingung des letzten Militäraufstandes ergab sich die Situation, daß sich die Gesellschaft von der Angstkultur der letzen sechs Dekaden befreien konnte. Andere Faktoren trugen gleichzeitig zur Demokratisierung der politischen Kultur bei, wie die Privatisierung der elektronischen Medien, mit der Folge eines explosiven Anstiegs der Einschaltquoten und eines Zugangs zu Information in Ton und Bildern für alle Bürger. Doch simultan mit dieser Wandlung verschlechterte sich, wie oben bereits erwähnt wurde, die Qualität des demokratischen Lebens und es erhöhte sich die rasche Konzentration der Macht in wenige Hände, als Folge des neu eingeführten neoliberalen Wirtschaftsmodells. Alle diese Faktoren steigerten das soziale Unbehagen.

Insbesondere die Presse, aber auch die elektronischen Medien berichteten in den letzten Jahren immer öfter über Korruptionsfälle in der Regierung, was die natürliche Spannung zwischen den Medien und der politischen Macht bis hin zu gefährlichen Konflikten erhöhte (vgl. Verbitsky 1997 und 1991). Die Regierung Menems versuchte die Korruptionsvorwürfe der Massenmedien auf unterschiedliche Weisen zu verschweigen. Dies soll in den folgenden Beispielen deutlich werden.

Im Juli 1992 zog die Regierung ihren Gesetzesvorschlag über das "Recht der Gegenrede" (*derecho a réplica*) zurück, nachdem er von der Inter-American Press Association und anderen Organisationen stark kritisiert wurde. Auf eine Kritik eines Erzbischofs an der Sozialpolitik Menems antwortete die Regierung mit der Behauptung, es gäbe "journalistische Monopole" in Argentinien, die sie dazu zwingen würde, Maßnahmen zur "Verteidigung [also zur Einschränkung] der Pressefreiheit" zu ergreifen.[11] Im Januar 1995 schlug die Regierung dem Parlament vor, ein Gesetz

---

11  Eine sehr interessante Analyse der politischen Kultur in Argentinien könnte darin bestehen, die besondere Sprache und rhetorische Wendungen der Politiker, sowie ihre Freudschen Fehler zu untersuchen. Als Beispiel für rhetorische Strategien kann folgende Äußerung

zu verabschieden, das für Verleumdung Haft oder sehr hohe Geldstrafen vorsah, was diesen juristischen Tatbestand mit anderen Tatbeständen wie Entführung, Vergewaltigung, Totschlag und Erpressung gleichsetzte. Außerdem enthielt dieser Gesetzesvorschlag den Zwang für die Medien, eine Rechtsversicherung abzuschließen, falls sie Verleumdungsanklagen erhielten und sah außerdem Geldstrafen wegen Verleumdung in Höhe von 200.000 US-Dollar vor. Es war der dritte Versuch der Regierung, ein "Knebelgesetz" zu verabschieden; nachdem jedoch die Inter-American Press Association erklärte, daß das Gesetz ein Versuch war, die Presse finanziell zu "erwürgen", mußte die Regierung ihren Vorschlag zurückziehen.

Einige Regierungsanhänger entwickelten trotzdem andere Strategien, um die "Diktatur der Presse" zu bekämpfen: Attacken auf und Bedrohungen von Journalisten, die bereits erwähnt wurden.

> "According to the journalists' union leader Carlos Camaño, 139 argentine journalists received death threats and 50 were physically attacked. Many of these Journalists were critical of the government, and Camaño claimed that 65% of the attacks could be traced to persons with government connections. Attacks on journalists continued in 1993, notably the cases of Marcelo Bonelli (attacked while investigating Lestelle[12]) and Hernán López Echagüe (attacked twice while investigating the recruitment of thugs for other attacks on journalists)." (McGuire 1997: 259; vgl. auch Echechurre 1997: 57-122, für Aggressionen gegenüber Journalisten zwischen 1987 und 1997).

Trotz dieser Versuche, die Presse zum Schweigen zu bringen, kann festgestellt werden, daß die Pressefreiheit in Argentinien Gültigkeit besitzt, und daß die Massenmedien trotz dieser Einschüchterungen sehr häufig über politische Korruption be-

---

gelten: Es wurde gegen den Ex-Gouverneur der Provinz Cordoba, Eduardo Angeloz, wegen illegaler Bereicherung prozessiert. Er entgegnete folgende Formulierung: "Ich gestehe, daß ich *nicht* schuldig bin" (*"Confieso que soy inocente"*, La Nación, Edición Internacional, 30.06 bis 06.07.98, Buenos Aires, S. 2). Mit dieser Äußerung gibt Angeloz zu verstehen, daß viele andere Politiker doch schuldig sind; somit relativiert er diese - seiner Meinung nach - "surrealen" Beschuldigungen.

12  Lestelle war damals "Sekretär für den Kampf gegen Drogensucht" und es wurden ihm Korruption und andere Straftaten vorgeworfen.

richten. Nichtsdestoweniger ist die Problemstellung der Medien trivial: Die einzelnen korrupten Politiker werden von der Presse mit einer moralischen Wertung präsentiert, nicht betrachtet werden hingegen die politische Macht, die diese Politiker korrumpiert, und die strukturelle Korruption als Bestandteil des politischen Systems (vgl. Verbitsky 1997: 11).

Wie sich die Lage der Justiz und der politische Rahmen des heutigen Argentiniens entwickeln, wurde bereits dargestellt. Noch dazu muß berücksichtigt werden, daß bis Oktober 1997 die regierende peronistische Partei die Mehrheit der Stimmen im Parlament hatte - sowohl im Abgeordnetenhaus als auch im Senat -, was die Machtkonzentration auf die Regierung erhöhte.

In diesem Rahmen mußten die Massenmedien ihre Doppelfunktion einmal als "Stimme" der zivilen Gesellschaft und auch als Mittel der Machtinhaber erfüllen: Trotz allem nahm die Presse eine zentrale Rolle als Gegengewicht einer Macht mit Neigung zum Absoluten ein. Diese "Stimmen" des Ungehorsams in den Massenmedien mußten diverse Strategien der Regierung, wie verbale Disqualifizierungen, Entwürfe für "Knebelgesetze" (*"leyes mordaza"*[13]), Strafprozesse, wirtschaftlichen Druck, Drohungen, Entführungen und physische Attacken erleiden oder abwehren (vgl. Verbitsky 1997: 118 und 1991; Nolte 1996: 113). Eine Erklärung der UTPBA (*Unión de Trabajadores de Prensa de Buenos Aires* / Pressegewerkschaft, Buenos Aires) veröffentlichte im Juli 1992 einen Bericht über folgende Bedrohungen der journalistischen Arbeit: physische Aggression, Attacken, Zensur, keine Fortsetzung der staatlichen Werbung in den kritischen Presseorganen, Begrenzung der Tätigkeiten der FM-Rundfunksender und Nicht-Verlängerung der Reisepässe mancher Journalisten (vgl. Verbitsky 1997: 98).

---

13  So wurden die Gesetze von der Presse benannt, die von der Regierung im Parlament vorgeschlagen wurden, und, die wir schon erwähnt haben ("Knebelgesetze" usw.)

Insbesondere in den Berichterstattungen der argentinischen Presse, aber auch der audiovisuellen Medien, besteht darüber hinaus eine Spannung dadurch, daß über politische Korruptionsfälle genau so häufig berichtet wird, wie über den Exhibitionismus derselben Politiker, Beamten und Regierungsnahen, die ihren Reichtum - zum größten Teil die Erträge der Plünderungen des Staates - stolz auf ihren Seiten und Bildschirmen zur Schau stellen, wie das bei Sport- und Filmstars der Fall ist.[14] Dieses Phänomen wurde als "zum Jet-Set sich entwickelnde Politik" *(farandulización de la política)* bezeichnet. Jedoch werden die in Korruptionsfälle verwickelten Politiker und Beamten in der Regel nicht bestraft. Der Effekt dieser Spannung kann gefährlich sein, da Informationen über nicht sanktionierte Machtexzesse plus Exhibitionismus eine explosive Kombination für die demokratische Gesellschaft darstellen. Laut Verbitsky (1997: 16) kann sich eine Koexistenz des Verlustes der Glaubwürdigkeit der demokratischen Institutionen und einer selten vorher dagewesenen uneingeschränkten Pressefreiheit - die sämtliche Korruptionsfälle an die Öffentlichkeit bringt - auf unbestimmte Zeit nicht halten. Die staatliche Zensur an einer Sendung des privaten Fernsehsenders America 2 über einen Korruptionsvorwurf gegen Präsident Menem[15] oder die Anordnungen, die innerhalb der Nachrichtensendungen bestehen, "sensible" Themen nicht zu veröffentlichen, gelten für Verbitsky als Zeichen dafür.

Zur Doppelfunktion der Medien und zur Präsentation der korrupten Politiker, die sich der strafrechtlichen Verfolgung entziehen konnten, kommt ein drittes Spannungsfeld in der Medienlandschaft hinzu, diesmal jedoch auf die medieninterne Dimension bezogen, im Gegensatz zu den vorher dargestellten Spannungsfeldern zwischen Medien und Gesellschaft. Die Konzentration der wirtschaftlichen Macht in wenige Hände - die Folge der Einführung eines neoliberalen Modells -, hat die politischen

---

14 Die auflagenstarke Zeitschrift "Caras" hat sich auf diesem Gebiet spezialisiert, aber auch andere, wie "Noticias" und "Gente", leben von dieser Art der Präsentation der "Erfolgreichen".

15 Eine Landebahn wurde auf dem Grundbesitz des Präsidenten in Anillaco, Provinz Catamarca, mit der Finanzierung durch Staatsgelder gebaut.

und ideologischen Unterschiede zwischen den Medien als Unternehmen einerseits und auf der anderen Seite den in diesen Unternehmen beschäftigten Journalisten, Redakteuren, Editoren usw. vergrößert. Diese mächtigen Medienoligopole neigen dazu, ihre wirtschaftlichen Interessen durchzusetzen und Journalisten riskieren ihre Arbeitsstellen, wenn sie zu dieser - in der Nachrichtenherstellung zum Ausdruck kommenden - politischen Linie nicht gehorsam sind. Sanktionen wie Suspendierungen, verbale "Bestrafungen", interne Zensur etc. gefährden die Arbeitsplätze der von Medien angestellten Personen.[16] Trotzdem muß hinzugefügt werden, daß zwei Faktoren dazu beitragen, diese Situation zu verbessern: Einerseits ist die Konkurrenz um Einschaltquoten zwischen privaten Medien größer geworden und Medienskandale sind für die Medien ergiebige Ressourcen dafür. Andererseits stellen die Kritiken mancher Sendungen an den Regierenden ehrenwerte Ausnahmen dar.

Als Fazit kann gelten: Obwohl der Autoritarismus in der argentinischen Gesellschaft kein neues Element der politischen Kultur darstellt, zeigte er sich in einer besonders starken Ausprägung während der letzten Diktatur. Das Militär wurde in Argentinien häufig als politischer Akteur akzeptiert, aber auch in Demokratien fanden Menschenrechtsverletzungen und Restriktionen der Rechte der Bürger statt, die zum Teil aufgrund wirtschaftlicher Faktoren zu erklären sind. Jedoch können weitere Faktoren dieses Phänomen erklären, wie beispielsweise der Hyperpräsidentialismus. Die Regierung Menems setzte folgende Maßnahmen ein, die zur Stärkung der Demokratie beitrugen: die Änderung und Modernisierung der Verfassung, eine Abschwächung der Möglichkeit eines militärischen Widerstandes, die wirtschaftliche Stabilität. Jedoch sind diese Erfolge im Kontrast zu Faktoren, die die Regierung Menems betreffen, wie Manipulation und Ressourcenmangel der Justiz, Schwächung der Gewerkschaften, Regieren per Dekret, Tolerierung der Korruption und der Grund- und Menschenrechtsverletzungen, Verfolgung der kritischen Medien, Deinstitu-

---

16  Diese Situation wurde der Verfasserin 1994/95 in Interviews bei verschiedenen Fernsehsendern in Buenos Aires von Journalisten, Produzenten, Editoren, usw. beschrieben.

tionalisierung der peronistischen Partei zu berücksichtigen, die Qualität der argentinischen Demokratie zu evaluieren. Obwohl die politische Lage für die kritischen Journalisten gefährlich ist, gilt in Argentinien die Pressefreiheit und die Berichterstattungen bestimmter Medien - vor allem der kritischen Presse, im Kontrast zum Fernsehen - spielen eine wichtige Rolle für das Bewußtsein der Bürger, die Verletzung, Erhaltung und Verbesserung ihrer Demokratischen Rechte und der Qualität der Demokratie einschätzen zu können.

### II.5. Korruption: Indikator einer anomischen Gesellschaft?

Nicht nur auf der staatlichen Ebene der Politik sind Korruptionsfälle häufig zu beobachten, sondern auch bei der Polizei (vgl. Dutil und Ragendorfer 1997), im Stadtrat von Buenos Aires (vgl. Carnota und Talpone 1995) und auf der Ebene des alltäglichen Lebens der normalen Bürger (vgl. Moreno Ocampo 1993 und Nino 1992) findet die Bestechung als "normale" Handlungsstrategie statt. Daraus ergibt sich die Frage nach den Gründen für dieses oftmalig auftretende politische und wirtschaftliche Verhalten in Argentinien, das einerseits als Zeichen für eine besondere Art der Anomie steht und andererseits letztere weiter reproduziert.

Seit 1982/83 hat sich in Argentinien eine freie Marktwirtschaft (*sociedad de mercado*) entwickelt. Dieser Expansionsprozeß der "Gesellschaft des freien Marktes" ist dafür gekennzeichnet, daß sich wirtschaftliche, politische und kulturelle Handlungsweisen entkoppelt haben, die um den Kern des Staates während des letzten Jahrhunderts strukturiert waren.

Die vorläufige gesellschaftliche Matrix, die *"staatszentrierte Matrix"*, oder MEC (*"matriz estado-céntrica"*), wie Cavarozzi (1997: 97) argumentiert, die für die Zeitperiode zwischen 1930 und 1982 galt, verfügte über die Merkmale der

Inkorporierung der Massen in unterschiedliche soziale Arenen und der sozialen Integration. Trotz der politisch und wirtschaftlich instabilen Situation dieser Zeitperiode waren beide Sphären (die Gesellschaft und der Staat) gut integriert. Das heißt, die Mehrheit der ArgentinierInnen gliederten sich materiell und symbolisch in kollektive Arenen ein, die als grundsätzliche Elemente eine gewisse staatliche Regulierung und einen signifikanten Konsensgrad aufwiesen. Die wichtigsten Integrationsmechanismen in diesem Rahmen waren folgende: 1) Die Inklusion der Massen in von verschiedenen Sozialpolitiken modellierte Räume (vor allem durch Bildungs- und Arbeitspolitik); 2) Die politische Mobilisierung, sowohl die "von oben" induzierte, als auch die Protestmobilisierung; 3) Die Eingliederung der Menschen in die Arbeitsmärkte.

Doch seit Anfang der 70er Jahre wurde deutlich, daß diese soziale Matrix (die MEC) sich erschöpft hatte. Zuerst zerfielen ihre internen Mechanismen: Die bisher gültigen Konsense, die das staatliche Handeln betrafen, lösten sich auf. Außerdem zerfielen die Selbsteinschränkungen der politischen Kräfte bezüglich der destruktivsten und intolerantesten politischen Verhaltensweisen und letzendlich verschärften sich sowohl die Krise der Staatskasse als auch die Inflation (vgl. Cavarozzi 1997: 96-97).

Die Gehorsamkeit in bezug auf die Einhaltung der gesellschaftlichen Regeln und Normen des Zusammenlebens war im Auflösen begriffen, wobei dies nicht nur aufgrund der oben genannten wirtschaftlichen und politischen Faktoren erklärt werden kann. In diesem Sinne scheint die These Waldmanns (1996: 58)[17] eine interessante Erläuterung zu bieten. Für diesen Autor weist Argentinien "durchaus ein anomisches Eigenprofil auf".

---

17  Die Thesen Waldmanns basieren auf den Überlegungen Ninos (1992), der in seinen Analysen feststellen konnte, daß Argentinien "eine Neigung zur Illegalität" besitzt.

Den Begriff der Anomie führte Durkheim ein, um das "Stadium der Unordnung zu kennzeichnen, in dem eine Gesellschaft den Zustand mechanischer Solidarität hinter sich gelassen hatte, ohne bereits dem neuen Industriezeitalter gemäße Solidaritätsbedingungen hervorgebracht zu haben." (Ebd. 59). So ist eine erste Definition der Anomie Durkheims durch eine wirtschaftliche Orientierung geprägt:[18] Die Organe des wirtschaftlichen Systems befinden sich in einem Zustand der Anomie, wenn "die Beziehungen der Organe nicht geregelt sind" und die Arbeitsteilung deswegen keine Solidarität erzeugt (vgl. Durkheim 1977: 410). Der Anomiezustand ist hingegen überall dort unmöglich, "wo die solidarischen Organe in genügendem und genügend langem Kontakt stehen. Da sie sich berühren, unterrichten sie sich in jeder Lage leicht über das Bedürfnis, das sie untereinander haben; sie haben folglich ein lebhaftes und beständiges Gefühl ihrer gegenseitigen Abhängigkeit." (Ebd. 410). Es kann sich jedoch ergeben, daß ein "undurchlässiges Milieu" - um mit der organischen Metapher Durkheims die Überlegungen fortzusetzen - zwischen den Organen besteht, wobei dann nur "Erregungen in einer bestimmten [hohen] Intensität" von einem Organ zum anderen vermittelt werden können. Dies hat zur Folge, daß die Beziehungen zwischen den Organen seltener werden und sich nicht oft genug wiederholen, um bestimmt zu werden.

"Die Pfade des Übergangs, denen die Bewegungswellen folgen, können sich nicht vertiefen, weil die Wellen selbst allzu regelmäßig erfolgen. Wenn es einigen Regeln trotzdem gelingt, sich zu konstituieren, dann sind sie allgemein und vage; denn unter diesen Bedingungen können sich nur die allgemeinsten Umrisse der Phänomene fixieren." (Ebd. 411).

Jedoch ist dieses Phänomen nicht nur auf der wirtschaftlichen Ebene zu beobachten, da ein solches "Übel" nicht nur die Wirtschaftsfunktionen bedroht, sondern sämtliche sozialen Funktionen, "wie hoch sie auch seien." (Ebd. 414). Mit Kandil (1986: 18-19) kann argumentiert werden, daß Durkheim die Anomie "vor allem als Folge der

---

18  "While there are numerous life situations susceptible to anomie, Durkheim contended that the problem typically revolves about the economy, both in production and consumption." (Thom 1983: 78).

Ausweitung menschlicher 'Aspirationen' (Zielsetzungen) ins Unermeßliche, wie dies eine 'Vergötzung des Wohlstandes' mit sich brachte", sah. Weil diese Aspirationen sich jedoch aufgrund der naturgemäß begrenzten verfügbaren Mittel nicht realisieren lassen, "liegt es nahe, die Normen in Frage zu stellen, die nur bestimmte Mittel bei der Verfolgung bestimmter Ziele zulassen. Deshalb stand das Anomie-Konzept von Anfang an in engem Zusammenhang mit *abweichendem Verhalten* (Normübertretung). [...] So bezeichnet Anomie in der neuen Sicht ganz allgemein einen Zustand, in welchem gesellschaftlich hochbewertete Ziele und durch bestehende Normen festgelegte, strukturell ungleichmäßig verteilte Mittel auseinander klaffen." Es ist nicht zu bestreiten, daß dies für die argentinische Gesellschaft der Fall ist. In Kap. II.4. wurde das Phänomen der *farandulización de la política* erwähnt, die sich zum Jet-Set entwickelnde Politik. So zeigen die "Reichen und Berühmten" Argentiniens ihren - egal mit welchen Mitteln angehäuften - Reichtum in zahlreichen Zeitschriften, was als obszön erscheint, wenn man die rapide Steigerung der Arbeitslosigkeit und Armut in den letzten Jahren in Argentinien betrachtet. Während eine reiche Minderheit ihr Luxusleben in den Medien exponiert, erlebt die Mehrheit der argentinischen Bürger die Verarmung ihres Lebensstandards tagtäglich. Weiterhin wurden in II.2. die Ausmaße der von der regierenden Klasse verübten Korruption erwähnt, wobei - weil die Täter nicht einmal verurteilt werden - die Beziehung zwischen Zielen und illegalen Mitteln von den Bürgern nicht wirklich als negativ erfaßt werden kann. Hier herrscht unter den Bürgern eine Doppelmoral, nach welcher sie Normen und Gesetze scheinbar akzeptieren, jedoch ihnen nicht folgen.

Argentinien erlebt - wenn wir mit der These Cavarozzis übereinstimmen - eine stark ausgeprägte gesellschaftliche und wirtschaftliche Übergangsphase: von der "staatszentrierten Matrix" zur "Gesellschaft des freien Marktes". So gesehen ließe sich der Anomiebegriff für die Bezeichnung der argentinischen Gesellschaft verwenden, einige Erläuterungen müssen gleichwohl zuerst vorgenommen werden.

Anomie sollte den gesellschaftlichen Zustand des Übergangs von einer Phase zu einer anderen bezeichnen, in dem Unordnung herrscht und in welchem die sozialen Regeln und Zwänge fehlen, die "das individuelle Verhalten in feste Bahnen" lenken. Ein Zustand der "Normlosigkeit", der mit der Anomie häufig verbunden wird, ist aber selten in Gesellschaften zu finden, "denn Situationen normativen Vakuums bilden in der Realität äußerst seltene, auf kurze Übergangsphasen beschränkte soziale Ausnahmefälle." (Vgl. Waldmann 1996: 61). In den meisten Ländern der Dritten Welt ist hauptsächlich das übermäßige Vorhandensein von sozialen Normen und Regeln eher das Hauptproblem als der Normenmangel, und zwar Normen und Regeln, die nicht aufeinander abgestimmt sind und die unterschiedliche Verpflichtungen voraussetzen. Der Bürger sieht sich deswegen dazu gezwungen, individuell die Entscheidung zu treffen, nach welcher Norm oder Bezugsgruppe er sich richten und mit welchen Folgekosten er rechnen muß, falls er sich mit seiner Entscheidung irrt. Angesichts dieser Situationen plädiert Waldmann für einen *breiteren Anomiebegriff*, der "auch gesellschaftliche Lagen und Bereiche mit einschließt, in denen inkonsistente, wirre und widersprüchliche normative Verhältnisse herrschen" (Ebd. 62).

Diese Erweiterung des Anomiebegriffs läßt sich am Beispiel Argentiniens angemessen verwenden. Die Korruptionsbeispiele, die oben dargestellt wurden, ermöglichen es, zu zeigen, daß - obwohl schriftliche Gesetze und soziale Normen die Korruption verbieten - diese Regeln nicht beachtet, bzw. uminterpretiert oder gar geändert werden. Dem Beobachter fällt auf, "daß ein Großteil der zahllosen existierenden Gesetzesvorschriften nicht beachtet wird und, daß es zudem für zahlreiche Verhaltensbereiche neben einem formellen, in schriftlichen Vorschriften verankerten, einen informellen Normenkodex gibt." (Ebd. 62).[19]

---

19   In einem Seminar der Konrad-Adenauer-Stiftung über Korruption hat die Verfasserin von einem lateinamerikanischen Rechtsanwalt die folgende ironische Äußerung vernommen: "Ja, Regeln und Gesetze haben wir, aber sie sind für nichts da, sie sind umsonst da...". Von einem Brigadier wurde ihr außerdem in Buenos Aires Anfang der neunziger Jahre im informellen Gespräch das folgende gesagt: "Wer als hochrangiger Beamter arbeiten will, und nicht mit Bestechung umgehen kann, ist nutzlos für diese Stelle."

Waldmann unterscheidet zwischen subjektiven und objektiven Indikatoren von Anomie. Die subjektiven lassen sich nicht nur von externen Beobachtern beschreiben, sondern werden von den meisten Argentiniern bestätigt, sogar bestärkt. So stimmen selbst die ArgentinierInnen damit überein, daß das argentinische ein individualistisches Volk mit darüber hinaus anarchistischen Tendenzen sei, ein Volk, das einen außerordentlich rudimentären Respekt vor Recht und Ordnung habe (vgl. ebd. 63). Jorge Luis Borges, einer der bedeutendesten Schriftsteller Argentiniens, ist der gleichen Auffassung, wenn er schreibt, daß der *Gaucho* und der *Compadre* - die zwei zentralen Figuren der argentinischen Folklore - in der Vorstellung als Rebellen existieren, weil der Argentinier, im Unterschied zu den Nordamerikanern und den Europäern, sich nicht mit dem Staat identifiziert fühlt. "Dies kann der allgemeinen Tatsache attribuiert werden, daß der Staat eine unvorstellbare Abstraktion darstellt. Die Wahrheit ist, daß der Argentinier ein Individuum ist, kein Bürger. Aphorismen wie jener von Hegel: 'Der Staat ist die Wirklichkeit der moralischen Idee' erscheinen ihm als ein Scherz." (Borges 1997: 162) Weiterhin argumentiert Borges, daß der Staat unpersönlich sei; der Argentinier hingegen kann nur persönliche Beziehungen konzipieren. Deswegen stellt für ihn der Raub öffentlicher Gelder kein Verbrechen dar.

Als *objektive Indikatoren* für einen Beleg der Anomie in Argentinien zählt Waldmann nicht nur die Straflosigkeit auf,[20] die bereits in bezug auf Korruption dargestellt wurde, sondern auch alltägliche Verhaltensweisen, wie Straßenverkehr und Steuerhinterziehung. Durch die Beobachtung des Straßenverkehrs läßt sich die Entstehung von informellen Kodexen am besten zeigen. Dies gilt insbesondere für das Verhalten der Busfahrer, das demonstriert,

> "daß das, was zunächst als bloße Regelwidrigkeit erscheint, auf dem mehr oder minder subtilen Zusammenspiel zweier Normcodes beruht, eines offiziellen, der formell gültigen Straßenverkehrsordnung, und eines inoffiziellen. Letzterer läuft im

---

20 "In dieser Bereitschaft, alles zu akzeptieren und zu verzeihen, kommt augenfällig das Fehlen fester, internalisierter politischer Prinzipien zum Ausdruck." (Waldmann 1996: 64).

Grunde auf die schlichte Devise hinaus, daß dem 'Stärkeren', d.h. besser gepanzerten, im Zweifel die Vorfahrt gebührt." (Ebd. 66).

Der Anomiebegriff betrifft vielmehr die öffentlichen, anonymen Ebenen, wo ein "Gefühl der Zusammengehörigkeit" und "Respekt" abstraktere Konzepte sind, als den Rahmen bestehend aus engeren, informelleren Beziehungen. In diesem entsteht genau das, was als *"negative Solidarität"* bezeichnet wurde: Die argentinischen Bürger sind jederzeit dazu bereit, mit einem beliebigen anderen, sie mögen ihn auch noch so flüchtig kennen, "ein Bündnis zu Lasten des Staates zu schließen." (Ebd. 69).

Auf der Ebene der Öffentlichkeit, der abstrakten und allgemeinen sozialen Güter und Gebilde, für die sich niemand verantwortlich fühlt, entsteht nicht nur dieses anomische Verhalten, sondern auch ein Doppeldiskurs, der einerseits den Wert dieser öffentlichen Einrichtungen für das Gemeinwohl betont; andererseits werden diese Prinzipien mit individuellen Handlungsmaximen uminterpretiert, die eine andere Handlungsweise in bezug auf jene öffentlichen Güter und Gebilde - zum Vorteil des Individuums oder der eigenen Gruppe - rechtfertigten. Diese formellen und informellen Codes oder Verhaltensweisen relativieren sich gegenseitig, implizieren aber auch einander.

Keine Gesellschaft kann jedoch überleben, wenn Anomie auf allen unterschiedlichen Ebenen vorherrscht. Dies ist auch im Falle Argentiniens so, wo gemeinsam mit einer stark anomischen staatlichen Ebene, andere soziale Ebenen mit transparenten Regeln und Normen funktionieren. Das betrifft beispielsweise die Ebene des Mikro- und teilweise des Mesosozialen - z B. wirtschaftliche Interessengruppen oder Berufskorporationen. Bei ihnen existiert ein normativer Kanon, der eindeutige, loyale, klarorientierte Verhaltensweisen garantieren läßt. Je näher die Beobachtung auf die makrosoziologische Ebene fokussiert wird - auf der niemand sich für die allgemeinen, abstrakten Schutzgüter verantwortlich fühlt - desto höher erscheint die Anomie.

So herrscht in Argentinien eine Doppelmoral vor, innerhalb welcher sich mehrere Verhaltenstandards befinden. Einerseits zeigt man sich mit der Idee des Gemeinwohls, der Gesetzestreue und Erfüllung staatsbürgerlicher Pflichten einverstanden, auf der anderen Seite entkräften die Bürger die Gesetze, indem sie sie uminterpretieren oder nur soweit erfüllen, wie es dem eigenen Interesse oder dem Interesse der Gruppe, die man vertritt, vorteilhaft erscheint (vgl. ebd. 74).

Die unterschiedlichen nebeneinander existierenden Normen- und Regelcodes schließen sich außerdem nicht unbedingt aus, sondern sie bilden im allgemeinen eine "heterogene Gemengelage, die den Individuen wegen ihrer Mehrdeutigkeit eine vermehrte Aufmerksamkeit abverlangt, ihnen jedoch gleichzeitig vermehrten Verhaltensspielraum verschafft" (ebd. 74). Jedoch besteht in diesen Situationen eine dauernde soziale Spannung, weil

> "der durch die zahlreichen Querverbindungen und Komplementärbeziehungen zwischen den verschiedenen Normsystemen vermittelte Eindruck einer relativen strukturellen Stabilität indes trügerisch ist. Denn aus latenten Spannungen kann offener Dissens werden, das gesamte labile Gefüge kann leicht 'umkippen', womit die wenig soliden Wertfundamente der Gemeinschaft bloßgelegt werden. Das tragische an Anomiekrisen dieser Art liegt darin, daß sie zu keiner innovativen Lösung, etwa in Form eines offenen und reinigenden Konfliktes führen, sondern allenfalls durch Kompromisse beendet werden, die das Anomieproblem wieder in die Latenz verweisen." (Ebd. 74).

Carlos Nino (1992: 31-45) schlägt seinerseits den Begriff *"anomia boba" ("einfältige Anomie")* vor, "eine törichte, kostenträchtige Anomie, die das Land in seiner Entwicklung hemme"; Cavarozzi (1996: 127-130) weist auf die Desintegration der Bürger und die Desorientierung der Politiker hin, zusammengefaßt auf das "Syndrom der Unordnung der Politik" in Argentinien, was zu einer Logik des "rational choice" führe: jeder sucht in diesem Rahmen den maximalen Nutzen innerhalb dieses "Spiels" für sich zu erreichen. Palermo und Novaro (1996: 234) gehen insbesondere auf die Folgen dieser Logik ein: Das Schicksal des Einzelnen verwandelt sich in eine Angelegenheit privater Natur und ist nicht mehr Teil der Verantwortlichkeit des Staates. Vor allem die sich wiederholenden Hyperinflationszyklen verursachten ein Gefühl der Anomie, förderten die Auflösung der Solidaritätsbindungen und einen

Kampf der Bürger gegeneinander.[21] So kann mit Fleck und Kuzmics (1985: 29) das politische System einer Gesellschaft nicht kontextfrei analysiert werden, sondern

> "die Analyse der Korruption hat mit den alten, vertrauten Themen der Anomie, Entfremdung, der Bürokratie- und Marktkritik mehr zu tun, als ein aufgeregter, an der Tagespolitik orientierter Journalismus erkennen läßt."

In Argentinien scheint die Empfindlichkeit der Bürger und der Presse in bezug auf die politische Korruption in eine neue Phase zu treten. Als Zeichen dafür steht vor allem die öffentliche Explosion des Themas und die kritische Berichterstattung der Massenmedien darüber, was ein Indikator für die Wandlung der Einstellung in bezug auf die demokratischen Werte sein könnte. Ob dies - jenseits der Skandale, Debatten und Bestseller über Korruption - der Fall ist, wird auf der Grundlage der vorliegenden Studie im letzten Kapitel zu beantworten versucht.

Im nächsten Kapitel wird die Logik des Diskurses der Massenmedien (vor allem des Fernsehens und der Nachrichtensendungen) analysiert. Dieser Diskurs verleiht der Darstellung der politischen Korruption einen besonderen Charakter, der einerseits durch die Kombination der unterschiedlichen Sinneskanäle (Bild und Ton: Sprache, Musik etc.), andererseits durch Eigenschaften der Gattung "Nachrichten" zu verstehen ist. Daraufhin wird - basierend auf dem Begriff der Gattung - dargestellt, wie und in welcher Weise Nachrichten die soziale Wirklichkeit konstruieren. Schließlich werden spezifische Eigenschaften der argentinischen Nachrichtensendungen aufgezeigt, die sich insbesondere von deutschen Nachrichtensendungen unterscheiden.

---

21  Das folgende Beispiel soll dieses Phänomen verdeutlichen: Während der sich wiederholenden Hyperinflationszeiten der Jahre 1989 und 1990 wurden von den Nachbarn in vielen Wohngegenden der Arbeiter- und Mittelschicht Barrikaden auf den Straßen errichtet, damit die Bewohner des benachbarten Viertels die "eigenen" Supermärkte bzw. Wohnungen nicht überfallen konnten.

# III. Das Datenmaterial und seine Spezifität

## III.1. Nachrichten als Ausdrucksform des journalistischen Diskurses

Diese Studie geht von der Annahme aus, daß *Korruption* als soziales Phänomen von den Nachrichten als Ausdruck des journalistischen Diskurses - neben anderen Diskurstypen, wie dem literarischen oder wissenschaftlichen - *konstruiert* wird. Was bedeutet nun, daß Nachrichten ein Thema konstruieren und wie kann dies möglich sein? Das vorliegende Kapitel beschäftigt sich mit genau diesen Fragen und mit der Spezifität der Fernsehnachrichten als Ausdruck des audiovisuellen journalistischen Diskurses.

Medientechnisch betrachtet - also nicht vom Inhalt der Medienprodukte her gesehen - wird "Fernsehnachricht" folgendermaßen definiert:

> "Nachricht im Film (NIF): Newsinformation, Bild-Kurzinformation für aktuelle Redaktionen, möglichst auf Schnitt gedrehtes Material für eine Nachricht von maximal 1 Minute." (Gebrauchswörterbuch Fernsehen, Bayerischer Rundfunk 1985: 193).

An dieser Stelle wird nicht diskutiert, ob Nachrichten immer *neue* Information vermitteln - eine genaue Betrachtung einer Nachrichtensendung oder Tageszeitung einige Tage lang würde zeigen, daß die Information in den Nachrichten sich sehr häufig wiederholt. Was uns interessiert, ist vielmehr, daß diese *aktuelle* Information in einer besonderen Art von Texten durch das Fernsehen vermittelt wird und zwar durch *audiovisuelle Texte*, die zur Gattung "Fernsehnachricht" gehören. In diesem Sinne nimmt die Studie die Perspektive von van Dijk (1988 und 1990) ein, der Nachrichten als Texte eines journalistischen Diskurses betrachtet. Er wird als ein solcher wahrgenommen, der spezifische Strukturen im Vergleich zu anderen Typen von Diskursen (literarischen, wissenschaftlichen usw.) aufweist. Die Perspektive der Diskursanalyse betrachtet die Texte einerseits als Einheit und andererseits als vom Kontext geprägte Phänomene.

Einen Text als Einheit aufzufassen, ermöglicht eine linguistische Analyse der Bedeutung des Textes, die die "Grenze" des Satzes in bezug auf die Bedeutungen überschreitet; dadurch können die Bedeutungsverbindungen und die Bedeutungsstruktur des gesamten Textes analysiert werden.[22] Der Text wird darüber hinaus in der diskursanalytischen Perspektive nicht als isolierte Einheit, sondern in Verbindung mit seinem Kontext analysiert. So kann zwischen zwei Ebenen des Textes im Rahmen der Diskursanalyse unterschieden werden: Die Text-Ebene, auf der die Struktur des Diskurses betrachtet wird, und die Kontext-Ebene, die diese Textstruktur mit den Eigenschaften ihres Kontextes in Verbindung setzt. Faktoren des Kontextes, die die Textstruktur bestimmen, sind z. B. Kognitionsprozesse, soziale Repräsentationen oder andere soziokulturelle Faktoren. Der Stil des Textes stellt außerdem dar, welche Entscheidungen beispielsweise die Journalistin bzw. der Moderator "getroffen"[23] hat, um eine Bedeutung auszudrücken. So kann sie bzw. er beispielsweise zwischen den Worten "die Armen", "die Benachteiligten", "die Unterschicht" usw. wählen und diese Entscheidungen in bezug auf die Verwendung eines bestimmten Stils stellen für die Forscher ein Merkmal für die Einstellung der Journalisten bzw. der politischen Position einer Sendung dar (vgl. van Dijk 1990: 49).

---

22  Die Semantik hat sich traditionell mit der Bedeutung des Satzes beschäftigt, wobei eine Analyse der Bedeutung des Textes jenseits dieser Grenze, also der Bedeutungsverknüpfungen des gesamten Textes im Rahmen dieser Disziplin unmöglich war.

23  Diese Entscheidung ist in der Tat keine individuelle Entscheidung, da der Text oftmals von beispielsweise einem Redakteur oder einer Journalistin formuliert wird und von einer Moderatorin, vom Korrespondenten etc. vorgelesen wird.

## III.2. Die Spezifität des audiovisuellen Textes

"Erzählen ist in den audiovisuellen Medien zumeist verbunden mit dem Darstellen. Darin liegt die Besonderheit des Audiovisuellen, daß es durch die inzwischen schon scheinbar selbstverständliche technische Verbindung von Bild und Ton die Bilder erzählbar macht und damit zugleich das Erzählen visualisiert." (Hickethier 1993: 25). Wie funktioniert nun die Beziehung zwischen Ton und Bild in den audiovisuellen Texten? Der audiovisuelle Diskurs stellt eine einheitliche Bedeutung dadurch her, daß er aus verschiedenartigen Signifikanten besteht. Diese Signifikanten sind unterschiedlicher Natur in bezug auf die Art und Weise des Ausdrückens. So sind die Ausdrucksweisen des Schriftlichen, des Grafischen, des Malerischen, des Photographischen, des Verbal-Phonetischen, des Musikalischen, Nicht-Musikalischen etc. zu unterscheiden (vgl. García Jiménez 1993: 88). Das heißt, der audiovisuelle Diskurs bedient sich unterschiedlicher simultaner Informationsträger, um eine einheitliche Bedeutung zum Ausdruck zu bringen. Die Informationen der einzelnen Kanäle können also "unabhängig" voneinander erscheinen - so ist beispielsweise ein *sound track* mit schwarzem Bildschirm oder das Bild bei absoluter Stille im Fernsehen vorstellbar - oder sie können auf sehr unterschiedliche Weisen kombiniert werden (vgl. ebd. 88).

Die audiovisuelle Erzählkunst setzt die Fähigkeit der visuellen und akustischen Bilder voraus, Geschichten zu präsentieren, d. h., sich gemeinsam mit anderen Bildern und anderen bedeutungstragenden Elementen zu artikulieren, so daß sie als Ergebnis die textkonstruierenden Diskurse konfigurieren (vgl. García Jiménez 1993: 13 und 17). So umfaßt der allgemeine Begriff der "Erzählung" unterschiedliche Typen wie Film-, Fernseh-, Radio-, Videoerzählung usw.

Die Analyse des audiovisuellen erzählenden Diskurses muß aufgrund der vielgestaltigen Eigenschaften der bedeutungstragenden Elemente dieser Ausprägung des Diskurses die "Grenzen" des Linguistischen überschreiten. Außerdem kann man von einer "Definition" der "audiovisuellen Sprache" nicht sprechen, da sie über folgende drei Voraussetzungen einer Sprache nicht verfügt: die Endlichkeit der Zeichen, die Möglichkeit, diese Zeichen in ein lexikalisches Repertoire einzufügen und die Möglichkeit einer präzisen Festlegung der Regeln, die die Kombination der Zeichen leiten. Keine dieser Bedingungen ist im audiovisuellen Diskurs vorhanden (vgl. ebd. 17).

*Das Zusammenspiel von Bild und Text im audiovisuellen Diskurs*

Da Fernsehnachrichten als eine besondere Form des audiovisuellen Diskurses aufgefaßt werden, weist ihre Analyse spezifische Probleme auf. Bild, Sprache und andere Elemente der Audioebene - wie z. B. Musik oder Geräusche - können im Fall von Fernsehsendungen fast nicht getrennt analysiert werden, ohne daß ihre gemeinsam gebildete, einheitliche Bedeutung verloren geht: Sie müssen in ihrem Zusammenspiel untersucht werden. Mit Metz (1970: 14-15) kann die Auffassung vertreten werden, daß bei visuellen Botschaften nicht alle verwendeten Codes visuelle Codes darstellen. Daß andererseits ein Code in visuellen Botschaften zum Ausdruck kommt, heißt nicht, daß er sich nicht auch auf andere Weisen - linguistischer, musikalischer Natur - ausdrückt. Außerdem ist kein Code (auch nicht der visuelle) *sichtbar*, weil er aus einem Netz logischer Beziehungen besteht. Die "visuellen Sprachen" gehen mit anderen Sprachen systematische, komplexe und multiple Verbindungen ein; in der Analyse des Audiovisuellen das Verbale und das Visuelle so zu betrachten, als ob sie zwei große, homogene und von einander unabhängige Blöcke darstellten, erweist sich als nicht gewinnbringend (vgl. ebd. 14-15).

Die visuelle Botschaft wird jedoch nicht nur "von außen" von der verbalen Sprache beeinflußt - z. B. von der Betitelung einer Pressephotographie, der gesprochenen Sprache im Film, den Kommentaren im Fernsehen etc. -, sondern sie wird auch "von innen" und in ihrer eigenen visuellen Erscheinung beeinflußt, die nur verständlich wird, weil ihre Strukturen in mancherlei Hinsicht nicht visuell sind. So kann ein Bild (beispielsweise im Falle der Photographie) oder eine Reihe von Bildern (z. B. im Fernsehen) das Ergebnis eines Ereignisses darstellen, wobei nicht-visuelle Begriffe der Linearität, der Zeit oder der Reihenfolge auch wesentlich sind, um das Bild zu verstehen (vgl. ebd. 15). Eine Erzählung erhält ihren Charakter als solche nicht zwangsläufig durch Worte: Eine Erzählung nur aus Bildern bestehend ist gleichwohl grundsätzlich vorstellbar.

Es besteht bisher außerdem kein Grund anzunehmen, das Bild besitze *einen* Code, der absolut spezifisch für es sei, und, daß dieser Code das Bild in seiner Gesamtheit erkläre. Dem Bild wird von unterschiedlichen Systemen Gestalt gegeben: Manche sind ikonisch und andere erscheinen auch in nicht-visuellen Botschaften. Zusammengefaßt könnte folgendermaßen formuliert werden: Nicht alles im Ikon ist ikonisch; das Ikonische befindet sich auch außerhalb des Ikons (vgl. ebd. 18).

Abgesehen von den ikonischen und nicht-ikonischen Elementen des Bildes, entstehen manche Bedeutungen des audiovisuellen Diskurses nur dann, wenn das Bild und die Audioebene (z. B. Musik oder Sprache) gemeinsam zusammenhängend betrachtet werden. Denken wir beispielsweise an bestimmte ironische Effekte: Hier besteht das audiovisuelle Verfahren darin, daß das visuelle und das auditive Bild, unabhängig von ihren jeweils referentiellen Verbindungen, eine zusätzliche Bedeutung ergeben - sie "relativieren" einander oder widersprechen sich. Die ironische Operation setzt einen Bruch, eine Distanzierung und eine Emanzipation des Bildes in bezug auf den Inhalt dessen, was es repräsentiert, voraus (vgl. García Jiménez 1993: 25). Ironische Operationen können unterschiedlicher Ausprägung sein, wie z. B. wenn Bilder und Worte im Fernsehen die gleiche Referenz haben, aber der Tonfall in dem die Worte ausgesprochen werden, ironisch ist oder wenn das Bild das Gegenteil davon zeigt, was die Worte bedeuten; vor allem im zweiten Fall kann die Ironie nicht verstanden werden, wenn diese zwei Ebenen getrennt analysiert werden. Andere Beispiele, wie die Kombination von Bild und Musik oder Bild und Geräuschen usw., wären denkbar, werden hier jedoch nicht untersucht.

Hickethier faßt die Diskussion der Analyse des Audiovisuellen in bezug auf die unterschiedlichen bedeutungstragenden Ebenen folgendermaßen zusammen:

> "Das Besondere des filmischen Textes liegt gerade darin, daß er Bedeutungen nicht nur jeweils auf der Ebene des gesprochenen Textes, des Abgebildeten, der Struktur der Bilder und ihrer Verbindung (Montage) entstehen läßt, sondern daß diese Bedeutungen auch im Spiel der einzelnen Ausdrucks- und Mitteilungsebenen miteinander entstehen. Die einzelnen Zeichenebenen voneinander zu isolieren und getrennt zu betrachten, ist beim Film wenig ergiebig: Entscheidend ist immer ihr Zusammenspiel." (Hickethier 1993: 25).

Eine Möglichkeit der Analyse besteht darin, die Bildebene und die auditive Ebene getrennt zu betrachten, um festzustellen, was auf jeder Ebene wahrgenommen wird - ohne von den jeweils anderen bedeutungstragenden Elementen in der Wahrnehmung abgelenkt zu werden (vgl. Chion 1993: 74). Dies wäre jedoch nur eine Phase der Analyse, die darauf abzielte, das aufeinander bezogene Wirken der unterschiedlichen expressiven Kanäle festzustellen. Dadurch könnte ihr Zusammenspiel besser verstanden werden.

*Begriffe und theoretisch-methodologische Perspektiven der Diskursanalyse*

Obwohl die methodologische Perspektive und die in bezug auf diese getroffenen Entscheidungen für die vorliegende Studie in Kapitel IV ausführlich dargestellt werden, müssen an dieser Stelle zwei theoretische und davon ausgehende methodologische Perspektiven der qualitativen Diskursanalyse, die diese Studie geprägt haben, kurz präsentiert werden.

Den Eigenschaften des audiovisuellen Diskurses entsprechend, geht das *strukturalistische Analysemodell* von den folgenden Prinzipien aus: Die *Erzählung* hat Priorität in der Analyse und wird als eine *Gesamtheit* und nicht nach fragmentarischen oder "fremden" (psychologischen, soziologischen) Gesichtspunkten untersucht. Der erzählende Text als organische Gesamtheit besteht aus diversen Elementen, wobei diese Komponenten ihr Gewicht und ihre Bedeutung durch den Text erhalten. Außerdem ist die Erzählung keine "zufällige" Summe, sondern eine organische Integration von Analyseeinheiten, die sich voneinander unterscheiden und abgrenzen. Die Gesamtheit des Textes ist deswegen nicht gleich der Summe ihrer Komponenten, sondern sie ist unterschiedlicher qualitativer Natur, geht ihren Elementen voraus und generiert so den Sinn ihrer Einheiten.

Die *Struktur* des Textes wird mit den Begriffen der Opposition[24] und der Relevanz erfaßt und sie bestimmt die Funktion der Komponente und ihre Bedeutung. Die Bedeutung eines Elementes entsteht aufgrund seiner Funktion in der Gesamtheit des Textes, in die es sich integriert und zwar deswegen, weil es sich in diese Gesamtheit integriert. Die Analyse der Einheiten verteilt sich auf verschiedene Ebenen - auf die phonologische, morphologische, syntaktische usw. - und schafft Raum für neue Analyseeinheiten (vgl. García Jiménez 1993: 50).

Wie die pragmatische Textanalyse, so arbeitet auch die strukturalistische Schule mit einer induktiven Vorgehensweise. Die *pragmatische Diskursanalyse* jedoch untersucht die audiovisuellen Texte, um die Regeln ihrer Konstruktion abzuleiten. Dieser Analysemodus ist eklektisch, da er die geeigneten Beiträge anderer Analysemodelle -

---

24  Die ersten strukturalistischen Erzählungsanalysen von Vladimir Propp definierten "Erzählung" als eine systematische Verkettung von Handlungen, verteilt auf eine kleine Zahl von Figuren von Handelnden, deren Funktion von einer Erzählung zur anderen identisch bleibt. Levi-Strauss und Greimas entwickelten diese Methode weiter, indem sie die Handlungen der narrativen Sukzession verkoppelten, die von anderen Handlungen und durch zeitliche Distanz in dieser Sukzession getrennt waren, aber durch ein paradigmatisches Verhältnis der Opposition verbunden waren, wie beispielsweise das *Verschwinden des Helden* und die *Wiederherstellung dieses Mangels* (vgl. Barthes 1993: 203; Hansen, Cottle, Newbold u. a. 1998: 152-153).

wie das semiologische, das strukturalistische, das syntaktische, das phänomenologische etc. - übernimmt und versucht gleichzeitig, deren Begrenztheit zu überwinden. Der pragmatische Ansatz schließt grundsätzliche Faktoren, wie den Kontext und die pragmatische Dimension des Diskurses (d. h. die Beziehung mit dem Zuschauer) in seine Analyse ein, aber ein Problem besteht darin, daß sein kreativer, pragmatischer, poetischer Charakter mit einer formalisierten Konstruktion, die jedes Untersuchungsmodell benötigt, nicht immer kompatibel ist. Die Verwandtschaften des pragmatischen mit dem phänomenologischen Modell bestehen darin, daß es keine Apriorismen, scholastische Beschränkungen oder einengende Codes zuläßt und daß es die freie analytische synthetische Vernunft verwendet, um die Natur der Erzählung und die Erzählung als Phänomen zu erklären (vgl. García Jiménez 1993: 52).

*Die Konstruktion der Nachrichten als audiovisuelle Erzählungen*

Bisher wurden die Elemente und Eigenschaften des audiovisuellen Diskurses dargestellt; dieser wird jedoch zusätzlich von jedem Medium (Kino, Fernsehen usw.), durch das er vermittelt wird, geprägt. Der besondere Charakter des audiovisuellen journalistischen Diskurses wird im folgenden diskutiert. Obwohl das Zusammenspiel zwischen Bild und Ton ein Grundelement der audiovisuellen Analyse darstellt, muß in Betracht gezogen werden, daß - in der Kombination von Ton und Bild - die Sprache eine führende Rolle im audiovisuellen journalistischen Diskurs einnimmt. Dies wird sowohl in der Fachliteratur (z. B. Chion 1993: 149) als auch in Interviews bei argentinischen Sendern beschrieben.[25] Nachrichten entstehen hauptsächlich als verbale Erzählung: Der Journalist bekommt von der Chefredakteurin ein Thema vorgelegt, um daraus eine Erzählung in Form einer Nachricht herzustellen. Er verarbeitet das Thema mit Hilfe unterschiedlicher, hauptsächlich verbaler Quellen so,

---

25  Die Interviews wurden bei unterschiedlichen privaten Fernsehsendern in den Jahren 1994-95 in Buenos Aires von der Verfasserin durchgeführt.

daß er selbst eine Geschichte "im Kopf" entwickelt. Daraufhin bespricht er diese Geschichte mit dem Kameramann und dieser paßt seine visuelle Erzählung an die des Journalisten an. Nachdem die audiovisuelle Erzählung verfilmt und die zusätzlichen Kommentare des Journalisten aufgenommen wurden, erhält der Editor die Audio- und Videocassetten *und* eine schriftliche Zusammenfassung der Vorstellung des Journalisten, wie der audiovisuelle Bericht als Erzählung präsentiert werden soll; aus diesen Materialien schneidet er die verschiedenen Video- und Audiofragmente so zusammen, daß am Ende eine Nachricht entsteht.

So steht die verbale Ebene im allgemeinen Fernsehdiskurs normalerweise im Vordergrund und dies ist insbesondere im Nachrichtendiskurs der Fall: Worte sind immerzu präsent, ohne daß Bilder benötigt werden, um deren Bedeutung zu verstehen. Man könnte sogar sagen, Fernsehen sei "das zum Wort hinzugefügte Bild", ein "mit Bildern illustriertes Radio", in welchem der Ton schon seinen festen Platz hat, der grundsätzlich und obligatorisch ist; ein stummes Fernsehen ist undenkbar, was im Falle des Kinos jedoch vorstellbar ist (vgl. Chion 1993: 155). Das Fernsehen, besonders der audiovisuelle journalistische Diskurs, benötigt die Worte vor allem deswegen, weil das ikonische Zeichen nicht so eindeutig abbildet, daß es exakte Bedeutungen individuell vermitteln kann. Diese Eigenschaft des ikonischen Zeichens wird beispielsweise durch die Tatsache verdeutlicht, daß normalerweise bei Pressebildern auch ein geschriebener Text hinzugefügt wird. Sogar wenn das ikonische Zeichen erkannt werden kann, ist es in einem gewissen Sinne immer mehrdeutig: es deutet im allgemeinen eher auf das Allgemeine als auf das Besondere hin (z. B. auf *einen* Polizisten und nicht auf *den* Polizisten, der von Fußballfans im März verprügelt wurde). In den Kommunikationsfeldern, innerhalb derer eine Genauigkeit der Referenz angestrebt wird, muß das ikonische Zeichen mit einem verbalen Text an eine spezifische Referenz geknüpft werden (vgl. Eco 1970: 37). Dies findet im journalistischen audiovisuellen Diskurs statt, in dem das Bild die Idee von *Faktizität*, also von Objektivität und der Darstellung der "Tatsachen", vermitteln muß. Zweideutigkeit ist gewöhnlich ein negatives Ergebnis eines Nachrichtenfilmes; eine mögliche Ausnahme stellen jedoch ironische Operationen dar, wie oben bereits verdeutlicht wurde.

Das Wort stellt also innerhalb der Nachrichten eine grundlegende Komponente dar. In Ausnahmefällen sind Bilder ohne Worte im journalistischen Diskurs zu beobachten, z. B. druckte die argentinische Zeitung *Página 12* ihre Titelseite gänzlich schwarz, als die Militärs der letzten Diktatur quasi amnestiert wurden; doch genauer beobachtet handelte es sich dabei um einen Kommentar darüber, was der Leser schon als Nachricht durch andere Medien mitbekommen hatte. Die Ebene des Bildes ist normalerweise für die elliptische Dimension des audiovisuellen Diskurses verantwortlich (vgl. García Jiménez 1993: 248). Wie später erläutert wird, ist dies auch bei der Darstellung der Korruption zu beobachten.

Obwohl der Text eine primäre und das Bild eine sekundäre Funktion im audiovisuellen Diskurs des Fernsehens erfüllen, strukturiert der Text die Wahrnehmung der Bilder. Dieser "zusätzliche Wert des Textes" in bezug auf die Bilder wird von Chion folgendermaßen definiert:

> "... der expressive und informative Wert, mit dem ein Sprachlaut ein gegebenes Bild bereichert und, mit welchem die unmittelbare Wahrnehmung des Bildes oder die Erinnerung an das Bild so geprägt wurde, daß man glaubt, diese Information entstehe 'natürlicherweise' aus dem, was man sieht, als wäre es der Inhalt des Bildes alleine." (Chion 1993: 16, Übersetzung der Verfasserin).

Dieser zusätzliche Wert bezieht sich auf die Strukturierung und strikte Einrahmung der visuellen Wahrnehmung durch den Text. Die auditiven Elemente ihrerseits werden auch bei Anwesenheit des Bildes anders wahrgenommen, als bei ihrer Abwesenheit.

## III.3. Die Spezifität des journalistischen Textes

Der journalistische Text kann aufgrund zweier seiner Merkmale als sehr "heterogener" Text charakterisiert werden: Einerseits können innerhalb der Gattung "Nachrichten" unterschiedliche *Untergattungen* oder *Arten* (im Sinne Kepplers 1985: 135) von Gattungen *verschachtelt* werden und andererseits ist eine fragmentierte *"Bau-Struktur"* in jedem Nachrichtentext zu beobachten. Dies wird im folgenden detaillierter dargestellt.

Obwohl der Begriff der *kommunikativen Gattung* sich als problematisch erweisen kann, da einerseits die Unterscheidung zwischen verschiedenen Gattungsarten nicht immer trennscharf[26] ist und andererseits sehr unterschiedliche Definitionen von Gattung vorhanden sind, ist dieser Begriff für eine soziologische Studie der Nachrichten von Vorteil, denn er ermöglicht eine Verknüpfung zwischen dem Produkt Nachricht und a) dem organisationellen Rahmen ihrer Herstellung, b) ihrer Rezeption und c) ihrer Funktion in der Konstruktion der sozialen Wirklichkeit. Hier wird von der folgenden Gattungsdefinition von Bergmann und Luckmann (1993: 2) ausgegangen:

> "Kommunikative Gattungen bezeichnen historisch und kulturell spezifische, gesellschaftlich verfestigte Lösungsmuster für strukturelle kommunikative Probleme. Ihre allgemeine - von Gattung zu Gattung auf verschiedene gesellschaftliche Sachprobleme zielende - Funktion besteht darin, daß in und mit ihnen Ereignisse, Sachverhalte und allgemein: intersubjektive Erfahrungen der Lebenswelt unter verschiedenen Sinnkriterien in einigermaßen verbindlichen Formen thematisiert, bewältigt, vermittelt und tradiert werden."

Das bedeutet, daß Gattungen - als institutionalisierte[27], verfestigte Kommunikationsmuster - bestimmen, wie und unter welchen Sinnkriterien, Sachverhalte oder Er-

---

26  Zum Problem der Unterscheidung bzw. der gegenseitigen Exklusion von Gattungen, vgl. Keppler 1985: 133 ff.

27  Ein typisches Merkmal kommunikativer Gattungen ist ihr "verhältnismäßig hohes Institutionalisierungsniveau" (vgl. Keppler 1985: 136).

eignisse thematisiert und vermittelt werden (vgl. Keppler 1985: 135). Bergmann und Luckmann (1993: 7) legen besonderen Wert auf ein Merkmal der kommunikativen Gattungen: „Kommunikative Gattungen müssen verstanden und interpretiert werden als Organisationsformen des Alltagswissens", was ihnen eine gewichtige Rolle in der sozialen Konstruktion der Wirklichkeit verleiht. Wie dies im Falle der Gattung Nachrichten zum Ausdruck kommt, wird in diesem und im folgenden Abschnitt erläutert.

Die oben genannten Merkmale der kommunikativen Gattungen sind "Ursachen und Bedingung einer 'relativen Autonomie', die Gattungen in der Neuzeit gegenüber gesellschaftlichen Zusammenhängen gewonnen haben". Im Falle der Fernsehberichterstattung kommt diese Autonomie in genretypischen Konventionen zum Ausdruck. Zu den Konventionen der Gattung "Fernsehberichterstattung" gehören die Begriffe der *Objektivität* und der *Plausibilität der Information*, die - wie noch verdeutlicht werden wird - vom institutionellen Rahmen ihrer Herstellung bestimmt werden (vgl. Keppler 1985: 136).

So könnte die Gattung "Fernsehnachricht" - nach der oben zitierten Definition - folgendermaßen beschrieben werden: Sie stellt ein historisch und kulturell verfestigtes Lösungsmuster für das Problem der Thematisierung, Bewältigung und Vermittlung von *aktueller*, nicht fiktionaler Information dar, das normalerweise aus verfilmtem und geschnittenem Material - oder auch *live* übertragenen Segmenten - besteht, das Sprache, Bild und andere Audioelemente, wie Musik, Geräusche usw. beinhaltet. Das Bild als "Verankerung" der Sprache fungiert in dieser Gattung als Garant für die *Objektivität* der Berichtserstattung; diese Objektivität ist in bestimmten Konventionen der visuellen Wahrnehmung begründet. So gelten beispielsweise Kameraaufnahmen in Augenhöhe für die Journalisten als "objektiv" - und somit als neutral. Das Gegenteil dazu besteht in der "Verzerrung" - der Auf- und Untersicht -, die als extrem subjektiv gilt und sie deswegen unangemessen für eine Nachrichtenberichterstattung macht (vgl. Tuchman 1978: 110). Aber nicht nur die Kameraeinstellung, sondern auch die Anzahl von Bildern pro Sekunde, die Bewegung im Bild und die Entfernung der Kamera vom Objekt bzw. von der Person werden von bestimmten soziokulturellen visuellen Konventionen, von dem, was als objektiv gegeben angenommen wird, bestimmt. Diesen Konventionen werden spezifische soziale Bedeutungen zugeschrieben: So wird die Halb-Totale oder amerikanische Kameraeinstellung als äquivalent der "social distance" in einer "face-to-face"-Situation wahrgenommen, die für Personen in geschäftlichen Beziehungen, Arbeitsgesprächen oder ähnlichen sozialen Kontexten gewöhnlich sind; "personal distance", die im Film der halb-nahen Kameraeinstellung oder der Nahaufnahme entspricht, kennzeichnet Personen in einer engeren sozialen Beziehung und "intimate distance" - Großaufnahme im Film - gleicht einer engeren persönlichen Beziehung (vgl. Tuchman 1978: 110 ff. und Keppler 1985: 138). Diese Konventionen sind nicht nur soziokulturell, sondern darüber hinaus *organisationell* bedingt: Da Journalisten - für die die Zeit eine knappe Ressource bedeutet - täglich aktuelle Nachrichten herstellen müssen, muß ihre Arbeit so sorgfältig wie möglich geplant werden. Dies drückt sich aus sowohl in der Typisierung der Nachrichten in Kategorien wie "mild", "hart" etc., mit Hilfe derer die Journalisten die Nachrichten auswählen und herstellen als auch in der Verteilung der Journalisten auf unterschiedliche legitimierte Institutionen, wie Regierungssitz, Polizei etc., in ihren Spezialisierungen auf Themen, wie Wirtschaft, Sport usw., in ihrer zeitlichen und räumlichen Organisation (täglicher Zeitplan und Arbeitsrythmus, Netz der Informationsquellen) etc. (vgl. Tuchman 1978: 15 ff.).

Die Objektivität der Fernsehberichterstattung, die auf Konventionen gründet, macht sie *glaubwürdig* für die Zuschauer, die sie als wirklich, als nicht-fiktional *rezipieren*:

> "Das Fernsehen gilt als objektive und damit besonders sichere Quelle der Information; diese Zuschreibung verdankt sich in erster Linie der visuellen Präsentation der Ereignisse; die Objektivität der Berichterstattung wird aus der Objektnähe der visuellen Information abgeleitet. Darüber hinaus tragen ein offiziöser Charakter der

Fernsehnachrichten und die Schnelligkeit der Informationsübermittlung zur Verfestigung dieses Bildes bei. Die visuelle Präsentation gilt aber - wie statistische Erhebungen belegen - als eigentlicher und hauptsächlicher Maßstab für die Glaubwürdigkeit." (Keppler 1985: 133).

Diese *Glaubwürdigkeit* der vermittelten Information in den Nachrichten wird laut Keppler auch dadurch gestützt, daß die dargestellten Personen, die als "Quellen" der Information fungieren, bestimmten von Schütz (1946: 85-101) entwickelten Idealtypen des verteilten Wissens und der Wissensvermittlung entsprechen. In modernen Gesellschaften ist das akkumulierte soziale Wissen so komplex und vielschichtig, daß sich spezifische Unterschiede in der sozialen Verteilung des Wissens ergeben. In diesem Sinne unterscheidet Schütz zwischen dem "Mann auf der Straße", dem "Experten" und dem "gut informierten Bürger", die sich nach dem Niveau der Klarheit, Begrifflichkeit und Differenziertheit ihrer Annahmen unterscheiden lassen (Schütz 1972: 85-101). Ein Großteil unseres Wissens entsteht jedoch nicht aus unseren eigenen Erfahrungen, sondern wird über die Erfahrungen unserer Mitmenschen mitgeteilt. Dieses "sozial abgeleitete Wissen" wird laut Schütz von vier Idealtypen vermittelt: dem "Augenzeugen", dem "Insider", dem "Analytiker" und dem "Kommentator". Sie "unterscheiden sich nach Ebenen der Unmittelbarkeit der Erfahrung, auf die sie zurückgehen, und der Spezifität der Relevanzsysteme, die diesen Erfahrungen zugrunde liegen." (Keppler 1985: 141). Die Grundannahme bezüglich dieser vier Typisierungen ist der Glaube, daß wir die gleiche Erfahrung wie unsere Mitmenschen an seiner Stelle machen würden oder gemacht hätten, weil wir die gleichen Chancen oder Risiken in der gleichen Situation hätten und so wie er handeln könnten bzw. gehandelt hätten: "...was daher für ihn ein wirklich existierender Gegenstand seiner aktuellen Erfahrung ist (oder war), ist für mich virtuell existierender Gegenstand der möglichen Erfahrung." (Ebd. 142). So wird in den Fernsehberichterstattungen der Idealtypus des "Mannes auf der Straße" für den Zuschauer verkörpert und erkennbar, indem bestimmte Personen im Film mit Namen, Beruf, Wohnort gekennzeichnet werden. Der Fernsehkorrespondent verkörpert seinerseits den Idealtypus des "Augenzeugen", der als Vermittler unmittelbarer Erfahrungen auftritt; sein Bericht ist für den Zuschauer glaubwürdig, weil er einerseits abwechselnd im Bild auftaucht und andererseits "das berichtete Ereignis in der Welt seiner Reichweite geschah". Im Bild ist er entweder mit den interviewten Personen zusammen zu sehen oder steht bei Demonstrationen, Versammlungen etc. abseits der Menge, so daß in beiden Fällen sein Auftritt garantiert, tatsächlich vor Ort gewesen zu sein. Wenn der Fernsehkorrespondent aber nicht im Bild erscheint, sind seine Kommentare zu hören, was gemeinsam mit den Bildern die Tatsächlichkeit der berichteten Geschehnisse festigt: Seine Meinung gründet auf Tatsachen, die der Zuschauer im Bild sieht. Hier entspricht der Korrespondent der Rolle des "Analytikers": Seine Meinung "erhält um so mehr Gewicht, je mehr ich die Tatsachen kontrollieren kann, auf die sie sich gründet, und je mehr ich von der Kongruenz seines Relevanzsystems mit dem meinen überzeugt bin." (Schütz 1972: 98, zitiert von Keppler 1985: 143). "Experten", d. h. Leute mit einem spezialisierten Wissen auf einem Gebiet, werden auch in den Fernsehberichterstattungen verkörpert: Durch die Bildkomposition - das typische Beispiel stellt den Experten hinter seinem Schreibtisch im gut ausgestatteten Büro oder im Podium vor Mikrophonen etc. dar -, die schriftsprachliche Einblendung im Bild mit deren Namen, Titel und Beruf und die Länge der jeweiligen Stellungnahmen werden die Experten von dem "Mann auf der Straße" unterschieden und gewinnen ein größeres Informationsgewicht gegenüber dem letzteren. Experte und Mann auf der Straße haben im Rahmen der politischen Informationsfilme den Status von "Insidern": "mein Glaube an seinen Bericht gründet auf der Annahme, daß er, weil er das berichtete Ereignis in einem einzigartigen und typischen Relevanzsystem erlebte, 'es besser weiß', als ich es wüßte, wenn ich das gleiche Ereignis beobachtet hätte, aber mir nicht der inneren Bedeutung bewußt gewesen wäre." (Keppler 1985: 146). So findet die journalistische Darstellung der zu vermittelnden Probleme ihren Ausdruck in den Konventionen der Berichterstattung, die - indem sie Organisationsprinzipien für Ereignisse sind - einen

Rahmen im Sinne Goffmans[28] vorgeben. Dieser Rahmen bestimmt, wie wir eine Situation definieren; die Nachrichten als Rahmen, also als Organizationsprinzip eines "Ereignisses" tragen dazu bei, Definitionen der sozialen Wirklichkeit zu leisten. Dies wird im nächsten Abschnitt detaillierter betrachtet werden.

Durch die oben beschriebenen Konventionen der Darstellungsweise der journalistischen Berichterstattungen entsteht zwischen Zuschauer und Nachrichtenhersteller eine Art "Rezeptionsvertrag", der auf einem Vertrauen in die Authentizität, in die Verläßlichkeit der vermittelten Information basiert. Die Ursachen dafür beruhen - wie Keppler klar formuliert - "nicht auf der Basis primär statistisch oder psychologisch orientierter Analysen", sondern auf einer erneuten Betrachtung der Produkte, die dem Fernsehen das erwähnte Privileg der Authentizität sichern. Die Konstanz der Rezeption und Wertschätzung ist zu suchen im Stil der analysierten Filme - in den Merkmalen, die sie zu einer etablierten Art in der Gattung des journalistischen Berichtens machen." (Ebd. 134).

Bergmann und Luckmann betonen jedoch, daß verschiedene Kommunikationsmedien mit Struktur- und Bedeutungsunterschieden die Gattungen prägen - beispielsweise ist eine "face-to-face"-Unterhaltung anders konstituiert, als eine Unterhaltung im Fernsehen. Es darf jedoch nicht vergessen werden, daß Gattungen selten in ihrer "reinen" Form vorkommen: Phänomene wie *"Gattungsverschachtelungen"*, z. B. eine Geschichte in einer Predigt, oder *hybridisierte Formen* (vgl. Bergmann und Luckmann 1993: 6), beispielsweise verschiedene Gattungen, die eine spezifische Mischform bilden, sind häufiger zu beobachten. Die Fernsehnachrichten sind in diesem Sinne keine Ausnahme, da "Untergattungen" wie Interviews, juristische oder wirtschaftliche

---

28 *Frame* wird von Goffman (1974: 10-11) folgendermaßen definiert: "The principles of organization which govern events - at least social ones - and our subjective involvement in them." "Frames organize strips of the everyday world (or any other of the multiple realities). Goffman defines a 'strip' as 'an arbitrary slice or cut from the stream of ongoing activity." (Tuchman, 1978: 192).

Texte, Telefonate usw. als "Rohstoff" für die Nachrichten im Rahmen der Nachrichtensendung "verschachtelt" werden.

Der Begriff der Gattungen ist von wesentlicher Bedeutung für unsere Studie, weil Gattungen sowohl für die Zuschauer als auch für die Analytiker unterschiedliche Funktionen haben, die im folgenden expliziert werden:

a) *Kognitive* Funktion: Gattungen funktionieren als Erkennungssysteme und helfen dadurch dem Zuschauer, die audiovisuellen Erzählungen als "Fernsehnachrichten", "Dokumentarfilme" usw. zu identifizieren.

b) *Taxonomische* Funktion: Gattungen ermöglichen es, Gesamtheiten von Erzählungen zu identifizieren und zu klassifizieren.

c) *Ikonologische* Funktion: Sie betonen die Verbindung des Textes mit seinem Kontext und seinem Charakter als "Symptom" oder Symbol einer gegebenen Kultur.

d) *Poetische* Funktion: Genres tragen zur Entwicklung der Erzählung dadurch bei, daß sie Bezüge auf Idealtypen von Elementen des Inhaltes der Geschichte herstellen, wie beispielsweise Figuren, Handlungen, Szenerien usw. im Horrorfilm, im fantastischen Film, im Western etc. Insofern die Gattung einmal identifiziert wurde, werden diese idealtypischen Elemente konstruktive Komponenten des Genres.

e) Die *systemische* Funktion der Gattung besteht darin, daß ihre Regelmäßigkeiten das System der Erzählung voraussehbar machen.

f) *Pragmatische* Funktion: Gattungen machen den Text lesbarer, weil sie dazu beitragen, die Erwartungen der Empfänger zu lenken.

g) *Hermeneutische* Funktion: Gattungen machen den Text der Erzählung lesbarer und verständlicher in dem Maße, in welchem die Erwartungen des Lesers bestätigt werden.

h) Gattungen verfügen außerdem über eine *ästhetische* Funktion, die eine spezifische *Glaubwürdigkeit* der verschiedenen besonderen Gattungen ermöglicht. Es besteht eine Auswirkung der Gattung, die sich aufgrund des Vorhandenseins des immer gleichen diegetischen Referenten von Erzählung zu Erzählung und durch das rekursive Auftreten typischer Szenen diachronisch manifestiert. Im Western sind beispielweise der Ehrencode des Helden oder die Verhaltensweise der Indianer deswegen glaubwürdig, weil sie über einen großen Zeitraum hinweg in der Gattung fest verankert sind und, dadurch, daß sie in einer ritualisierten Form von Film zu Film erhalten worden sind.

i) *Ideologische* Funktion: Jede Gattung ist ein Indiz für eine besondere Weltanschauung und als solches Indiz ist sie mit bestimmten Werten ausgestattet. Das Genre übt deswegen eine ideologische Funktion aus, da es sich bei ihm um ein kulturelles Konstrukt handelt, das über zwei Dimensionen verfügt: eine historische und eine anthropologische. Der Western repräsentiert beispielsweise das expansionistische und kolonialistische Entwicklungsmodell der USA (vgl. García Jiménez 1993: 66-67).

Wegen seiner besonderen Bau-Struktur, die im folgenden beschrieben wird, ist der Nachrichtentext kein homogener Text. Einerseits verfügt der Text der Nachrichten über eine *Makrostruktur* (Van Dijk 1990: 54): Sie stellt das Resümee, den Kern oder das Thema des Textes dar. Die Ebene der Makrostruktur überschreitet die Grenze der Sätze und umfaßt die Bedeutung des ganzen Textes (vgl. auch García Jiménez 1993: 38). Andererseits gehört zu den Eigenschaften des journalistischen Textes ein typisches Merkmal, das seine Bedeutungsstruktur betrifft: In seiner Herstellung wird der Text in Themen oder Segmente strukturiert, so daß er einen "geteilten" oder fragmentierten Charakter erhält. Jedes Thema (z. B. die "Wirtschaftskrise in Rußland" oder das "Fußballspiel des VFB-Stuttgart in Amsterdam") wird in einem Nachrichtentext in thematischen Teilen präsentiert. Dieses strukturelle Merkmal des journalistischen Diskurses - das sich in jeder konkreten Nachricht aktualisiert - begründet sich in einem strukturellen, globalen Prinzip der *Organisation der Bedeutungsrelevanz* der Nachricht. Nach diesem Prinzip muß der journalistische Diskurs so organisiert werden, daß die *wichtigste* oder *relevanteste* Information in der hervorgehobenen Position dargestellt wird, und dies sowohl im Text als Einheit als auch innerhalb der Sätze. Das heißt, daß die wichtigste Information für jedes Thema als erste präsentiert wird (vgl. van Dijk 1990: 71). So findet im Nachrichtentext eine hierarchische Organisation statt, die vom Allgemeinen zum Besonderen führt, was normalerweise mit einer graduellen Abfolge der Nachrichtendarbietung vom Wichtigsten zum Unwichtigsten zusammenfällt.

Der fragmentierte Charakter des Nachrichtendiskurses reflektiert sich in der "idealen" Struktur einer Nachricht, die aus folgenden Elementen besteht:

Das Thema der Nachricht wird als *Schlagzeile* dargestellt, die als Resümee des Nachrichtentextes fungiert. Die Schlagzeile benennt, zusammen mit der Unterüberschrift, die wesentlichen Themen, die auch von der Makrostruktur als zentral hervorgehoben werden. Die Erzählungsform des journalistischen Diskurses ist deswegen als *invertierte Pyramide* bekannt. Invertierte Pyramide soll graphisch auf dieses Merkmal der Nachrichten hinweisen und zwar auf das, was in der *personal narrative* am Ende kommt, nämlich das Ergebnis oder die Auflösung der Erzählung, in den Nachrichten in der Einleitung schon erzählt wird. So wird in der face-to-face-Erzählung am Ende deutlich, daß beispielsweise ein Unfall überlebt oder ein Streit gewonnen wurde. In den Nachrichtenerzählungen ist so ein deutliches Ende normalerweise nicht zu beobachten und wenn doch, dann wird es schon in der Einleitung angekündigt (vgl. Bell 1991: 153). Das Hauptereignis wird also in der Schlagzeile zusammengefaßt und dem folgend werden die *wichtigsten Geschehnisse* präsentiert, die van Dijk (1990: 83 ff.) als Kontext des Hauptereignisses beschriebt. Die Grundbegebenheiten werden mit

Wörtern wie "während" oder "gleichzeitig" markiert. Daraufhin werden die *vorausgehenden Ereignisse* eingefügt, die eine historisch oder strukturell umfassendere Natur haben. Manchmal kann nur schwerlich zwischen Kontext und früheren Ereignissen unterschieden werden. Die Wichtigkeit der *Folgen* bestimmt zum Teil den informativen Wert der sozialen und politischen Ereignisse, und diese Folgen werden normalerweise im Nachrichtentext nach dem Kontext und vorausgehenden Ereignissen dargestellt. *Verbale Reaktionen* können als ein Sonderfall der Folgen betrachtet werden: Bei ihnen handelt es sich beispielsweise um die Kommentare der wichtigsten Betroffenen oder der bedeutendsten politischen Persönlichkeiten zu einem Ereignis. Der *Kommentar* besteht aus den Auslegungen, Meinungen und Evaluierungen des Moderators bzw. der Moderatorin der Sendung oder des Pressejournalisten. Der Kommentar enthält *Evaluierungen* und *Aussichten*: Die Evaluierung besteht aus bewertenden Meinungen über die aktuellen informativen Ereignisse; die Aussichten formulieren die Folgen der aktuellen Ereignisse und Situationen und können auch künftige Ereignisse voraussagen.

Natürlich sind alle hier dargestellten Kategorien nicht in jedem Nachrichtentext präsent. Diese fragmentierte Eigenart des journalistischen Textes erscheint in Verbindung mit einer *Bedeutungsverkettung* der Nachrichtenerzählung: Die verschiedenen Sätze und Fragmente beziehen sich auf das gleiche Hauptthema. Diese Verkettung ermöglicht es, daß *Implikationen* innerhalb des Textes vermittelt werden. Diese setzen ein kontextuelles Wissen des Zuschauers voraus und stellen Sätze dar, die wir von anderen Sätzen ableiten können. Diese Implikationen können im Text direkt benannt werden oder sie können auch als implizite Information im Text anwesend sein. Die letzteren impliziten Informationen können starke oder schwache Implikationen sein, wie z. B. Assoziierungen oder Suggestionen, die von Grice (1975) als Implikaturen bezeichnet wurden (vgl. van Dijk 1990: 96-98).

Der journalistische Diskurs weist außerdem folgende Merkmale auf, die bedeutend für seine Analyse sind. Zuallererst ist das *"Autor-Problem"* zu berücksichtigen, da

Nachrichten selten nur von einer Person hergestellt werden. In den meisten face-to-face-Interaktionsprozessen wird die Sprache nur vom jeweils identifizierbaren sprechenden Individuum verwendet. Bei den Medien handelt es sich um Sprache, die von verschiedenen Autoren produziert wird: Journalisten, Editoren, Drucker, Tontechniker, Kameramänner usw. Das hat zur Folge, daß man sehr selten herausfinden kann, wer verantwortlich für welche Produktion von Sprachformen ist. Zweitens wird mit dem Begriff der *"Einbettung"* der Vorgang bezeichnet, durch welchen Journalisten schon vorhandene Texte in ihre Erzählungen einfügen. Die Einbettung wurde oben bereits als *Verschachtelung* (im Sinne von Bergmann und Luckmann 1993: 6) beschrieben und ist ein wichtiges Merkmal medialer Kommunikation - durch dieses Verfahren wird ein Sprechereignis in ein anderes eingefügt. Der Journalist ist also eher ein "Text-Zusammensetzer" als ein Sprachschöpfer.

Drittens ist die *Gattungsvielfalt* innerhalb der journalistischen Texte ausgesprochen hoch. Unter den verschiedenen Kommunikationsgattungen, die als "Input" für die Nachrichten verwendet werden, können beispielsweise die folgenden genannt werden:

° Interviews, entweder "face-to-face" oder telefonisch
° öffentliche Reden
° Pressekonferenzen
° verschriftlichte gesprochene Sprache
° von Organisationen hergestellte Dokumente verschiedener Art: Berichte, Umfragen, Briefe, Forschungsberichte usw.
° vom eigenen oder von anderen Sendern oder Zeitungen bereits produzierte Texte, beispielsweise Dokumentargeschichten vom Archiv
° Texte von Nachrichtenagenturen
° Notizen der Journalisten über die obengenannten "Inputs", etc. [29]

---

29　Für eine detaillierte Beschreibung der "Inputs" der Nachrichten, vgl. Bell 1991: 57.

Der Begriff der *"durchbrochenen Interaktion"* bezeichnet ein viertes Merkmal des journalistischen Diskurses: Medienkommunikation unterscheidet sich strukturell von face-to-face-Kommunikation. Sie trennt zwischen dem Ort und häufig auch der Zeit der Produktion und der Rezeption und darüber hinaus zwischen Kommunikator und Publikum. Dies hat radikale Auswirkungen für die Produktion des journalistischen Diskurses. Die Rundfunksprecher arbeiten ohne Gewähr, daß sie ein Publikum haben, obwohl beispielsweise die TV-Moderatoren so gesehen werden, als ob sie direkt in die Augen der Zuschauer blicken würden. Dadurch simulieren sie einen direkten Kontakt und eine persönliche Beziehung zum Zuschauer. Muckenhaupt (1986: 369) schlägt ein *dialogisches Analyseverfahren* für Nachrichten vor, mit welchem eine "Analyse der virtuellen Anschlußmöglichkeiten der Adressaten auf berichtspezifische Beiträge" durchgeführt werden könnte, wobei der durchbrochene Charakter der Kommunikation zwischen den Medien und dem Zuschauer künstlich überbrückt werden könnte. Diese dialogische Analyse - obwohl sie sinnvoll für eine Untersuchung der Nachrichten und ihre Rezeption wäre - ändert den Charakter der Nachrichten als durchbrochene Interaktion jedoch nicht. *Die Adressaten* sind nicht im Studio präsent, wenn Nachrichten gesendet werden und sie sind in verschiedene Gruppen segmentiert, wie z. B. das Publikum, das selbst segmentiert ist, andere Journalisten usw. Da die massenmediale Kommunikation eine durchbrochene Interaktion ("fractured interaction") darstellt, können die Adressaten nur *post hoc* identifiziert werden.

Aufgrund dieser Merkmale müssen die massenmedialen kommunikativen Formen der Konstruktion von Korruption anders als die kommunikativen, interaktiven Formen, die face-to-face stattfinden, untersucht werden: Ein *keying*[30] ist bei den ersteren der Fall, das diese medial einrahmt (vgl. Bell 1991: 57 ff.).

Zusammengefaßt kann festgestellt werden, daß der audiovisuelle journalistische Diskurs in unterschiedlichem Sinne deswegen heterogene Texte produziert, weil in diesen Texten unterschiedliche Gattungen *verschachtelt* sind, weil die Texte eine *fragmentierte* semantische *Struktur* aufweisen und weil diese Struktur über eine *Bedeutungshierarchie* der verschiedenen Textteile verfügt. Es muß hier darauf hingewiesen werden, daß die Fernsehnachrichtensendungen in Argentinien noch heterogener sind als die meisten deutschen Nachrichtensendungen (wie z. B. die Tagesschau), denn einerseits dauern die argentinischen eine Stunde lang, innerhalb welcher auch Werbung gesendet wird, andererseits ist ihre Darstellungsstruktur völlig unterschiedlich (vgl. Kap. IV.3.).

### III.4. Die Gattung "Nachrichten" und die soziale Konstruktion der Wirklichkeit

Die Nachrichtenberichterstattung vermittelt dem Zuschauer Information über Ereignisse,[31] die er nicht selbst vor Ort erfahren kann. Die Glaubwürdigkeit dieser Informationen stützt sich, wie erwähnt, auf die Konventionen der nicht fiktionalen

---

30   Der Begriff "key" wurde von Erving Goffman in *Frame Analysis* (1986: 43-44) definiert: "I refer here to the set of conventions by which a given activity, one already meaningful in terms of some primary framework, is transformed into something patterned on this activity but seen by the participants to be something quite else. The process of transcription can be called keying." Wenn jemand z. B. im Rahmen einer Nachrichtensendung interviewt wird, wird dieser face-to-face Dialog innerhalb des Keys "Nachricht" vom Empfänger rezipiert. Die Gattung "Nachrichten" rahmt ("frames") die Sprache (und deswegen ihre Rezeption) ein.

31   "Eine Nachricht ist ein Ereignis, das aus einer Gesamtheit von Geschehnissen zur Berichterstattung ausgewählt wurde, also das Ergebnis eines Selektionsprozesses durch Journalisten." (Meckel und Kamps 1998: 17).

Berichterstattung und auf den Glauben an die typisierten Mitmenschen, die diese Ereignisse vor Ort beobachten konnten. Obwohl für den Zuschauer diese Information meistens als authentisch und glaubwürdig gilt,[32] spiegelt sie nicht die Welt wider, kann nicht die Welt widerspiegeln: Nicht nur in der Auswahl, *was* erzählenswert (*newsworth*) ist - von der enormen Masse der schon als Nachrichten verarbeiteten Ereignisse und der noch nicht in Nachrichtenerzählungen verwandelten Geschehnisse[33] - ermittelt die Nachrichtenberichterstattung eine bestimmte Position, sondern auch das *Wie des Erzählens* ist immer von Konventionen bestimmt, die von einer eigenen Weltsicht der Journalisten geprägt ist. So werden die Bilder aus einer bestimmten Kameraperspektive aufgenommen, Schnittfolgen verarbeitet, Bilder pro Sekunde ausgestrahlt, Kamerabewegungen vermieden oder bestimmt etc., die den Konventionen der Objektivität der Berichterstattungen entsprechen (vgl. Tuchman 1978: 110 ff., Fishman 1980, van Dijk 1990: 140 ff.). Außerdem vertreten die Personen, die als Quellen der Information dienen und welche die Journalisten konsultieren, auch eine bestimmte Weltsicht, die dem Status Quo konform ist; dies gründet auf der Tatsache, daß diese Informationsquellen normalerweise von der Gesellschaft legitimierte Informanten, wie Beamte, Gewerkschafter, Politiker usw. sind. In diesem Sinne können auch die Nachrichten als eine ideologische Konstruktion betrachtet werden (vgl. Veron 1970: 194 ff., Tuchman 1978: 156 ff., Glasgow University Media Group 1980).

Tuchman (1978: 5) ordnet die Nachrichten in die Kategorie der Erzählungen (*narratives*) ein und als solche betrachtet sie sie als Ergebnis kultureller Ressourcen und aktiver Handlungen; sie sind aber Erzählungen, die soziale Wirklichkeit umfassend gestalten, weil sie den Anspruch haben, über "reale Fakten" zu berichten. Jedoch wird

---

32  Für die Analyse der Glaubwürdigkeit des audiovisuellen Textes, vgl. Philo 1990: 132-155.

33  Außerdem werden manche Nachrichten von den Sendungen selbst produziert, wie beispielsweise wenn Reportagen über ein Thema gemacht werden: In diesen Fällen ist kein neues Ereignis passiert, sondern die Journalisten decken bestimmte Themen auf und bringen sie in die Öffentlichkeit, wie wir in Kap. V im Falle der Berichterstattung über Ñoquis sehen werden.

mit Hilfe dieser journalistischen Texte der Presse bzw. der Nachrichten im Fernsehen reflektiert, wie Journalisten die Welt wahrnehmen, wobei gleichzeitig die Wahrnehmung der Zuschauer dadurch eingerahmt wird. Die Nachrichten werden trotzdem so hergestellt, daß der Zuschauer die Erzählungen als Spiegel der erzählten "Fakten" wahrnimmt. Tuchman (ebd. 82 ff.) bezeichnet dieses Merkmal der Erzählungen als *facticity* im journalistischen Diskurs: Durch bestimmte Kameraperspektiven, Kompositionen des Bildes (am Tatort, vor dem Parlament etc.), Schnittfolgen usw. werden alle "Spuren" der Herstellung der Nachrichten als audiovisuelle Erzählungen "ausradiert" und dadurch als "Spiegelung" der Welt wahrgenommen, indem diese Erzählungen den Konventionen der "Objektivität" folgen. Auch in der Nachrichtenrhetorik gelten Regelungen, die jene Spuren ihrer willkürlichen, subjektiven und organisationellen Konstruktion "ausradieren" und dadurch auch eine "neutrale" audiovisuelle Nachricht entstehen lassen. Die Presse, wie auch Fernsehnachrichten, geben vor, neutrale und glaubwürdige Geschichten zu erzählen, indem sie die mit der Fiktion assoziierten Konventionen in den Pressemeldungen und im Nachrichtenfilm vermeiden. Verzerrung (beispielsweise Zeitlupe, unscharfer Fokus usw.) wird vor allem im Fernsehen mit Fiktionskonventionen assoziiert, wodurch ein Mangel an Neutralität in der Berichterstattung für die Zuschauer entstehen kann. Diese Bedingungen des Genres begrenzen gleichzeitig den "Filmwortschatz" jedes Genres (siehe Funktionen der Gattungen oben) und definieren auch Erzählungen über "Fakten" im Kontrast zu anderen Erzählungsarten (vgl. ebd. 110).

"Manipulation" ist nach diesen Bemerkungen ein naheliegender Terminus; dieser Begriff wird jedoch als eine "bewußte technische Intervention in einem gegebenen Material" definiert, wobei sämtliche Präsentationsformen der Medien eine Manipulation voraussetzen. Die elementarsten Herstellungsverfahren der Medien - von der Auswahl des Mediums selbst, über Aufnahme, Schnitt, Synchronisierung und Mischung bis hin zur Veröffentlichung oder Sendung - sind nichts anderes als Interventionen im existierenden Material. Dies bedeutet, daß Schreiben, Verfilmen oder Senden ohne Manipulation nicht existiert (vgl. Enzensberger 1972: 25).

Indem Journalisten Themen für Nachrichten auswählen und Konventionen der Gattung Nach-richten für ihre Herstellung anwenden, definieren sie auch, was ein Ereignis ist und welche Merk-male es charakterisieren. In diesem Sinne kann mit Meckel und Kamps (1998: 19) argumentiert werden, daß Wirklichkeit genrespezifisch modelliert wird.

> "It follows that using the conventions of news stories as a frame, reporters do more than make an event public: they define what an event is and which amorphous happenings are part of the event. As frames, news stories offer definitions of social reality." (Tuchman 1976: 94).

Nachrichten definieren jedoch nicht nur das *Was* und *Wie* der berichteten Ereignisse, sondern sie vermitteln gleichzeitig eine *Evaluierung* dessen, worüber sie berichten. Dies geschieht insbesondere, jedoch nicht ausschließlich, in der Einleitung der Nachrichtenerzählung.

Die Einleitung einer Nachricht im Fernsehen - äquivalent zur Schlagzeile in der Zeitung - ist ein wesentlicher Teil der Berichterstattung:

> "The importance of the lead or first paragraph in establishing the main point of a news story is clear [...] The lead has the same funktion in news as the abstract in personal narrative. It summarizes the central action and establishes the point of the story." (Bell 1991: 149).

Aber die Einleitung oder Präsentation eines Themas hat eine andere wichtige Funktion in bezug auf das dargestellte Thema: Sie evaluiert es, was zur Folge hat, daß das Thema von Anfang an moralisch bewertet wird.

> "Evaluation is the means by which the significance of a story is established. [...] Evaluation pre-empts the question, so what? News stories also require evaluation, and in their case its function is identical to that in personal narrative: to establish the significance of what is being told, to focus the events, and to justify claiming the audience's attention. [...] The lead paragraph is a nucleus of evaluation, because the function of the lead is not merely to summarize the main action. The lead focuses the story in a particular direction. It forms the lens through which the remainder of the story is viewed." (Bell 1991: 152).

So fungiert die Einleitung ("lead paragraph") als Verständnisrahmen - als Fokus des wichtigsten Punktes der Erzählung, als moralische Bewertung und als Einleitung der Bedeutung - der Nachrichten. Eine Evaluierung wird häufig am Ende der Nachricht positioniert, und zwar als Schluß, in der Form einer Moral der Erzählung.

Nachrichten werden, so wurde hier detailliert erläutert, als *objektiv* und *glaubwürdig* hergestellt und auch rezipiert. Als "objektive" Erzählungen über die " Wirklichkeit" sind Nachrichten als "objektiviertes Wissen" im Sinne von Berger und Luckmann (1995) wirksam. Als Produkte betrachtet, die dieses objektivierte Wissen vermitteln, plazieren sich Nachrichten auf der Ebene der *Legitimierung* der sozialen Wirklichkeit einer Gesellschaft (vgl. ebd. 98 ff.). Dies ist von nicht geringer Bedeutung, da das objektivierte Wissen in Form von Nachrichten Teil des Alltagswissens der Menschen einer Gesellschaft ist. *Alltagswissen* wird von Berger und Luckmann als *vortheoretische Wissensingredienzen* aufgefaßt und stellt seinerseits eine gewichtige Komponente der sozialen Wirklichkeit dar:

> "Vortheoretische Wissensingredienzen, von der jeweils situationsgemäßen Sprache geprägt und illuminiert, strukturieren jede Art von Wirklichkeit, die sich in einer und als eine Gesellschaft konsolidiert. Conditio sine qua non solcher Konsolidierung sind die Prozesse der Institutionalisierung und Legitimierung mit Hilfe symbolischer Funktionen normierender Art."[34]

Die Signifikanz dieses Alltagswissens besteht also darin, daß es Definitionen der unterschiedlichen Objekte der sozialen Wirklichkeit trägt. Diese Definitionen sind außerdem entscheidend dafür, wie die Individuen handeln. Blumer (1969: 2) als Vertreter des symbolischen Interaktionismus, geht in diesem Sinne davon aus, daß

> "human beings act toward things on the basis of the meanings things have for them. The meaning of such things is derived from, or arises out of, the social interaction

---

34   Plessner, Helmuth: Prolog "Zur deutschen Ausgabe", in: Berger und Luckmann 1995: XII.

that one has with other fellows; these meanings are handled in, and modified through, an interpretative process used by the person in dealing with the things he encounters."

Obwohl von Blumer in der Beschreibung dieser Verfahren nicht erwähnt, spielen die Massenmedien für die Definition der Wirklichkeit - wir haben bereits gesehen, auf welche Weise - eine wesentliche Rolle: sie sind "Bedeutungsfabriken".

Zusammengefaßt kann folgendes gelten: Weil Individuen gemäß ihrer Definitionen der Welt handeln und weil Nachrichten - mit ihren eigenen Definitionen der Welt - aufgrund ihrer Herstellungskonventionen als "tatsächlich", als "in der wirklichen Welt" fundiert, rezipiert werden, fungieren Nachrichten als Teil der "objektiven" sozialen Wirklichkeit, die für die Definitionen der "Wirklichkeit" der Individuen zentral sind. Die "Objektivität" der Nachrichten basiert jedoch auf Konventionen, die der Perspektive der Journalisten, was eine "objektive" Berichterstattung sei, entsprechen. So konstruieren Nachrichten - gemeinsam mit anderen Definitionen der Welt - die Definitionen der "Wirklichkeit", die die Individuen für ihr Handeln verwenden.

### III.5. Fernsehnachrichtensendungen in Argentinien

Obgleich die argentinischen Fernsehnachrichtensendungen in Kapitel V ausführlich dargestellt werden, sollen einige ihrer Charakteristika, die deren "Sprache" oder Darstellungsform prägen, bereits an dieser Stelle erläutert werden.

Diese Analyse schließt an die frühere Feststellung an, daß journalistische Texte im allgemeinen einen *fragmentierten* Charakter aufweisen; diese Eigenschaft gilt auch für die *Nachrichtensendung* als Gesamtheit. Die Darstellung der Themen erscheint in den argentinischen Nachrichtensendungen deswegen besonders *fragmentiert*, weil die Sendung eine Stunde dauert und die *Vielfältigkeit* der Themen ein wichtiges Kriterium für ihre Strukturierung darstellt. So werden die aus der Perspektive der Sendungen "wichtigen" Nachrichten, die länger als eine oder zwei Minuten dauern, in Fragmente aufgeteilt und innerhalb der bestimmten Struktur der Sendung an unterschiedlichen Stellen präsentiert.

Das Kriterium der *Balance* einer Nachrichtensendung schreibt außerdem vor, daß "gute" Nachrichten zusammen mit "schlechten", und "weiche" oder "bunte" Nachrichten zusammen mit "harten" Themen täglich gesendet werden. Dies hat zur Folge, daß Themen nicht tiefgründig in ihrem kontextuellen Rahmen untersucht und beschrieben werden können. *Balance* und *Vielfältigkeit* als Auswahl- und Strukturierungskriterien der Sendung verursachen das Gefühl im Zuschauer, daß er dem Verlauf jedes Themas nicht folgen kann; eine globale Übersicht - wenn auch oberflächlich - wird zwar gewonnen, aber die Themen "lösen sich" in einer Verschmelzung mit anderen Themen auf. Die Nachrichten erhalten einen überflüssigen Charakter, wobei ein Unterschied zur Themendarstellung der Presse - zumindest, was die *Möglichkeiten* des Mediums betrifft - deutlich wird.

Die Themen der Nachrichten werden - im Unterschied zu den einleitenden oder abschließenden Kommentaren der Moderatoren im Studio - zumeist als "Fakten" präsentiert, wodurch die *"Objektivität"* der ersteren hervorhoben wird. Im gleichen Sinne wird der Unterschied zwischen Nachrichtensendungen, die "Fakten" darstellen, und politischen Magazinen, im Rahmen derer beispielsweise politische Persönlichkeiten über diese Fakten diskutieren, hervorgehoben. Obwohl die Nachrichtensprache in der Fachliteratur überwiegend als "neutralitätsbeanspruchend" charakterisiert ist, wird die *Neutralität* der journalistischen Sprache in Argentinien auf eine unterschiedliche Weise angestrebt: Häufig werden von den Moderatoren vor und nach den eingeleiteten Berichten persönliche Kommentare, Witze, ironische Bemerkungen, Empörungsäußerungen etc. vorgenommen. Eine Objektivität in der Themendarstellung ist trotzdem in dem Maße "gewährleistet", daß die Kommentare der Moderatoren außerhalb der Berichterstattungen stattfinden. Die Äußerungen der Moderatoren stellen so einen Kontrast zu den "objektiven Fakten" der Nachrichten her. Innerhalb der Berichte werden nur Meinungen oder Kommentare von Augenzeugen präsentiert und selten kommen humoristische, ironische oder parodistische Kommentare der Journalisten vor. Dieser Sonderfall des Humors wird später auf ausführliche Weise analysiert werden.

In der vorliegenden Studie wird die Darstellung der politischen Korruption in Fernsehnachrichtensendungen untersucht. Politische Korruption ist eines der Themen, das in der Regel politische Skandale verursacht. Von den Medien inszenierte politische Skandale ermöglichen die Beobachtung dessen, wie in ihrer Darstellung vielfältige Kräfte wirken, um eine Meinung in bezug auf das Skandalthema durchzusetzen und dadurch *eine* Realität zu konstruieren. So stellen politische Skandale einen besonderen Anlaß für die Gesellschaft dar, eine Moral bzw. verschiedene Moralen, die sich im "Kampf" befinden, in Frage zu stellen, sie zu bestätigen oder neue zu akzeptieren. Andererseits leisten die Medien durch die Inszenierung von Skandalen eine Darstellung dessen, wie eine Gesellschaft ihre Konfliktthemen verarbeitet (im Sinne von Geertz (1983), vgl. IV.5.).

Insbesondere durch politische Skandale setzt die Gesellschaft mit der Herstellung, Ausstrahlung und dem Konsum der audiovisuellen Erzählungen ihre eigenen Filter, Ellipsen, Weisungen, Tabus, Diktate und Repressionsmechanismen (Zensur) ein. Die positiven gesellschaftlichen Normierungen - die Zwänge ausüben - und die negativen - die Verbote aussprechen - stellen einen Beleg dafür dar, daß die Wirkungskraft der Erzählung eine öffentliche Anerkennung gewonnen hat (vgl. García Jiménez 1993: 80).

# IV. Die Forschungsmethode

## IV.1. Methodologische Ausgangspunkte und Begriffe

Sowohl die Forschungsfragen als auch die Art der Daten, mit welchen sich eine Untersuchung befaßt, sind wesentliche Faktoren in der Entscheidung, welche Forschungsmethode für die Studie geeignet ist, möchte der Forscher bzw. die Forscherin die "Natur" der zu analysierenden empirischen Welt respektieren. In Kapitel III wurden die Eigenschaften der Fernsehnachrichten bereits dargestellt und es wurde erläutert, aus welcher theoretischen Perspektive diese Daten betrachtet werden, nämlich als *Texte* des *audiovisuellen journalistischen Diskurses*. Doch der pragmatischen diskursanalytischen Perspektive fehlt ein exakter systematischer Rahmen dafür, wie der Diskursanalytiker sich den Daten konkret und systematisch nähert und wie er sie bearbeitet (vgl. Maingueneau 1994: 192).

Dieses Kapitel widmet sich der Darstellung der methodologischen Kriterien der Datenauswahl und -analyse, der Hypothesenformulierung und deren Überprüfung. Innerhalb der qualitativen Forschungsmethoden und Methodologien[35] für audiovisuelle Daten befindet sich eine Reihe unterschiedlicher Möglichkeiten - beispielsweise die Grounded Theory (vgl. Glaser und Strauss 1967, Strauss und Corbin 1990, Strauss 1994), die Sequenzanalyse (vgl. Soeffner 1979, 1982 und 1994), die diskursanalytische Perspektive von van Dijk (vgl. van Dijk 1990 und 1991), die französiche semiologische Schule (vgl. Barthes 1970, 1980 und 1993; Metz, Eco, Durand u. a. 1970, Maingueneau 1976 und 1994) -, die den Forscher dazu zwingen, eine kohärente Kombination unterschiedlicher Begriffe aus den verschiedenen Ansätzen zu er-

---

35 Die Unangemessenheit der quantitativen Forschungsmethoden für die Analyse des audiovisuellen Textes werden auch hier kurz erläutert (vgl. IV.4.).

arbeiten, die der Forschungsfrage, dem Material und der theoretischen Perspektive angemessen sind. Für die vorliegende Forschungsstudie ist somit ein spezieller Methodenzuschnitt erforderlich, dessen Herleitung mit der entsprechenden Methodendiskussion im folgenden detailliert dargestellt wird. Die sozialwissenschaftliche Analyse medialer Daten weist darüber hinaus ein grundsätzliches methodisches Defizit bezüglich einer Interpretation von Daten auf, die spezifisch *soziologisch* ist, d. h. eine Interpretation, die die medialen Daten in ihrem sozialen Kontext zu verstehen versucht. Deshalb wird in dieser Arbeit der Versuch unternommen, einen neuen, originellen methodischen Zugang zu medialen Daten zu erlangen, indem eine spezifische, *medial-konstruktivistische* Position für die Analyse vorgeschlagen wird.

Methodologisch gefaßt geht diese Studie von der Perspektive der Grounded Theory aus, da diese eine systematische, doch flexible Möglichkeit der Datenanalyse und Theoriebildung anbietet. Es wurde jedoch im Laufe der Datenanalyse festgestellt, daß die Begriffe der Grounded Theory alleine für die Analyse des audiovisuellen journalistischen Diskurses nicht ausreichen und, daß das Kodierparadigma (vgl. *Kodierparadigma* im Absatz IV.2.) eher für interaktionsorientierte, als für diskursanalytische Untersuchungen angemessen ist. So werden hier zuerst die Begriffe und die Forschungsmethode der Grounded Theory skizziert, daraufhin werden die Auswahlkriterien des Forschungsmaterials und die Charakteristika der Sendungen erläutert und dem folgt die Adaptierung der Grounded Theory für die Analyse medialer Daten. Weitere Konzepte werden im Anschluß daran betrachtet, die zusätzlich einen methodologischen Beitrag für die Studie leisten, wie die Begriffe der *Exploration* und *Inspektion* Blumers und die von Geertz entwickelten Begriffe der *Kultur als Text*, der *"dichten Beschreibung"*, der *"mikroskopischen Analyse"*, der *Kunst als gesellschaftlicher Stilisierung der Lebenskonflikte* und der *Kohärenz* der Kultur und der ethnologischen Untersuchungen. Zuletzt wird der Begriff der Implikation erläutert, der ebenfalls in der Interpretation des Untersuchungsmaterials ein zusätzliche theoretisch-methodologische Funktion erfüllt.

## IV.2. Die Begriffe der Grounded Theory

Die Grounded Theory[36] ist eine sozialwissenschaftliche Forschungsmethode, deren Vorteil darin besteht, daß sie gleichzeitig flexible und systematische Verfahren für qualitative, interpretative Untersuchungen vorschlägt, die im folgenden mit ihren grundsätzlichen Begriffen dargestellt werden.

Diese qualitative Forschungsmethode zielt darauf, eine in der empirischen Welt begründete Theorie über ein oder mehrere soziale Phänomene zu formulieren, d. h., aus der Beobachtung und Analyse der empirischen Welt eine Theorie zu entwickeln, deren Begriffe, Hypothesen und Beziehungen ständig gegenüber dem analysierten Phänomen geprüft werden müssen. Schlüsselbegriffe für diese Verfahren sind: Flexibilität, systematisches Forschungsverfahren, Verzicht auf Linearität der Untersuchung, kontinuierlicher Vergleich, die an dieser Stelle expliziert werden.

Erstens wird gemäß der Grounded Theory ein *Fall* untersucht, wobei der Fall eine "autonome Handlungseinheit" darstellt, die eine Geschichte hat und eine Diskursgemeinschaft darstellt[37] (vgl. Hildenbrand 1994, in: Strauss 1994: 12). Fälle sind für Strauss "soziale Welten", wie beispielsweise die Welt der AIDS-Kranken, die in ihrer Eigenlogik rekonstruiert werden sollen. Die *sozialwissenschaftliche Interpretation* wird ideal verstanden als "die Welt wie ein Neugeborener sehen zu können", also sie mit einem unvoreingenommenen Blick wahrzunehmen. Hier wird die Verwandtschaft mit der ethnographischen Vorgehensweise deutlich, die fremde Kulturen zu verstehen versucht.

---

36  Hier wird vor allem auf Strauss 1994 und Strauss und Corbin 1990 Bezug genommen.

37  In diesem Sinne handelt es sich in dieser Studie um den Vergleich von zwei Fällen, also von zwei Diskursgemeinschaften in bezug auf den journalistischen Diskurs über politische Korruption: *ATC 24* und *Telenoche 13*, die jeweils ihre besondere Geschichte und Eigenlogik aufweisen, wie wir später sehen werden.

Das *alltägliche* und das *wissenschaftliche Wissen* werden als ein Kontinuum gesehen, wobei beide Denkweisen strukturell nicht voneinander trennbar sind. Das wissenschaftliche Wissen unterscheidet sich vom Alltagswissen lediglich darin, daß ersteres einen höheren Grad an Explizitheit aufweist. Das Alltagswissen ist als grundlegende Ressource für den wissenschaftlichen Prozeß von Nutzen. Schütz (1972: 5 ff.), der soziales Wissen als *Konstrukt* sieht, unterscheidet in diesem Sinne zwischen Alltagswissen als Konstrukt erster Ordnung und wissenschaftlichem Wissen als Konstrukt zweiter Ordnung.

> "Unser gesamtes Wissen von der Welt, sei es im wissenschaftlichen oder im alltäglichen Denken, enthält Konstruktionen, das heißt einen Verband von Abstraktionen, Generalisierungen, Formalisierungen und Idealisierungen, die der jeweiligen Stufe gedanklicher Organisation gemäß sind. Genau genommen gibt es nirgends so etwas wie reine und einfache Tatsachen." (Ebd. 5).

Dies heißt aber nicht, daß wir die Wirklichkeit der Welt nicht begreifen können, sondern, daß wir bloß bestimmte Aspekte dieser Wirklichkeit erfassen, wenn sie entweder für die Bewältigung des Alltags oder "vom Standpunkt der akzeptierten Verfahrensregeln des Denkens, die wir Wissenschaftsmethodik nennen, relevant sind." (Ebd. 6). Im Unterschied zu den Naturwissenschaftlern, denen vorbehalten bleibt, zu entscheiden, "welchen Sektor der gesamten Natur, welche ihrer Tatsachen und Ereignisse und welche Aspekte dieser Tatsachen und Ereignisse thematisch und interpretativ für ihr spezifisches Interesse relevant sind" (ebd. 6), liegen dem Sozialwissenschaftler Tatsachen, Ereignisse und Daten einer völlig unterschiedlichen Struktur vor. So ist die soziale Welt - sein Beobachtungsfeld - nicht ungegliedert, sondern sie verfügt über eine besondere "Sinn- und Relevanzstruktur" für die denkenden und handelnden Menschen, die in ihr leben. Diese Welt wird von ihnen in verschiedene Konstruktionen der alltäglichen Wirklichkeit gegliedert und interpretiert und es sind diese Wissenskonstruktionen, "die ihr Verhalten bestimmen, ihre Handlungsziele definieren und die Mittel zur Realisierung solcher Ziele vorschreiben." (Ebd. 6).

So gründen "gedankliche Gegenstände", d. h. die Wissenskonstruktionen, die von den Sozialwissenschaftlern gebildet werden, auf denjenigen, die im Verständnis des im Alltag lebenden Menschen gebildet werden:

> "Die Konstruktionen, die der Sozialwissenschaftler benutzt, sind daher sozusagen Konstruktionen zweiten Grades: es sind Konstruktionen jener Konstruktionen, die im Sozialfeld von den Handelnden gebildet werden, deren Verhalten der Wissenschaftler beobachtet und in Übereinstimmung mit den Verfahrensregeln seiner Wissenschaft zu erklären versucht." (Ebd. 7).

Das grundlegende Prinzip der Grounded Theory besteht darin, daß keine sozialwissenschaftliche Theorie am Anfang der Studie vorausgesetzt wird, die die Daten in ein theoretisches "Korsett" hineinzwingen könnte und, daß die Daten die größte Ressource der Theoriebildung und -überprüfung darstellen. So ist dieser Analysemodus vor allem dahingehend ausgerichtet, eine Theorie zu generieren und zu überprüfen. Die Grounded Theory setzt jedoch voraus, daß soziale Phänomene komplex sind und, daß ein verstehendes - also ein interpretierendes - Analyseverfahren dieser Komplexität aus drei Prinzipien besteht: Erstens sind Analyse und Interpretation im gleichen Prozeß integriert, wobei Interpretationen und Datenerhebung von den sukzessiv sich entfaltenden Thesen, die im Verlauf der Studie entstehen, geleitet werden. Weiterhin kann eine vereinfachende Darstellung der untersuchten Phänomene vermieden werden, indem die Konzepte mit ihren Querverbindungen erarbeitet werden und dadurch zur Entfaltung einer *dichten* Theorie (vgl. IV.5.) beitragen. Außerdem muß die Untersuchung von Daten intensiv, detailliert und genau durchgeführt werden, um die Komplexität des untersuchten sozialen Phänomens erfassen zu können.

Auf diese Weise wird eine spekulative Theorie vermieden und eine *im Datenmaterial begründete* Theorie ermöglicht, die die Verfahren der Verifikation, Deduktion und Induktion mit einschließt. Rein methodologisch kann die Grounded Theory als zirkulär, flexibel und systematisch bezeichnet werden. Im folgenden Abschnitt soll dies veranschaulicht werden.

Die Analyseverfahren der Grounded Theory bestehen aus *Arbeitsschritten*, die nicht unbedingt als linear oder aufeinander folgend verstanden werden sollen, obwohl sie an dieser Stelle so dargestellt werden. Die Untersuchung eines Phänomens durch die Grounded Theory fängt mit *generativen Fragen* an, die sich der Forscher stellt, die die Untersuchung eröffnen, wenn er die ersten Daten untersucht. Diese Fragen weisen für das Datenerheben, Vergleichen, Unterscheiden und für die Reflexion möglicher Hypothesen sinnvolle Richtungen auf. Flexibilität ist hier ein Schlüsselbegriff:

> "Die erste generative Frage kann einer Einsicht folgen, die das Interesse des Wissenschaftlers an einem Aspekt eines bestimmten Phänomens weckt und ihn somit herausfordert, genau diesen Aspekt zu untersuchen. Aber solche Einsichten kommen einem im gesamten Verlauf der Studie und erschließen einem Fragen zu anderen Phänomenen oder zu anderen Aspekten derselben Phänomene." (Strauss 1994: 44).

Mit der Formulierung generativer Fragen "entdeckt" der Forscher vorläufige Konzepte und ihre Zusammenhänge, wobei Strauss dieses Verfahren als *Kodieren* bezeichnet. Strauss definiert es folgendermaßen:

> "*Kodieren*: Allgemeiner Begriff für das Konzeptualisieren von Daten; folglich bedeutet Kodieren, daß man über Kategorien und deren Zusammenhänge Fragen stellt und vorläufige Antworten (Hypothesen) darauf gibt. Ein Kode ist ein Ergebnis dieser Analyse (ob nun Kategorie oder eine Beziehung zwischen zwei oder mehreren Kategorien)." (Ebd. 48).

Das grundlegende Verfahren des Kodierens besteht darin, aus dem Material sinnvolle *Kategorien* zu entwickeln, also die Daten "auseinander zu brechen", im Detail zu untersuchen, zu unterscheiden und unter konzeptuelle "Etikette" (Kategorien) zu ordnen. Die Kategorien entwickeln sich, indem sie *dimensionalisiert* werden, d. h. indem ihre Eigenschaften unterschieden und in einem Kontinuum geordnet werden, die Anlaß für die Bildung von *Subdimensionen* und *Subkategorien* bieten.

Die *Datenerhebung* wird von dem Begriff des *theoretical Samplings* geleitet, d. h. die Beispiele von Vorkommnissen, Ereignissen, Handlungen, Populationen usw. werden nach ihrer Bedeutsamkeit für die sich entwickelnde Theorie herangezogen, wobei der *konstante Vergleich* eine wichtige Rolle in diesem Verfahren spielt und die Logik der Datenerhebung bestimmt: Er wird als dauernde Kontrastierung[38] zwischen den sich entwickelnden Kategorien und ihren Dimensionen einerseits, und den neuen Daten - oder "theoretischen Beispielen" - andererseits verstanden, die diese Kategorien und Dimensionen überprüfen und verschärfen. Aus dem Vergleichen ergibt sich die *Variation*, was die Grounded Theory als multivariate Analyse auszeichnet. "Vergleiche anstellen zwischen Kategorien und Eigenschaften bedeutet, daß diese miteinander verbunden werden (*Quervergleich*)." (Strauss 1994: 49). Sowohl die Datenerhebung als auch die Kodierverfahren werden mit dem Konzept der *theoretischen Sensitivität* durchgeführt, nämlich mit dem Gespür des Forschers dafür, "wie man über Daten in theoretischen Begriffen denkt."

So beginnt sich eine *konzeptuell dichte Theorie* zu entwickeln, d. h. eine Reihe von Kategorien und deren Zusammenhänge, die natürlich noch weitaus dichter wird, sobald weitere Zusammenhänge hergestellt und ausgearbeitet werden. In diesen Verfahren ist auch die *Verifizierung* der Theorie mit inbegriffen, weil der (vorläufige) Charakter der Zusammenhänge der sich entwickelnden Theorie in den danach folgenden Untersuchungsphasen an neuen Daten und durch erneutes Kodieren überprüft wird. Das heißt, daß das Kodieren mit der Untersuchung und Erhebung neuer Daten verknüpft sein, nämlich eng verbunden sein muß, damit es für die Forschungsarbeit von Nutzen ist.

---

38  Als Beispiel für Kontrastierung aus dem Bereich empirischer Untersuchungen in Krankenhäusern vergleicht Strauss Anschlüsse, die unbequem sind, mit solchen, die es nicht sind, wobei "Bequemlichkeit" eine Subdimension der Kategorie "Apparat-Körper-Anschlüsse" ist, für das Phänomen "Auswirkung der Gebrauch von Apparaten in Krankenhäusern auf die Interaktion zwischen Klinikpersonal und Patienten." (Vgl. Strauss 1994: 41 ff.).

Die Theorie wird nicht nur dichter sondern auch integrierter: Die Organisation ihrer Bestandteile - Kategorien, Dimensionen, Zusammenhänge - wird ständig komplexer und der Kern der entstehenden Theorie - die *Schüsselkategorie*[39] - wird sich im Verlauf der Untersuchung abzeichnen. So ist die *Integration* der Theorie am Anfang der Untersuchung schwach und vorläufig und mit dem Fortgang der Forschungsarbeit wird sie zunehmend "kompakter".

Die theoretischen Überlegungen des Forschers werden mit Hilfe von *Theorie-Memos*[40] kontinuierlich in einen Zusammenhang gebracht und ausgebaut. Sobald die Forschungsarbeit etwas fortgeschrittener ist, werden die Memos intensiver und fokussierter. Das *Sortieren* von Memos - also ihre Integration in die Theorie - kann in jeder Phase des Forschungsprojekts durchgeführt werden. Sowohl die Bearbeitung als auch das Sortieren von Memos führen zu Memos mit breiterem Spektrum und größerer konzeptueller Dichte.

Von grundlegender Bedeutung für die Untersuchung ist außerdem, daß der Forscher den *temporalen* wie auch den *relationalen* Aspekt der Triade der analytischen Operation, nämlich Daten erheben, Kodieren, Memoschreiben, klar erkennt: so kann

> "auf die Datenerhebung bald das Kodieren folgen, das seinerseits genauso schnell - oder zumindest bald - zum Memoschreiben führen kann. Beide, Kodes und Memos, werden dann die Suche nach neuen Daten leiten. *Oder* - und das zu sehen ist wichtig - sie können direkt zusätzliches Kodieren oder Memoschreiben zur Folge haben. Oder sie bewirken vielleicht, daß der Forscher *bereits* erhobene (und vielleicht schon analysierte) Daten untersucht und kodiert. Die *Rückkehr zu den alten Daten*

---

39 "Schlüsselkategorie: Eine Kategorie, die für die Integration der Theorie von zentraler Bedeutung ist." (Strauss 1994: 49). "Die meisten anderen Kategorien mit ihren Eigenschaften haben einen Bezug zu ihr" und aufgrund dessen hat die Schlüsselkategorie primär die Funktion, "die Theorie *zu integrieren*, *zu verdichten* und *zu sättigen*, sobald die Bezüge herausgearbeitet sind. Aufgrund dieser Funktionen wird eine *Vollständigkeit* der Theorie erreicht, die mit möglichst wenigen Konzepten ein Höchstmaß an Variation eines Verhaltensmusters erfaßt und dadurch Sparsamkeit und Reichweite maximiert." (Ebd. 66).

40 "*Theorie-Memos (theoretical memos)*: Berichte, in denen der Forscher theoretische Fragen, Hypothesen, zusammengehörende Kodes usw. festhält, d. h. ein Vorgehen, mit dem Kodierergebnisse aktualisiert und weitere Kodiervorgänge angeregt werden, und auch ein Hilfsmittel, um die Theorie zu integrieren." (Strauss 1994: 50).

ist in jeder Projektphase möglich, sogar dann noch, wenn die letzte Seite des Forschungsberichts geschrieben wird." (Strauss 1994: 46).

Diese Möglichkeit der "Bewegung" zwischen Datenanalyse und Theorieüberprüfung, von der Datenanalyse zur Datenerhebung usw. und die Tatsache, daß die Richtung der "Bewegung" vom Forscher im Hinblick auf die sich entwickelnde Theorie und ihre Integration gelenkt wird, wird als *Flexibilität* der Grounded Theory bezeichnet. Kreativität und kontinuierliche systematische Verfahren, die ihren Ausdruck vor allem im Kodierparadigma finden, führen im Rahmen der Grounded Theory zur Entwicklung einer gleichzeitig verstehenden, wissenschaftlichen und in den Daten begründeten Theorie.

Im Rahmen der Grounded Theory ist die Anwendung des Kontextwissens des Forschers - "Daten, die der Forscher 'im Kopf' hat und die aus seinem persönlichen Erleben, seiner Forschungserfahrung und seiner Kenntnis der Fachliteratur stammen" (Strauss 1994: 48) - eine grundlegende Komponente, um über die Daten in theoretischen Begriffen nachzudenken. Die Untersuchung kommt zu Ende, wenn eine *"Sättigung der Theorie"* erreicht wird, d.h., wenn eine zusätzliche Analyse nicht mehr dazu beiträgt, daß noch etwas Neues an einer Kategorie entdeckt wird.

Das *Kodierparadigma* wird an dieser Stelle noch detailliert erläutert. Für die Kodierverfahren ist das Kodierparadigma von zentraler Bedeutung, ob ausformuliert oder nur implizit vorhanden, und es erinnert den Forscher immer wieder daran, daß

"Daten nach der Relevanz für die Phänomene, auf die durch eine gegebene Kategorie verwiesen wird, kodiert werden, und zwar nach:
den Bedingungen
der Interaktion zwischen den Akteuren
den Strategien und Taktiken
den Konsequenzen." (Strauss 1994: 57).

Innerhalb des Kodierparadigmas werden das offene, axiale und selektive Kodieren unterschieden. *Offenes Kodieren* wird als eröffnender Kodiervorgang durchgeführt, als erste, uneingeschränkte "Umgangsform" mit den neuen Daten, um mit Hilfe der generativen Fragen die Untersuchung zu eröffnen. Das Beobachtungsprotokoll, ein

Interview oder ein anderes Dokument, werden "sehr genau analysiert, und zwar Zeile für Zeile oder sogar Wort für Wort. Das Ziel ist dabei, Konzepte zu entwickeln, die den Daten angemessen erscheinen". Diese Konzepte sind noch provisorisch, aber die "Reflexion darüber bringt eine Menge von Fragen und ebenso vorläufige Antworten mit sich, die sofort zu weiteren Themen bezüglich Bedingungen, Strategien, Interaktionen und Konsequenzen überleiten." (Strauss 1994: 58).

Das *axiale Kodieren* beschäftigt sich mit einer bestimmten Kategorie, die an einem gewissen Punkt der Forschungsarbeit im Rahmen des Kodierparadigmas intensiv analysiert wird. Diese Prozedur trägt dazu bei, daß das Wissen über die Beziehungen zwischen dieser Kategorie und anderen Kategorien und Subkategorien sich vermehrt. *Selektives Kodieren* bedeutet, systematisch und konzentriert nach der Schlüsselkategorie zu kodieren. Der Forscher begrenzt den Kodierprozeß auf Variablen, die einen hinreichend signifikanten Bezug zu den Schlüsselkodes aufweisen, um in einer auf einen spezifischen Bereich bezogenen Theorie verwendet zu werden. Die Schlüsselkategorie wird jetzt zur Richtschnur für *Theoretical Sampling* und die Datenerhebung.

Das Kodierparadigma der Grounded Theory wurde jedoch hauptsächlich für interaktionsorientierte Untersuchungen entwickelt, und seine Verwendung für die Analyse des audiovisuellen journalistischen Diskurses benötigt eine für diese Analyse entwickelte methodische Anpassung, deren Angemessenheit besser eingeschätzt werden kann, nachdem unser Untersuchungsmaterial, die Nachrichtensendungen, genauer charakterisiert wurden.

## IV. 3. Das Untersuchungsmaterial in seiner Qualität und Quantität

Als Untersuchungsmaterial für die Analyse der Konstruktion von "Korruption" in Fernsehnachrichtensendungen in Argentinien wurden zwei Nachrichtensendungen ausgewählt: *Telenoche 13* und *ATC 24*, die einmal von Canal 13 und im anderen Fall von ATC ausgestrahlt werden. Insgesamt wurden für diese Studie 104 Sendungen (jeweils 52 Abendsendungen von *ATC 24* und *Telenoche 13*) analysiert, die innerhalb der Zeitperiode vom 10.11.1995 bis zum 21.12.1995 ausgestrahlt wurden.[41] Zusätzlich wurden weitere aktuelle Sendungen von *Telenoche* und *ATC 24* aufgezeichnet und analysiert, sowie andere politische Sendungen, Zeitungen, Zeitschriften und kontextuelles Wissen wurden in die Materialsammlung mit aufgenommen. Gespräche mit Fernsehjournalisten, Nachrichtenproduzenten, Kameramännern, Schnittechnikern und Chefredakteuren sind beispielsweise Bestandteil des kontextuellen Wissens, das in die Analyse miteinbezogen wurde. Im folgenden wird die Qualität der Daten beschrieben. Da die analysierten Nachrichtensendungen auf Spanisch sind, wurde darauf verzichtet, die gesamten Transkriptionen dieser Arbeit in einem Anhang hinzuzufügen; es wurden jedoch zahlreiche einzelne, wesentliche bzw. beispielhafte Sequenzen in Kapitel V ("Die Konstruktion der Korruption in den Nachrichten") auf Deutsch und auf Spanisch präsentiert. Die Verfasserin ermöglicht in jedem Fall einen Zugang zu den transkribierten Daten, sollte eine Nachfrage diesbezüglich bestehen.

Der Fernsehsender Canal 13, der *Telenoche 13* ausstrahlt, gehört zum großen und mächtigen Medienoligopol Grupo Clarín. Dieses Medienunternehmen besitzt öffentliche und kostenpflichtige Kabel-Fernsehsender, Radiosender, die meist verkaufte Zeitung Argentiniens - *Clarín* - und auch einen Teil der Aktien des Papierherstellers, der das Monopol in Argentinien für die Herstellung von Zeitungspapier besitzt. Der Fernsehsender Canal 13 hat die höchsten Einschaltquoten und die Zeitung *Clarín*

---

41  Die Nachrichtensendungen werden in Argentinien in der Regel nur an Werktagen ausgestrahlt.

vefügt über die größte Auflage aller spanischsprachigen Zeitungen. Seit einigen Jahren präsentieren sie sich der Regierung gegenüber als kritisch (vgl. Muraro 1997: 58). *Telenoche* war Anfang März 1996 die meist gesehene Nachrichtensendung mit einer Einschaltquote von 15.4 (*Rating*), d. h., sie wurde am Abend von 512.409 Haushalten der Hauptstadt Buenos Aires und Umgebung gesehen.[42]

Der Fernsehsender ATC, der *ATC 24* herstellt, ist hingegen die "Stimme" der Regierung: Der Direktor dieses Fernsehsenders wird immer unmittelbar vom Präsidenten ernannt und steht diesem politisch nahe. ATC hat eine niedrige Einschaltquote und ist in kommerzieller Hinsicht nicht rentabel.[43] Darüber hinaus verfügt *ATC 24* ebenfalls über die niedrigste Einschaltquote aller Nachrichtensendungen in Buenos Aires.[44] Es handelt sich dabei um einen öffentlichen, staatlichen Sender, der überall in Argentinien empfangen werden kann.

In diesen institutionellen Kontexten werden die Nachrichtenprogramme hergestellt und gesendet. Der Vergleich von beiden soll Differenzen und Ähnlichkeiten in den unterschiedlichen Fassungen der Berichterstattung über politische Korruption zum Resultat haben. Diese verschiedenartigen Perspektiven tragen wesentlich dazu bei, die soziale Wirklichkeit der "Korruption" zu konstruieren (vgl. III.4.) und dadurch auch die Korruption selbst als kulturell geprägter Begriff. Ein Großteil davon, was das Publikum über Korruption weiß - oder nicht weiß -, wird ihm durch die Medien vermittelt,

---

42  Dieses Ranking von Fernsehsendungen wurde der Verfasserin von Angestellten des Umfragenunternehmens Mercados & Tendencias zur Verfügung gestellt.

43  Seit dem Beginn der Demokratie, aber vor allem seit der Regierung Menems, ist dieser Sender ständig von Korruptionsskandalen hinsichtlich seiner Verwaltung und Finanzierung und wegen politischer Willkür in der öffentlichen Diskussion präsent (vgl. Verbitsky 1997).

44  Anfang März 1996 war die Einschaltquote von *ATC 24* (Abendsendung) 2.0 Punkte, was 67.548 Haushalte umfaßt (Rating Mercados & Tendencias, März 1996). Das heißt, daß diese Sendung - zusammen mit América Noticias, die vom privaten Sender América 2 ausgestrahlt wird - die am wenigsten gesehene Fernsehnachrichtensendung war.

weil einerseits die Bestechung meistens illegal[45] ist und andererseits die Medien eine entscheidende Rolle in der Definition dessen, was "Korruption" bedeutet, spielen.

*Telenoche 13* ist die Nachrichtensendung von Canal 13, dem privaten Sender, der täglich drei Nachrichtenprogramme sendet: einmal am Mittag und zweimal am Abend (*Telenoche 13* um 20:00 Uhr und *En Sintesis* um 24:00 Uhr); ATC strahlt *ATC 24* viermal pro Tag aus: morgens, mittags und zweimal abends um 19:00 und um 24:00 Uhr.[46] Für diese Untersuchung wurden die Abendsendungen beider Sender ausgewählt, weil sie die wichtigsten Nachrichten des Tages - vor allem im politischen Bereich - darstellen, insbesondere weil das Publikum zu dieser Tageszeit größer und vielfältiger ist.[47] Da ein Kriterium der Forschungsmethode im kontinuierlichen Vergleich (vgl. IV.2.) besteht, wurde *Telenoche 13* für die Studie verwendet, weil sie sich als die "Stimme" der politischen Opposition darstellt und über die höchste Einschaltquote aller Nachrichtensendungen verfügt. *ATC 24* ist auf der anderen Seite die "Stimme" der Regierung und hat die niedrigste Einschaltquote; ein Vergleich von beiden Sendungen in bezug auf Berichte über Korruption ist deshalb sinnvoll. Die Dauer beider Nachrichtenprogramme beträgt eine Stunde und sie bestehen aus jeweils fünf Blöcken, zwischen welchen regelmäßig Werbung gesendet wird.

Sowohl *Telenoche 13* als auch *ATC 24* fangen mit der typischen, formalen Präsentation des Programms an, d. h., jeden Tag wird die Sendung auf dieselbe Art und Weise eröffnet. Die Einleitung der Sendungen verfügt über eine feste Struktur, in welcher

---

45    Nicht alle Verhaltensweisen, die eine Gesellschaft als "Korruption" bezeichnen würde, werden von den Gesetzen als "illegal" angesehen: "Nicht überall aber ist die formale Androhung gesetzlicher Verfolgung mit realen Konsequenzen verbunden, und in den seltensten Fällen decken gesetzliche Bestimmungen alle Handlungsmuster ab, die die öffentliche Meinung eines Landes als korrupt zuordnen würde." (Nohlen 1991: 326).

46    *Telenoche 13* wird heute noch immer ausgestrahlt, *ATC 24* heißt jetzt jedoch "Telegaceta"; diese Sendung unterscheidet sich jedoch nicht grundsätzlich von *ATC 24*.

47    Im Unterschied zur Mittagssendung, die über ein Publikum, das hauptsächlich aus Rentnern und Hausfrauen besteht, verfügt.

immer die gleiche Musik und visuelle Darstellung sowie die wichtigsten Schlagzeilen des Tages präsentiert werden. Danach beginnt die Darstellung der Nachrichten, welche in fünf Abschnitte gegliedert ist. Diese fünf Blöcke bestehen aus Segmenten, in denen unterschiedliche Themen präsentiert werden. Ein Thema kann am selben Tag in einem oder in mehreren Segmenten vorkommen. Dadurch gewinnt das Programm Vielfalt und Rhythmus, der aus kürzeren aufeinander folgenden Segmenten gewonnen wird. Die Einheit des Segments also, ist die Einheit des thematisierten Ereignisses, wie z. B. eine Äußerung eines Beamten. Jedes Segment grenzt sich vom vorhergehenden und vom nächsten durch einleitende oder schließende Sätze bzw. durch eine Pause (einem "Schlußpunkt") im Diskurs der Moderatoren, ab.

Es existieren verschiedene Kategorien von Segmenten, welche den "Raum", in dem das Thema präsentiert wird, darstellen.[48] In beiden Programmen wird zu Beginn das einleitende *Präsentationssegment* gesendet, wie oben bereits erwähnt wurde. Die meisten darauffolgenden Segmente sind "gewöhnliche" Segmente: Es handelt sich um "leere" Zeiträume (normalerweise ca. 1,5 Min.), die mit unterschiedlichen Themen gefüllt werden können, z. B. mit einem Bericht über eine Reise des Präsidenten oder einer Kurznachricht über die Änderung eines Gesetzes. Diese Segmente können zu Sektionen (übergreifende Kategorien), wie beispielsweise "Sport", "Politik", "Ausland", "Wirtschaft" etc. oder zu gar keiner Sektion gehören, wie beispielsweise Segmente über den "Muttertag", "Anfang der Schulzeit", "Eröffnung der Buchmesse" usw.

Eine weitere Form der Segmente stellen *Kommentare* dar: Diese sind ausgewählte Segmente für spezifische Themen, die immerzu von der selben Person (z. B. von einem Experten für Politik), mit der selben Musik und visuellen Gestaltung und jedesmal zu einem bestimmten Wochentag präsentiert werden. Anderseits werden

---

48  Für jede Sendung wird ein festes "Verlaufsschema" von den Produzenten festgelegt, welches den Inhalt der Sendung programmiert. Diese "Tagesordnung" besteht aus feststehenden "Räumen", die jeweils zu Sektionen gehören, wie beispielsweise "Politik" oder "Ausland". Diese Informationen wurden der Verfasserin in früheren Interviews bei Nachrichtensendungen mit Produzenten und Journalisten mitgeteilt.

*besondere Themenbereiche (secciones especiales)* behandelt: Sie stellen in Form eines Berichtes beispielsweise unter einem Titel ("Buenos Aires Insolita" = "Das ungewöhnliche Buenos Aires") verschiedene Themen dar, die diesem Titel entsprechen (z. B. die Leute, die von der Arbeitslosigkeit in Buenos Aires profitieren) und auch wöchentlich ausgestrahlt werden. Bei beiden handelt es sich also um "leere" Segmente, die jedoch zu einem feststehenden Themenbereich (Wirtschaft, Politik etc.) gehören, unter welchem die ausgewählten, passenden Themen eingeordnet werden.

Die Segmente, die die Blöcke schließen, sind die *Avances* (Vorschauen). In ihnen werden die Themen der folgenden Nachrichtenblöcke vorgestellt. Normalerweise sind in den Avancen die typische Musik des Programms, sowie die Schlagzeilen der Themen vertreten. In diesen abschließenden Segmenten können auch nur Nachrichten als Titel oder Schlagzeile präsentiert werden, die nicht mehr detailliert im Laufe der Sendung zur Darstellung gelangen. Das Programm wird mit dem *Schlußsegment* beendet, das die Wettervorhersage oder einfach die Verabschiedung der Moderatoren beinhaltet.

Obwohl die beiden Sendungen eine ähnliche *Struktur* der Nachrichtendarstellung aufweisen, sind die *Inhalte* der Segmente unterschiedlich: Die Programme sind von der politischen Orientierung der Sender stark geprägt. So entsteht ein "Dialog" zwischen beiden Programmen, im Rahmen dessen jede Sendung ihre eigene ideologische Position in der Öffentlichkeit als "Nachrichten" - also als Darstellung von "Fakten" - durchzusetzen versucht. Der Vergleich der beiden Nachrichtensendungen in bezug auf die jeweilige Definition von "Korruption" erweist sich deswegen als sinnvoll.

Da in jeder einzelnen Nachrichtensendung eine Vielfalt von Themen präsentiert wird, mußte ein Verfahren entwickelt werden, um die für die Forschungsfrage nicht relevanten Segmente beiseite zu lassen. Im folgenden sollen die Kriterien dieses Verfahrens beschrieben werden. Obwohl das für diese Analyse erhobene Datenmaterial zwischen Oktober und Dezember 1995 aufgezeichnet wurde, erfuhren die Sendungen keine grundsätzlichen Veränderungen, die ihre Struktur betreffen. Die inhaltliche Analyse der Nachrichtensendungen erfolgt in Kapitel V.

### IV.4. Grounded Theory und die Analyse des journalistischen audiovisuellen Diskurses

Die Grounded Theory ist eine Forschungsmethode, die für die Analyse der Interaktionsprozesse der Menschen entwickelt wurde. Das heißt, daß sie sich auf deren Handlungen und Strategien, mit welchen sie "Probleme" bewältigen, und auf die Konsequenzen dieser Handlungen, konzentriert. Diese Verhaltensmuster können aus unterschiedlichen Daten abgeleitet werden, wie beispielweise aus Videoaufnahmen, Tagebüchern, narrativen Interviews oder aus direkter Beobachtung im Forschungsfeld usw. Jede Art von Daten - also Daten aus unterschiedlichen Quellen - hat in diesem Sinne den gleichen Status als Vermittler einer Wirklichkeit, der dem einer unmittelbaren Beobachtung entspricht: So fungieren alle Materialien der nicht direkten Beobachtung als "Linse", durch die der Forscher ein besonderes Handlungsfeld analysieren kann.[49] Beispiele der nicht direkten Beobachtung sind die Videoaufnahmen von Interaktionen beispielsweise zwischen Patienten und Ärzten, von Frauen-Männer-Gesprächen usw. In diesem Fall der "Daten als Linse" wird nicht in Frage gestellt, ob diese "Brille" irgendeine Rolle in der Gestaltung der beobachteten Wirklichkeit

---

49 Hier muß hinzugefügt werden, daß die Grounded Theory auf dieser Basis versucht, die Perspektive des Akteurs zu rekonstruieren, denn von "der Wirklichkeit an sich" kann nicht ausgegangen werden, wie oben bereits erwähnt wurde (vgl. IV.2. und Strauss 1994: 30). Dies heißt auch, daß es keine unmittelbare Beobachtung geben kann: Mit "unmittelbar" bezeichne ich jedoch Feldbeobachtungen, also alle Beobachtungen des analysierten Phänomens vor Ort, im Unterschied zu aufgezeichneten oder vertexteten Daten, wie Videoaufnahmen, Zeitungen, Tagebücher usw. Andererseits wird die Perspektive des Akteurs im Rahmen der Grounded Theory rekonstruiert, unabhängig davon, ob dies auf der Basis von Videoaufnahmen, Interviews, direkten Beobachtungen etc. erfolgt.

spielt: Kamerawinkel und Distanz der Kamera zu den Beobachteten, Schnittfolge usw. werden nicht analysiert und somit als "neutrale", die Wirklichkeit spiegelnde Vermittler wahrgenommen.

Wenn eine Untersuchung jedoch von der Annahme ausgeht, daß diese untersuchten Daten die Wirklichkeit, die sie vermitteln, auf eine bestimmte Art und Weise gestalten und das Ziel der Studie darin besteht, diese Gestaltungsfähigkeit der Datenvermittler (z. B. einer Fernsehsendung) zu analysieren, dann sind die verschiedenen "Linsen" - Videoaufnahmen, Tagebücher, Zeitungen usw. - als "Gestalter" der Wirklichkeit zu analysieren. So können beispielsweise bestimmte Produkte der Massenmedien (wie Nachrichtensendungen) als "Medien" wahrgenommen werden (durch die die wirkliche Welt zu sehen ist) oder diese Produkte der Medien, wie Nachrichtensendungen, können selbst als "Realitätsgestalter" analysiert werden. Ersteres zu analysieren geschieht aus der Perspektive der Grounded Theory im "strengen Sinne", die zweite Möglichkeit der Analyse der Gestaltung der Wirklichkeit, die die Nachrichtensendungen leisten, soll aus der hier so genannten "medial-konstruktivistischen Perspektive" geschehen; dafür soll die Grounded Theory für die Analyse adaptiert werden. Zuerst sollen jedoch die Unterschiede zwischen beiden Positionen erläutert werden: Dieser Perspektivenunterschied verursacht eine Fülle von Konsequenzen in der Verwendung der Grounded Theory, die nicht übersehen werden dürfen und die folgendermaßen erörtert werden.

Die Grounded Theory - wenn sie streng verwendet würde - würde die auf Videoaufzeichnungen zu beobachtenden Handlungen als Interaktions*prozesse*[50] analysieren; diese Studie, die der medial-konstruktivistischen Perspektive zuzuordnen ist, analysiert die Nachrichten als *Produkte* von Handlungen und Interaktionen und als *Erzählungen* über Handlungen. In diesem Sinne werden die Nachrichten und die in ihnen beobachtbaren Handlungen als ein Stück "kristallisierter" Wirklichkeit erforscht,

---

50  Beispielsweise könnte eine Reihe Gespräche zwischen Journalisten und Politikern im Rahmen der Interviews als Interaktionsprozeß analysiert werden.

denn die medial-konstruktivistische Perspektive interessiert sich für die Ebene der Sprache, der Bilder, der Musik, insgesamt für alle die Komponenten - sozusagen für die "Mikrokristalle" -, die die "Linse" (die audiovisuellen Daten) formen und durch die wir einen Teil der sozialen Wirklichkeit wahrnehmen. Just diese "Linse" ist das Forschungsobjekt und nicht, d. h. nicht vordergründig, die durch sie vermittelten Themen, wie beispielsweise "Gewalt in Großstädten", "Ausländerpolitik", "die EU" oder "die Korruption in Italien".[51] Die Grounded Theory würde Nachrichten als Daten, die Informationen über Handlungen in bezug auf ein Thema vermitteln, untersuchen, wobei sie als "Linsen", als Instrumente benutzt würden, um die Analyse des Themas "Gewalt in Großstädten" zu verschärfen, mit dem Vorteil, daß sie diese Handlungen wiederholt beobachten könnte. In der medial-konstruktivistischen Perspektive muß die "Linse" (beispielsweise die Nachrichten) selbst analysiert werden, da die Annahme, daß Medien als Wirklichkeitsgestalter fungieren, die Grundannahme bildet (vgl. Kap. III.4.). So ist es vorstellbar, daß die "Linse", durch welche die Wirklichkeit beobachtet wird, eine wesentliche Rolle in der Wahrnehmung dieser Realität spielt. Dieses Merkmal der Massenmedien als wirklichkeitsgestaltende Organisationen drückt sich beispielsweise auf der Ebene der Darstellung politischer Themen aus:

> "Als neutrales Transportmittel ihrer Inhalte und Anliegen kann die Politik die Massenmedien jedoch nicht nutzen. Journalistische Professionalisierung und journalistisches Ethos einerseits, die sich aus der technischen Organisationsstruktur ergebenden Zwänge andererseits, müssen bei der Konzeption von Schaupolitik berücksichtigt werden. Diese 'vorgeschalteten Produktionsstrukturen..., welche nur in Ausnahmefällen durchbrochen werden können' (Lange 1981: 190), bestimmen wesentlich das Bild der Politik in den Medien." (Käsler 1989: 326).

Da es sich bei der Grounded Theory um eine interaktionsorientierte Forschungsmethode handelt (vgl. Strauss und Corbin 1990: 104), lenkt sie die Analyse auf die Akteure, deren Handlungen, Interaktionen und Strategien, mit Hilfe derer die Akteure

---

51  Wenn die Nachrichten nicht als "Linse" verstanden würden, könnte davon ausgegangen werden, daß sie "die Wirklichkeit neutral" widerspiegeln.

mit gewissen Phänomenen, wie beispielsweise Schmerzen, Gewalt, dem anderen Geschlecht etc. umgehen. In der medial-konstruktivistischen Perspektive entfaltet sich die Analyse auf zwei Ebenen: Einerseits auf der Ebene der im Nachrichtenfilm, in der Zeitung usf. *dargestellten Akteure* und *deren dargestellten Handlungen*, Strategien usw. und andererseits auf der Ebene der ("wirklichen") *Akteure (Journalisten, Produzenten, Kameramänner usw.) und deren Handlungen, Strategien, Motivationen, die für die Nachrichtenherstellung ausschlaggebend sind.*[52] Daraus folgt, daß auf der Ebene der Darstellung individuelle Akteure, aber vor allem deren Handlungen und Strategien ausgesprochen schwer zu identifizieren sind. Wenn beispielsweise versucht wird, in den Nachrichten Handlungen und Strategien von Regierungsbeamten in bezug auf Korruption zu beobachten, können wir diese Handlungen und Strategien nicht von den Darstellungsstrategien der Sendung trennen. Darauf basierend interessiert sich die medial-konstruktivistische Perspektive für die diskursive Ebene der Kommunikation, d. h. für die vom und im Diskurs konstruierte Weltkonstellation, die im audiovisuellen Diskurs gilt. Folgendes Beispiel kann dies verdeutlichen: Im Studio *Telenoches* wird der ehemalige Innenminister Gustavo Béliz interviewt. Er erhielt von anonymen Personen Morddrohungen und wird darüber live im Studio vom Moderator befragt. Wenn das Ziel der Studie darin bestünde, die Handlungen der dargestellten Akteure zu analysieren, würden die Handlungen und das Gespräch von Béliz und dem Moderator (Ebene der "wirklichen" Handlung) als Datenmaterial verschriftlicht werden. In einer diskursanalytischen Perspektive in bezug auf Korruption wird die imaginäre Konstellation[53], die im Diskurs *Telenoches* präsentiert wird, analysiert

---

52  Fragen, die diese Ebene betreffen würden, wären nicht nur Fragen der Herstellungsverfahren der Nachrichten sondern auch der Intentionen der Journalisten, wie beispielsweise "Was will die Sendung mit dieser bestimmten Darstellung von dieser Person bzw. diesem Thema vermitteln?". Die Ebene der kommunikativen Intentionen der dargestellten Personen auf der einen Seite und auf der anderen Seite der Journalisten sind nicht immer unterscheidbar, weil der journalistische Diskurs sämtliche Darstellungen medial einrahmt.

53  Als "imaginär" wird die diskursive Konstellation deswegen bezeichnet, weil es auf der Ebene des Diskurses - anders als auf der Ebene der "wirklichen" Handlungen - möglich ist, daß "die Justiz" gegen "die Schatten der Macht" kämpft oder die Regierung ein "Schlangennest" darstellt, etc.

(diskursive Ebene). So werden Äußerungen von Béliz und den Moderatoren, Äußerungen wie "Machtkreis", "Schlangennest" der Regierung, "Dunkelheit der Macht" etc. als Zeichen einer diskursiv konstruierten Konstellation analysiert, im Rahmen derer beispielweise die "Schatten der Macht" die "aufrichtigen Personen beschmutzen wollen". Mit der Analyse der gesamten - impliziten und expliziten - Äußerungen über das analysierte Thema kommt die diskursive Welt zustande, die die Sendung konstruiert und die auf die Weltwahrnehmung des Zuschauers Einfluß nimmt.

Außerdem besteht in der Analyse des medialen Datenmaterials das Autor-Problem, das in Kap. III (vgl. III.3.) erwähnt wurde, wobei kein individueller "Sprecher" identifiziert werden kann, weil die Nachrichten das Ergebnis eines "multiplen Erzählers" (eines journalistischen Teams in einer Organisation) sind.

Andere Komplikationen bereitet die Tatsache, daß häufig Metaphern und andere rhetorische Figuren in den Nachrichten wahrzunehmen sind, die beispielsweise Objekte personifizieren (z. B. "die Korruption zerstört unsere Länder"), wobei diese Objekte im Diskurs zu "Akteuren" werden, deren "Handlungen" und "Strategien" innerhalb der Analyse berücksichtigt werden müssen (vgl. VI.1.).

Auf der Ebene der Beobachtung und auch häufig in der Analyse der Handlungen wird normalerweise bei der Grounded Theory nicht unterschieden, über welchen Sinneskanal (Sprache, visuelle Wahrnehmung, musikalische Untermalung etc.) die Information übermittelt wird: Das analysierte Phänomen wird als "Gesamtheit" wahrgenommen, während in der medial-konstruktivistischen Perspektive die Inhalte, die über unterschiedliche bedeutungsübertragende "Kanäle" vermittelt werden, sorgfältiger in ihren Beziehungen zueinander analysiert werden (vgl. III.2.).

Ein zusätzliches Problem, das eine Modifikation der Grounded Theory für eine Analyse der Nachrichtensendungen erforderlich macht, stellt der Begriff der *Fiktion der Nachrichten als Erzählungen* dar (vgl. III.3.). Soweit die Nachrichten als Erzählungen betrachtet werden, müssen sie als eine "Konstruktion" eines Ereignisses betrachtet und deswegen als Fiktion gesehen werden. Dieses Problem entsteht nicht im Falle der Grounded Theory, denn das "erzählende" Material wird nicht als solches wahrgenommen: Die Daten vermitteln sozusagen die Wirklichkeit. Die folgenden grundsätzlichen Merkmale der medialen Daten, die in der medial-konstruktivistischen Perspektive wahrgenommen werden, gehen verloren bzw. werden nicht berücksichtigt, wenn die bereits erwähnten Unterschiede zwischen den beiden Perspektiven nicht betrachtet werden: Da die Massenmedien die soziale Welt nicht wie in einem "Spiegel" wiedergeben, sondern sie (re)konstruieren, sind diese auch nicht neutral[54] und die Art und Weise, in welcher die Nachrichten die Welt rekonstruieren, spielt eine wesentliche Rolle in der Gestaltung und in unserer Wahrnehmung der sozialen Wirklichkeit.

*Das Kodierparadigma und die Struktur des Textes*

Das *Kodierparadigma* ist die "Achse" des Analyseverfahrens der Grounded Theory, das gleichzeitig eine systematische, zyklische und flexible Analyse ermöglicht. So werden drei Kodierverfahren dargestellt - offenes, axiales und selektives Kodieren -, die, obwohl sie nicht linear verwendet werden, sowohl eine wachsende Fokussierung (in der Datenanalyse) als auch eine höhere Abstraktion (innerhalb der sich herausbildenden Theorie) im Laufe des Verfahrens erreichen.

Das *offene Kodierverfahren* gehört zu den ersten Schritten der Datenanalyse und zielt auf das uneingeschränkte Kodieren der Daten. Wie oben erwähnt wurde, werden die Daten beim offenen Kodieren sehr detailliert analysiert - "Zeile für Zeile oder sogar Wort für Wort" -, um den Daten angemessene Konzepte zu entwickeln. Das offene Kodieren wird auf der Basis der generativen Fragen durchgeführt und kann als "mikroskopische" Analyse bezeichnet werden:

---

54   In III.4. wurde bereits dargestellt, auf welchen Konventionen der Begriff der Neutralität der Nachrichten für die Journalisten basiert, der diese Erzählungen als glaubwürdig für das Publikum erscheinen läßt.

"Diese Mühe ist notwendig, 'um eine weite theoretische Bandbreite zu erreichen, die ebenso sorgfältig in den Daten gegründet ist.' Eine entgegengesetzte 'Herangehensweise an das offene Kodieren (mittels *Überblick*) ist die, daß man die Daten rasch durchliest und dann aufgrund von Eindrücken ein Bündel von Kategorien entwickelt. Wir empfehlen diesen Ansatz nicht, weil er nur ein paar Ideen einbringt und nicht zur Entwicklung von konzeptueller Dichte beiträgt. Er vermittelt keine Vorstellung davon, was in der Analyse übersehen wurde. In dieser Art weiter arbeiten hat zur Folge, daß am Ende eine konzeptuell dünne und oft schwach integrierte Theorie steht.'" (Strauss 1994: 61).

Mikroskopisch zu analysieren, minimiert laut Strauss die Gefahr, daß wichtige Kategorien übersehen werden; dagegen kann jedoch argumentiert werden, daß, wenn die Methode flexibel ist, auch die bisher nicht erkannten Kategorien später in die Analyse integriert werden können und nicht von Anfang an gebildet werden müssen, was die Strauss'sche Auffassung relativieren würde.

Die Analyse der Nachrichtentexte "mikroskopisch" zu beginnen bedeutet, die Texte bereits zu Beginn auseinander zu "brechen", also die Struktur der Texte nicht zu berücksichtigen und auf dieser Basis zu kodieren und die Kategorien zu dimensionalisieren. Die Folgen davon sind für die Ergebnisse der Untersuchung nicht unwichtig, denn die Beziehung zwischen den unterschiedlichen Teilen des Textes, seine Bedeutung als Ganzheit und seine Beziehung zum Kontext würden vorschnell zergliedert werden. Da die Logik der Grounded Theory-Datenanalyse von kleineren Einheiten, die den Daten näherstehen, bis hin zur abstrakteren Theoriebildung zielt, würde von Anfang an die einheitliche, strukturell feststehende Bedeutung des Textes und die Beziehung seiner Teile zueinander aufgebrochen, bevor sie tiefgründig genug interpretiert werden könnten.

"When trying to establish the meaning of texts by breaking them down into quantifiable units (words, expressions, statements, etc.), analysts in fact destroy the very object they are supposed to be studying, since the atomistic character of the resulting data precludes a relevant examination of the relations within each text as a meaningful whole." (Larsen 1991: 121-122).

Diese Kritik, die Larsen in bezug auf quantitative Forschungsmethoden der Textanalyse formuliert, ist auch für die Grounded Theory gültig, da die Logik dieser qualitativen Methode in diesem Sinne ähnlich funktioniert, wie die Logik der quantitativen Methoden, obwohl das Ziel der Grounded Theory nicht darin besteht, die Texte in quantifizierbare Einheiten aufzuteilen. Doch die Idee des "Auseinanderbrechens" des Textes als einem ersten Schritt und bestimmte "ausgewählte" Einheiten zu gruppieren, um abstraktere Kategorien zu entwickeln, macht die Grounded Theory mit den quantitativen Methoden vergleichbar, da diese auch von vorne herein die Struktur des Textes übersehen. In diesem Sinne wird der Charakter der Daten nicht respektiert, weswegen die interpretative Kraft der Analyse geschwächt wird. Implikationen, Bedeutungen, die "zwischen den Zeilen" erzeugt werden, ironische Operationen, Tabuisierungen usw. können auf diese Weise nicht "entdeckt" werden, weil sie eine Verbindung zwischen verschiedenen Teilen bzw. Ebenen der Texte voraussetzen. Gegen diese Argumente bezüglich der Probleme der Grounded Theory für die Analyse des Textes könnten zwei Einwände erhoben werden: Einerseits könnte argumentiert werden, daß aufgrund der Tatsache, daß die Grounded Theory eine flexible, nicht lineare Forschungsmethode darstellt, die Kategorien, die sich beim offenen Kodieren ergeben und sich dann als falsch erweisen, reformuliert werden können und somit doch den Daten (in unserem Fall dem Nachrichtentext) "treu" bleiben können. Obwohl dies möglich wäre, vermeidet die Möglichkeit der Reformulierung der Kategorien usw. nicht das Problem des anfänglichen "Auseinanderbrechens" des Textes: *Jede* Kategorie wäre aufgrund dieses Auseinanderbrechens entstanden und würde als Baustein der Theorie fungieren, ohne die *textuellen* Zusammenhänge zu berücksichtigen. Der zweite mögliche Einwand besteht darin, daß eine Struktur des Textes im Rahmen der Grounded Theory nicht von Anfang an vorausgesetzt, jedoch erst in der Interpretation des Textes ermittelt wird. Das heißt, daß in der Feststellung der Zusammenhänge der Kategorien und ihren Dimensionen und in der Integration der entstehenden Theorie die Struktur des Textes rekonstruiert wird. Diese Rekonstruktion basiert jedoch auch auf Kategorien, die aus dem anfänglich "auseinander gebrochenen" Text entstanden sind. Eine Analyse des Textes, die seine Struktur von Anfang an nicht berücksichtigt - oder voraussetzt -, wird weniger sensibel in bezug auf textuelle Zusammenhänge, indirekte oder implizite Bedeutungen, die von diesen Zusammenhängen in ihrer Realisierung abhängig sind.

*Die sequenzanalytische Interpretation*

Die Sequenzanalyse, die als Verfahren einer *Sozialwissenschaftlichen Hermeneutik*[55] ebenfalls verwendet wird, weist im Vergleich zur Grounded Theory Vorteile für die Analyse des audiovisuellen journalistischen Diskurses auf. Diese qualitative Forschungsmethode basiert auf der Analyse der "Differenz zwischen der objektiven Sinnstruktur des Textes und der in diesem Text aufscheinendenden und sich dem Interpreten aufdrängenden subjektiven Intentionalität, die die Sprecher für sich in Anspruch nehmen und der sie eine subjektive sprachliche Ausdrucksqualität verleihen." (Soeffner 1982: 15). So wird in "der Aufdeckung der Inkonsistenzen zwischen egologisch-monothetischer Perspektive eines der Interaktionspartner und polythetischer Perspektivenneutralität" das Ziel der wissenschaftlichen Textinterpretation deutlich: "Es besteht in der hypothetischen Rekonstruktion einer historischen, interaktiv konstituierten Problemsituation." (Ebd. 15).

Die Vorteile dieser Forschungsmethode für die Analyse des journalistischen Diskurses besteht einerseits darin, daß die *transkribierten* Daten (seien es Gespräche, Monologe etc.) als "Leben aus zweiter Hand" betrachtet werden, d. h., daß die Texte der Transkriptionen nicht dem wirklichen Leben entsprechen. Der transkribierte Text simuliert die Interaktion, ist aber nicht die Interaktion, die einen flüchtigen, unwiederholbaren Charakter hat. Die Grounded Theory unterschiedet in diesem Sinne nicht zwischen der reinen Empirie und den Protokollen bzw. Transkripten *über* diese Empirie.

---

55  Vgl. Soeffner 1982: 11-48.

Obwohl hier von der Analyse von Sequenzen die Rede ist, werden darüber hinaus sowohl der soziale als auch der "textbezogene" Kontext der Sequenzen in die Analyse miteinbezogen, wobei die Verkettung des Diskurses - die *Sequenzierung* - berücksichtigt wird; somit wird erreicht, daß nicht die gesamte Bedeutungsstruktur des Textes durch die Analyse der einzelnen Sequenzen aufgebrochen wird.

Andererseits unterscheidet die Sequenzanalyse zwischen *Mündlichkeit* und *Schriftlichkeit* (vgl. ebd. 22), d. h. zwischen "Alltagstexten" und "vorkonstruierten Texten", was eine Differenzierung in der Analyse ihrer Sequenzen zur Folge hat:

> "Vorkonstruierte Texte schaffen sich ihre eigenen objektivierten (schriftlichen), immer wieder abrufbaren Kontexte und konstruieren gegenüber alltäglichen Interaktionen durch das Explikationsmedium der Sprache eine relativ große Situationsunabhängigkeit. Sie leben geradezu von dieser Situationsunabhängigkeit, weil sie dadurch beliebigen Rezipienten verfügbar werden. Alltagsinteraktionen dagegen leben *in* ihren Milieu- und Situationshorizonten. Sie sind von vornherein nicht auf Diskursivität und Überlieferbarkeit hin angelegt: Sie verlieren sich an ihre Kontexte, die für eine spätere Interpretation verloren sind. Standort-, zeit- und milieugebunden sind dennoch beide Interaktionsformen, insofern sie ihr Dasein und ihre Konkretion konkreten Produktionsakten in konkreten Situationen verdanken." (Ebd. 22).

Die Texte des journalistischen Diskurses entsprechen der Kategorie der vorkonstruierten Texte, jedoch geht bei dieser Ausprägung des Diskures der Begriff des individuellen Sprechers verloren (vgl. III.3.) und somit auch seine Intentionalität und sein Handlungshorizont. Deswegen kann hier nicht im herkömmlichen Sinne von Interaktion die Rede sein, obwohl jeder Text auch ein Handeln ist. So werden in der medialen Sprache die Äußerungen jedes individuellen Sprechers vom Medium eingerahmt und gewinnen somit eine andere Qualität: Sie werden zu medialen Äußerungen, deren ursprüngliche Intentionalität aufgrund dieser Einrahmung verloren geht. Der Begriff der gesamten Sendung als "kollektiver Sprecher" würde dieses Problem der "Doppeldiskursivität" der Medien nicht lösen, wenn das Ziel der Studie nicht die Analyse der Interaktion[56], sondern die Analyse der diskursiven, imaginären Konstruktion einer "Wirklichkeit" ist (vgl. oben, Metapher der "Brille" in IV.4.). Andererseits ist der mediale Diskurs, wenn er in einer Interaktion besteht, eine *durchbrochene* Interaktion (vgl. III.2.), was in seiner Analyse berücksichtigt werden muß. Die Sequenzanalyse eignet sich in diesem Sinne eher für die Analyse der unmittelbaren (face-to-face) Interaktion, die als "Prozeß direkter semantischer Ratifizierung" begriffen wird (ebd. 34) und Begriffe wie die Intentionalität des Sprechers berücksichtigen kann. Die vorliegende Studie ist unter der Kategorie der "sozialwissenschaftlichen Textanalyse im engeren Sinne" zu verordnen (ebd. 24-25): "Der einzelne sozial Handelnde" wird von der sozialwissenschaftlichen Hermeneutik als "Institution in einem Fall" betrachtet, während die herkömmliche wissenschaftliche Textinterpretation den medialen Text als Sediment der Handlungen und Kultur von nicht mehr identifizierbaren Handelnden betrachtet.

## IV. 5. Datenanalyse und die Entstehung der kombinierten Forschungsmethode

Im folgenden wird dargestellt, wie die Datenanalyse durchgeführt wurde, so daß gleichzeitig die Natur des Materials respektiert werden konnte - also die Struktur und Bedeutungseinheit der Texte nicht zum Opfer der Analyse wurden - und eine systematische, doch flexible und interpretative Methode zur Anwendung gelangte.

In einem ersten Schritt der Untersuchung erfolgte die Betrachtung der gesamten Sendungen. So konnte eine Vertrautheit mit dem Material gewonnen werden und das Vermerken erster "impressionistischer Notizen" fand statt. Diese ersten *Memos* entsprechen einer möglichen Antwort auf Strauss' Frage des offenen Kodierens: Worum geht's hier eigentlich? ("What seems to be going on here?" Strauss und Corbin 1990: 73) in bezug auf die Darstellung der Korruption. Diese ersten "Ant-

---

56 "Die Sequenzanalyse simuliert wissenschaftlich kontrolliert, d. h. entlastet vom Handlungsdruck konkreter Interaktion den oder die Textproduzenten und den Interaktionsprozeß." (Ebd. 14).

worten" waren nicht sehr weit entfernt von dem Eindruck, den jeder *gewöhnliche* Zuschauer in Argentinien formuliert haben könnte.[57]

Der Begriff der Korruption mußte anfänglich "flexibel" definiert werden, um die Segmente der Sendungen auswählen zu können, die für eine Analyse geeignet waren. So war die politische Konnotation der Korruption für die Untersuchung von wesentlicher Bedeutung und andere mögliche Konnotationen, wie Korruption als "sexuelles Verbrechen" oder "moralische Dekadenz", standen vorerst nicht im Vordergrund, obwohl die Möglichkeit offen verblieb, daß in den Nachrichtensendungen selbst Verbindungen zwischen den unterschiedlichen Konnotationen des Korruptionsbegriffes hergestellt werden. Da beide Sendungen eine Vielfalt von Themen präsentieren, war eine Definition der für die Analyse relevanten Segmente nötig. So wurde Korruption definiert als eine Handlung, durch die ein Beamter - d. h. eine Person in Argentinien, die eine öffentliche Funktion einnimmt, wie Senatoren, Abgeordnete, Bürgermeister, Polizisten, Zollbeamte, Lehrer u.s.w. - einen ökonomischen oder politischen Profit aus seiner staatlichen Funktion als Beamter für sich selbst oder für sein persönliches Umfeld (Familie, Freunde, politische Parteigenossen) erzielen kann. Diese vorläufige Definition entspricht jener von Nye (1967: 419), der Korruption als ein

> "Verhalten, das von den formalen Pflichten einer öffentlichen Rolle (in die man gewählt oder zu der man ernannt wurde) abweicht, um sich privat orientierte (persönliche, familiäre, einer privaten Clique zugute kommende) finanzielle Vorteile oder Statusgewinne zu verschaffen; oder das Regeln gegen bestimmte Arten der privat orientierten Einflußnahme verletzt."

Jedoch muß hervorgehoben werden, daß Korruption nicht nur ein einseitiges Verhalten, sondern einen bestimmten Typus der *Interaktion* beschreibt: Um einen typischen Fall der politischen Korruption zu nennen, teilen sich bei der Bestechung die Rollen in die des *Bestechenden* und die des *Bestochenen*, wobei sowohl im Alltagsgespräch als auch in der Fachliteratur oft der interaktionelle Charakter der Korruption nicht

---

57 Vgl. IV.1., Alltags- und wissenschaftliches Denken.

berücksichtigt und nur die staatliche Seite des Phänomens in Betracht gezogen wird. Der Begriff *Korruption* wird häufig als "politische Korruption" in den Wörterbüchern der Politikwissenschaft bezeichnet (vgl. Holtmann (Hrsg.) 1991: 470 und Nohlen 1995: 370).

Wie konnten die Korruptionsfälle in den Programmen identifiziert werden? Ausgewählt wurden jene Programmsegmente (ganze Nachrichten), die eine oder mehr von den folgenden Charakteristiken aufweisen:

O Wenn das Wort "Korruption", das Verb "bestechen" oder seine Synonyme, Euphemismen etc. (vgl. Kap. V) genannt wurden;

O Wenn Beamte beschuldigt, angeklagt - gerichtlich verfolgt oder verurteilt - wurden, deren Kündigung verlangt wurde, ihre Arbeit in Frage gestellt wurde, obwohl der Grund nicht deutlich oder offensichtlich einen Bezug zur Korruption hatte;

O Wenn das beschriebene Verhalten jenem entsprach, das oben als ein korruptes Verhalten definiert wurde - obwohl Worte wie "Korruption", "Bestechung" etc. nicht genannt wurden;

O Diese Kriterien galten sowohl für nationale als auch für internationale Nachrichten.

So wurden einerseits Segmente ausgewählt, in denen das Thema politische Korruption deutlich vertreten war, andere in welchen das Thema mit großer Wahrscheinlichkeit zu vermuten war und wiederum andere, in welchen nur ein "Eindruck" oder "Verdacht" bestand, daß es sich um Korruption handeln könnte. Als letzterer Fall wurde beispielsweise in vielen Nachrichten über Demonstrationen gegen die Wirtschaftspolitik der Regierung berichtet, im Rahmen derer Beschimpfungen wie "Faulpelze", "Diebe" usw. von den Demonstranten an die Regierenden gerichtet wurden: Es könnte sich dabei um Korruptionsvorwürfe handeln, und deswegen wurden diese Segmente in die Analyse miteinbezogen.

Weiterhin wurde eine Fülle "impressionistischer" Notizen oder *Memos* während der Untersuchung gesammelt, die dann für die Analyse von Relevanz waren. Die drei oben erwähnten Auswahlkriterien der Segmente in bezug auf die Anwesenheit von Korruption gaben Anlaß zu drei vorläufigen Kategorien: "Korruption", "mögliche Korruption" und "Verdacht auf Korruption", die aber nicht mit den Auswahlkriterien korrespondieren, sondern sie wurden nach folgenden Kriterien gruppiert. Für die erste Kategorie war die Anwesenheit des Wortes "Korruption" oder Begriffe seiner Wortfamilie und Synonyme das Auswahlkriterium, in bezug auf die zweite Kategorie wurde eine Verhaltensweise eines Beamten in Frage gestellt, also nicht das Wort "Korruption" wurde erwähnt, sondern ein korruptes Verhalten kam zur Sprache. Unter Kategorie drei wurden Segmente eingeordnet, in denen irgendein Bezug zu Korruption "intuitiv" erkennbar war, obwohl indirekt und nicht explizit. In allen Fällen wurde das gesamte Segment, in welchem vermutlich Korruption thematisiert wurde, für die Untersuchung ausgewählt.

Schon bei der Auswahl der Segmente für die Analyse wurde deutlich, daß in vielen Fällen das Wort "Korruption" oder seine Synonyme nicht präsent waren, aber das Thema Korruption doch vorhanden war. In anderen Fällen verhielt es sich umgekehrt: Das Wort "Korruption" wurde benannt, aber das Thema der Nachricht war nicht die Korruption an sich oder ein Korruptionsfall, sondern ein anderes Thema stand im Vordergrund. Der erste Fall entsprach häufig der Kategorie "Korruption", der letztere der Kategorie "Verdacht auf Korruption".

Die Kategorie "Verdacht...", wie später festgestellt wurde, hatte in *ATC 24* eine andere Funktion als in *Telenoche*: Bei letzterer Sendung gehörten zu dieser Kategorie Segmente, innerhalb derer immer indirekt vermittelt wurde, daß die regierende Klasse von ihrer öffentlichen Funktion ökonomisch profitierte - zum Nachteil der Bürger. Diese "Vorwürfe", die gegen die provinzialen Regierungen oder die nationale Regierung erhoben wurden, kamen häufig mit Hilfe der Präsentation von Demonstrationen der Bürger, der politischen Opposition, der Rentner, der unterschiedlichen Gewerkschaften usw. in unterschiedlichen Provinzen oder in der Hauptstadt zum Ausdruck. Bei *ATC 24* wurde über die selben Themen berichtet wie bei *Telenoche*, jedoch hatte die Vermittlung dieser Information bei *ATC 24* eine gegensätzliche Orientierung im Vergleich zu *Telenoche*, d. h. ihr Ziel bestand darin, die Vorwürfe von kritischen Sendern zu annullieren und das Image der Regierung zu schützen. So wurde diese Kategorie im Zusammenhang mit *ATC 24* umbenannt in: "*Eliminierung des Verdachts*".

Die Anwendung des Kodierparadigmas in bezug auf die mediale Darstellung der Korruption war wegen den oben genannten Gründen nicht möglich (vgl. IV.4.) und es wurde in der Untersuchung der Daten festgestellt, daß ein Phänomen ("Korruption") gesucht wurde, das nicht direkt in den Sendungen zu beobachten, sondern überwiegend implizit anwesend war (vgl. Kap. V., "Darstellung der Korruption"). So schienen anfänglich die Kategorien "Verdacht..." und "Eliminierung des Verdachts"[58] eine marginale, vorläufige Kategorie darzustellen, die sich jedoch im Laufe der Forschung zu einer der bedeutendsten entwickelte. Die Analyse der Segmente, die dieser Kategorie entsprachen, führte zum Begriff des "Dialogs" der Sendungen in bezug auf die Auseinandersetzung mit Korruption. Das Konzept eines "Subtextes" (also eine implizite "Diskussion" über Korruption) erwies sich als sinnvoll und letztendlich entwickelte sich der Begriff des "Tabus" als Schlüsselkategorie, mit welcher alle weiteren Kategorien, ihre Unterschiede und ihre Beziehungen zueinander zu erklären waren (vgl. Kap. VI.).

---

58   Die Segmente von *ATC 24*, die zu dieser Kategorie gehörten, konnten nicht als Daten über die *Darstellung* der Korruption verwendet werden, weil sie eingesetzt wurden, um das Thema in der Öffentlichkeit zu annullieren. Sie stellten jedoch deutlich die diskursive Strategie der staatlichen Sendung in bezug auf das Thema dar, und somit hatten sie eine gewichtige Rolle, um den diskursiven Kontext von *ATC 24* zu verstehen.

Was in der ersten Phase der Untersuchung durchgeführt wurde, entspricht dem Blumerschen Begriff der *Exploration* (1969: 40): Dieser kennzeichnet eine Form, sich mit der zu analysierenden empirischen Welt vertraut zu machen, weil sie für den Forscher noch unbekannt ist. Wenn er Exploration vornimmt, handelt es sich um:

> "the means of developing and sharpening his inquiry so that his problem, his directions of enquiry, data, analytical relations and interpretations arise out of, and remain grounded in, the empirical life under study." (Blumer 1969: 40).

Die Exploration stellt eine flexible Prozedur dar, in welcher keinem festen "Forschungsprogramm" gefolgt wird. Diese Prozedur nimmt anfänglich einen weiten Fokus ein, der während der Untersuchung kontinuierlich verschärft wird: "The aim of exploratory research is to develop and fill out as comprehensive and accurate a picture of the area of study as conditions allow." (Ebd. 42).

Nachdem sich die Kategorie des "Tabus" als potentielle Schlüsselkategorie herauskristallisierte, wurde nach Eigenschaften des Tabus in der Fachliteratur gesucht (vgl. Kap. VI) und diese Eigenschaften wurden auf der Grundlage der Daten überprüft. Zusätzlich wurden die Nachrichten mit dem kulturellen und politischen Kontext in Verbindung gebracht. Der Begriff des Tabus - vor allem in bezug auf Tabus in der Sprache und in den Medien - wies eine hohe Erklärungsfähigkeit auf, was ihn als Schlüsselkategorie bestätigte. Diese Phase der Untersuchung entsprach dem Verfahren, das Blumer (1969: 43) *Inspection* nennt:

> "an intensive focused examination of the empirical content of whatever analytical elements are used for purposes of analysis, and this same kind of examination of the empirical nature of the relations between such elements."

Die *analytical elements* (wie beispielsweise "Integration", "Moral", "soziale Mobilität" usw.) sind für Blumer grundlegende Bestandteile der Analyse, die er folgendermaßen definiert:

"By analytical elements I have in mind whatever general or categorical items are employed as the key items in the analysis. [...] Such analytical elements may refer to processes, organization, relations, networks of relations, states of being, elements of personal organization, and happenings. These analytical elements may be cast in differing degrees of generality [...]" (Blumer 1969: 44).

Die Prozeduren der *Inspektion* zielen darauf, die Fähigkeit der analytischen Elemente, die empirischen Instanzen, die diese Elemente zu decken scheinen, sorgfältig zu überprüfen (ebd. 44). Diese Prozedur könnte auch mit Recht *Exemplifizierung* genannt werden, da dieser Begriff die Idee des Verfahrens besser ausdrückt, das der Forscher durchführt, wenn er die konkreten Erscheinungsformen eines analytischen Elements als Beispiele in der Empirie untersucht. Mit diesem Verfahren "verschärft" der Forscher seine Hypothesen über die empirische Welt und paßt sie an diese an und nicht umgekehrt die Daten an die Theorie, was zur Folge hätte, daß die Empirie zur Anpassung an die Hypothesen des Forschers in ein theoretisches Korsett "gezwängt" würde.

Ein weiteres grundsätzliches Element der Inspektion stellt der *Kontext* des untersuchten Phänomens dar; er ist entscheidend für die Analyse, denn er bildet die analytische Basis, um das nachfolgende Verfahren der Untersuchung fortzusetzen: Die Isolierung der Beziehungen zwischen den analytischen Elementen. Solche Beziehungen gehen von der Annahme der Existenz einer sinnhaften Verknüpfung der Komponenten der empirischen Welt aus (ebd. 46).

Diese Methode, die sich aus der Kombination der Begriffe der *Grounded Theory* und der Konzepte der *Exploration* und *Inspektion* Blumers ergibt, ermöglicht gleichzeitig eine flexible, systematische Analyse, die die Natur der analysierten Daten respektiert und eine tiefgründigere Untersuchung, die nicht auf der Ebene des "Gesagten" an Grenzen stößt, sondern darüber hinaus, bis zur Ebene des Impliziten reicht (vgl. Kap. V). Eine ähnliche Vorgehensweise für die Analyse audiovisueller Texte schlägt Hickethier (1993: 33) vor:

"Anders als die strikt lineare Abfolge der Arbeitsschritte der Inhaltsanalyse, ist die hermeneutische Textanalyse durch ein 'zirkuläres' Verfahren gekennzeichnet, in dem immer wieder aufs Neue der Text befragt und mit Einzelbefunden und Interpretationsergebnissen konfrontiert wird. Als 'hermeneutischer Zirkel' wird deshalb diese Praxis vielfach beschrieben, in der der Interpretierende von einem Vorverständnis des Textes ausgeht und durch immer wieder erneute Befragungen des Textes und seiner Struktur, des Vermittelns von Detailverständnis und Gesamtverständnis, von Textanalyse und Kontextwissen zu einem genaueren, tieferen Verständnis des Textes gelangt."

So listet Hickethier eine Reihe Arbeitsschritte für die Filmanalyse auf, die - ähnlich wie die hier vorgeschlagene *Exploration* und *Inspektion* des filmischen Textes - mit der Formulierung eines ersten Verständnisses des Filmes beginnen, in dem auch Mißverständnisse und Nichtverstehen deutlich werden. Daraufhin soll eine Lesart oder Wahrnehmungsform artikuliert und damit eine Auslegungshypothese formuliert werden, wobei die Analyse des Films bzw. der Fernsehsendung an dieser Stelle anknüpft. Hier werden "die Bedingungen des Film- und TV-Verständnisses reflektiert, die Struktur des Produkts untersucht, seine Ausdrucksformen, seine filmästhetische und fernsehästhetische Gestaltung, sein Bezug zu den filmischen und fernseheigenen Traditionen und die in ihm vorhandenen Bedeutungspotentiale entschlüsselt." (Vgl. ebd. 35). Den Rahmen der Analyse stellt der historische Kontext dar, in dem "das Verstehen des einzelnen Werks in Beziehung zum zeitgenössischen Horizont möglicher Erfahrung" eingerahmt wird. Schließlich werden Seh-Erfahrung, Lesart des Films und Analyse der Struktur des Films in einen Zusammenhang gebracht, wobei "die subjektiven Erfahrungen mit dem Potential der im Film ermittelten Bedeutungen konfrontiert" und "die in der Analyse beschriebenen Strukturen der filmischen Erzählung und Darstellung mit den eigenen Erlebnissen in Beziehung gesetzt" werden. "Das Ergebnis kann - neben der Explikation vorhandener Sinnpotentiale und der Formulierung von Lesarten des Films - im Ideal eine Erweiterung des subjektiven Horizonts des Analysierenden darstellen." (Ebd. 35). Diese Vorgehensweise der Filmanalyse Hickethiers schließt eine weitere Ebene der Analyse mit ein, die auch in dieser Studie berücksichtigt wird: die Ebene des subjektiven Erlebnisses in bezug auf kulturelle Produkte; diese Verknüpfung wird mit Hilfe von Geertz unten detailliert dargestellt werden.

Die für diese Studie entwickelte, kombinierte Methode ermöglicht außerdem eine Verwendung der bereits verfügbaren Fachliteratur, die im Licht der Daten sich als adäquat erwies, und die auch bei der Überprüfung ihrer Erklärungsfähigkeit mit den Daten "verstrickt" wurde. So wurden einerseits die Daten nicht in ein theoretisches Korsett hineingezwungen und andererseits konnte die sozialwissenschaftliche Theorie aus den Daten Begriffe gewinnen. Die empirische und theoretische Validität wurden somit gegenseitig getestet und dadurch gestärkt.

Hier muß jedoch explizit erläutert werden, daß diese Untersuchung einen stark explorativen Charakter aufweist: Das Thema Korruption und vor allem die Darstellung der Korruption in Fernsehnachrichtensendungen stellt ein relativ neues Thema für die Soziologie und die Kommunikationswissenschaft dar (vgl. Galtung 1994: 7).[59]

Zusammengefaßt gilt für das hier verwendete Forschungsverfahren: Untersuchungen mit audiovisuellem Material, die eine medial-konstruktivistische Perspektive einnehmen, sollen mit einer umfassenden Vertiefung in das Material beginnen, d. h. in diesem Fall mit der Betrachtung gesamter Sendungen, um auf dieser allgemeinen Basis Thesen in bezug auf generative Fragen über das analysierte Phänomen zu formulieren. Darauf folgend wird versucht, die formulierten Thesen mit empirischen Beispielen zu exemplifizieren, zu detaillieren und zu verschärfen, wie auch die Begriffe (analytical elements), die für die Analyse verwendet werden. So bewegt sich

---

59 Der größte Teil der soziologischen Studien über die Darstellung der politischen Korruption in den Medien - vor allem diejenigen, die Fernsehsendungen untersuchen - analysieren die Konstruktion von nur einem Korruptionsfall aber nicht die Konstruktion des Themas "Korruption" und ihre Logik (vgl. Kap. 1.).

der Forscher von den Texten als Gesamtheit hin zu ihren kleineren Einheiten, um die Bedeutungseinheit und die Struktur des Textes nicht aufzubrechen, bevor er in der Lage ist, sie zu interpretieren. Für dieses Verfahren ist von grundlegender Bedeutung, daß der Forscher seine Thesen mit der sich entwickelnden Theorie vergleicht, diese präzisiert, bestätigt oder ablehnt, und daß er sein eigenes kontextuelles und technisches Wissen einsetzt. Dies muß jedoch auf flexible Weise geschehen und gleichzeitig müssen die in den Daten begründeten Thesen, das kontextuelle Wissen des Forschers und die schon vorhandene, zu dem untersuchten Phänomen passende soziologische Theorie miteinander verwoben werden. Diese Prozeduren unterstützen die Validität der sich entwickelnden Theorie, indem sie gleichzeitig nicht nur explizite sondern auch latente Bedeutungen in der Analyse der Texte zu entdecken ermöglichen, während sie die Bedeutungsstruktur der Texte respektieren. Diese Analyseverfahren, obwohl theoriegenerierend, erlauben außerdem, die schon vorhandene soziologische Theorie anzuwenden.

Die anfänglich formulierten Thesen der Studie würden somit auf der Auslegung bzw. Interpretation eines gewöhnlichen Zuschauers basieren. Im Verlauf der Analyse, wenn der Forscher bereits mit den Texten und den Forschungsfragen vertraut ist, ist er in der Lage, die Texte tiefgründiger und detaillierter, mit Hilfe der entsprechenden Explorations- und Inspektionsverfahren zu analysieren, wie hier vorgeschlagen wird.

*Die dichte Beschreibung medialer Phänomene*

Die Forschungsverfahren wurden außerdem im Rahmen des Versuchs durchgeführt, möglichst eine *dichte Beschreibung* in bezug auf das Thema *Korruption* in der argentinischen Gesellschaft zu erreichen. Dieser Begriff wurde von Geertz (1983) im Rahmen der Entwicklung eines *semiotischen Kulturbegriffes* formuliert, innerhalb dessen Kultur als *Text* verstanden wird und der Mensch als ein Wesen aufgefaßt wird, "das in selbstgesponnene Bedeutungsgewebe verstrickt ist", wobei Geertz Kultur als dieses Gewebe versteht. Die Analyse der Kultur ist daher keine experimentelle Wissenschaft, die nach Gesetzen, sondern eine interpretierende, die nach Bedeutungen sucht (ebd. 9). Kultur wird somit verstanden als eine *"geschichtete Hierarchie bedeutungsvoller Strukturen"* und die Analyse daher als *"das Herausarbeiten von Bedeutungsstrukturen"*, also als *dichte Beschreibung*. Die Schwierigkeiten dieses Unternehmens bestehen darin, daß jede Kultur über eine "Vielfalt komplexer, oft übereinander gelagerter oder in einander verwobener Vorstellungsstrukturen" verfügt, "die fremdartig und zugleich ungeordnet sind und die er [der Forscher] zunächst einmal irgendwie fassen muß." (Ebd. 15). So kann Kohärenz nicht den ausschlaggebenden Gültigkeitsbeweis für die Beschreibung einer Kultur darstellen. Damit gleicht die Ethnographie für Geertz

"dem Versuch, ein Manuskript zu lesen (im Sinne von 'eine Lesart entwickeln'), das fremdartig [jedoch nicht unbedingt von einer fremden Kultur herrührend], verblaßt, unvollständig, voll von Widersprüchen, fragwürdigen Verbesserungenund tendenziösen Kommentaren ist, aber nicht in konventionellen Lautzeichen, sondern in vergänglichen Beispielen geformten Verhaltens [bzw. in Form von geformten Texten!] geschrieben ist." (Ebd. 15).

Kultur als *ineinander greifende Systeme auslegbarer Zeichen* ist für Geertz keine Instanz, der gesellschaftliche Ereignisse, Verhaltensweisen, Institutionen oder Prozesse kausal zugeordnet werden könnten. Sie ist ein Kontext, ein Rahmen, in dem diese Zeichen verständlich - nämlich dicht - beschreibbar sind. "Das Verstehen eines Volkes führt dazu, seine Normalität zu enthüllen, ohne daß seine Besonderheit dabei zu kurz käme." (Ebd. 21). Die ethnographische Interpretation wird in dieser Perspektive zu einem Versuch, den Bogen eines sozialen Diskurses nachzuzeichnen; der Ethnograph "schreibt" den sozialen Diskurs "nieder". Die Nachrichten wurden in diesem Sinne interpretiert, als Teil des argentinischen sozialen Diskurses über Korruption, die im Rahmen von unterschiedlichen Diskursgemeinschaften[60] hergestellt

---

60  Canal 13 als privates Medienoligopol und regierungskritische Instanz und ATC als staatliche, offizielle Stimme der Regierung bilden mit ihren unterschiedlichen politischen und ideologischen Einstellungen zwei verschiedene Diskursgemeinschaften.

werden. Die diskursiven Strategien der Sender in bezug auf die Konstruktion des Themas "politische Korruption" wären jedoch nicht zu verstehen, wenn der weitere Kontext der argentinischen Kultur und des "typischen" argentinischen Diskurses der Bürger über dieses Thema nicht in die Analyse miteinbezogen gewesen wären. So wurde vor allem die Ebene des Impliziten mit Hilfe dieses Wissens interpretiert.

Vier Merkmale der ethnographischen Beschreibung sind in Geertz' Ansatz von wesentlicher Bedeutung: Sie ist deutend; was sie deutet, ist der Ablauf des sozialen Diskurses und das *Deuten* besteht darin, das "Gesagte" [auch das "Gesagte" über das Unsagbare] eines solchen Diskurses "dem vergänglichen Augenblick zu entreißen"; die Beschreibungen sind mikroskopisch, jedoch nicht im Sinne von Strauss: In diesem Fall nähert der Ethnologe sich umfassenden Interpretationen oder abstrakteren Analysen, da er über eine intensive Bekanntschaft mit äußerst "unbedeutsamen" Ereignissen verfügt.

> "Er steht den gleichen großen Realitäten gegenüber, mit denen es andere - Historiker, Ökonomen etc. - in schicksalhaften Konstellationen zu tun haben: Macht, Veränderung, Glaube, Unterdrückung, Arbeit, Leidenschaft, Autorität, Schönheit, Gewalt etc., aber er begegnet ihnen in reichlich obskuren Zusammenhängen." (Ebd. 30).

Fortschritt in der Kulturanalyse bedeutet für Geertz nicht das Ansteigen kumulativer Ergebnisse, sondern sie zerfällt in eine Abfolge einzelner und dennoch zusammenhängender, immer gewagterer Vertiefungen in die soziale Welt. Dieser Versuch kann mit dem Begriff des "Diagnostizierens" einer Kultur verglichen werden, d. h, daß der Forscher bei der Auslegung einer Kultur eine Reihe mutmaßlicher Signifikanten in einen verständlichen Zusammenhang ("klinische Schlußfolgerungen") zu bringen versucht (vgl. ebd. 37). Dieses Verfahren wird in den experimentellen Wissenschaften mit den Begriffen der Beschreibung und Erklärung bezeichnet, in der Ethnographie von Geertz werden sie als "Niederschrift" der Kultur als Text (*dichte Beschreibung*) und "Spezifizierung" als Feststellung der Zusammenhänge der "gelesenen Zeichen" der Kultur ("Diagnose") charakterisiert (vgl. ebd. 39). Die Zielsetzung besteht darin, aus einzelnen aber *dichten* Tatsachen weitreichende Schlußfolgerungen abzuleiten, um eine präzise Charakterisierung dieser Tatsachen in ihrem jeweiligen kulturellen Kontext zu erreichen. Die Untersuchung von Kultur ist ihrem Wesen nach unvollständig, was sich dabei entwickelt ist die Präzision der Diskussion darüber, was Kultur darstellt.

Mit dem Konzept des *Deep Plays* (am Beispiel des Hahnenkampfes in Bali) beschreibt Geertz eine "Simulation der sozialen Matrix des komplizierten Systems der einander überschneidenden, strikt korporativen Gruppen, denen die Anhänger des Hahnenkampfs angehören". So kann beispielsweise der "Dialog" zwischen - vor allem ideologisch unterschiedlichen - Fernsehnachrichtensendungen auch als "*Spiel*" betrachtet werden,[61] als *"eine Dramatisierung von Statusinteressen"*, innerhalb derer man (im Hahnenkampf dörfliche und verwandtschaftliche) Rivalitäten und Feindseligkeiten, doch in Form eines Spiels aktiviert. Niemandes Status verändert sich wirklich - sowohl im Hahnenkampf als auch in den Nachrichten: "Es sind gewissermaßen imaginäre Statussprünge, die den Anschein einer Mobilität, die es in Wirklichkeit nicht gibt, erwecken." (Ebd. 245). So wird die fiktionale, erzählerische Seite der Nachrichtensendungen insbesondere hervorgehoben; eine Dramatisierung in bezug auf Korruption findet in den Nachrichtensendungen statt, jedoch ändern sich außerhalb der Sendungen aufgrund dieser Dramatisierungen die (z. B. strafrechtliche) Situation der betroffenen Personen selten. Dies wird später durch die These der Sendungen als *Ventil* noch detaillierter erläutert werden.

Wenn Nachrichten als Erzählungen begriffen werden, können sie mit Kunstwerken verglichen werden, die gewöhnliche Alltagserfahrungen verständlich machen, indem

---

61  Dieses Spiel ist auch innerhalb der Sendungen vorstellbar, jedoch versucht jede Sendung, jenseits des Mandats der journalistischen "Objektivität", eine Ideologie im weiteren Sinne abzusichern und zu vermitteln. Hinweis dafür sind die unterschiedlichen "Sanktionen" (beispielsweise Verwarnungen bis zu Suspendierungen durch das Medienunternehmen), die gegenüber den Journalisten verhängt werden, wenn sie "Fehler" in diesen Sinne machen.

sie diese Erfahrungen durch Handlungen und Gegenstände darstellen[62], deren praktische Konsequenzen aufgehoben und auf das Niveau des reinen Scheins reduziert werden, auf welchem ihre Bedeutung stärker artikuliert wird und deutlicher wahrnehmbar ist. Sie sind eine Fiktion, werden aber wie Realität wahrgenommen.

> "Der Hahnenkampf hat jedoch eine Funktion, die von König Lear und Schuld und Sühne bei Leuten mit anderem Temperament und anderen Konventionen zu vergleichen ist; er greift deren Themen - Tod, Männlichkeit, Wut, Stolz, Verlust, Gnade und Glück - auf, ordnet sie zu einer umfassenden Struktur und stellt sie in einer Weise dar, die ein bestimmtes Bild von ihrem eigentlichen Wesen hervortreten läßt. Er konstruiert einen Zusammenhang, verleiht diesen Themen für diejenigen, die solche Konstruktionen zu würdigen wissen, eine Bedeutung, macht sie sichtbar, fühlbar, greifbar, 'wirklich' in einem bildlichen Sinne. Als Bild, Fiktion, Modell und Metapher ist der Hahnenkampf eine Ausdrucksform. Seine Funktion ist es nicht, soziale Leidenschaften zu zähmen, noch sie zu schüren sondern [...] [sie] darzustellen." (Ebd. 246).

So kann die Funktion der Nachrichtensendungen in bezug auf ihre Thematisierung der Korruption - wie auch auf andere Themen bezogen - mit der Funktion des Hahnenkampfes verglichen werden: Sie fungiert als dramatisierte Darstellung des Themas, die aber als real wahrgenommen wird, jedoch ändert sich die Situation der dargestellten Personen außerhalb der Nachrichten selten.

Zugleich erfolgen beim Hahnenkampf - wie bei den Nachrichtensendungen - eine Beschreibung und ein Urteil durch Übertragung von Signifikanten auf andere Referenten, in diesem Fall von Hähnen auf Menschen, im Falle der Nachrichten von dargestellten auf reale Menschen. Auf diese Weise kommt ein *metasozialer Kommentar* über die kollektive Existenz zustande; seine Funktion ist eine interpretierende: Es handelt sich beim Hahnenkampf um "eine balinesische Lesart balinesischer Erfahrung, eine Geschichte, die man einander über sich selbst erzählt." (Ebd. 252).

---

62    An dieser Stelle ist die Auffassung Geertz' mit dem Begriff der kommunikativen Gattung, den Bergmann und Luckmann entwickelt haben, vergleichbar - in dem Sinne, daß die Funktion der kommunikativen Gattungen darin besteht, intersubjektive Erfahrungen zu thematisieren, zu bewältigen, zu vermitteln und zu tradieren (vgl. III.3.).

So gleicht die Untersuchung der Kulturformen dem Durchdringen eines literarischen Textes. Den Hahnenkampf oder jede andere kollektiv getragene symbolische Struktur als ein Mittel zu betrachten, "etwas über etwas auszusagen", bedeutet, sich mit einem Problem der gesellschaftlichen Semantik zu beschäftigen: Kultur wird zu einer *"Montage von Texten"*. (Ebd. 253), deren wesentliches Merkmal darin besteht, den "Einsatz von Emotionen für kognitive Zwecke" zu aktivieren. Das Individuum "lernt dort, wie das Ethos seiner Kultur und sein privates Empfinden aussehen, wenn sie in einem kollektiven Text ausbuchstabiert werden." (Ebd. 254). Im Hahnenkampf werden fast alle Erfahrungen der Balinesen ausgesprochen, wobei er eine symbolische Struktur aufbaut, in deren Rahmen solche inneren Zusammenhänge immer wieder zur Wahrnehmung und Einsicht gebracht werden. Die Nachrichtensendungen in Argentinien strahlen ebenfalls eine Fülle von Themen aus, die von einer "Explosion in der Waffenfabrik des Militärs", bis zum "ungewöhnlichen Buenos Aires", vom armen Rentner, der Millionen bei der Lotterie gewonnen hat, bis zur Lebenslage in einer Obdachlosensiedlung am Rande der Stadt, alle möglichen Erfahrungen der Argentinier darstellen.

So erschaffen der Hahnenkampf und die Literatur ein *"paradigmatisches menschliches Ereignis"*, das aussagt, was passieren würde, wenn das Leben Kunst wäre und dadurch uneingeschränkt von Gefühlen bestimmt wäre. Die Nachrichtensendungen können auch als paradigmatisches Ereignis betrachtet werden, jedoch mit dem Unterschied, daß der Zuschauer die Stilisierung der Erzählung kaum wahrnimmt bzw. nicht als *eine* mögliche Version der Wirklichkeit relativieren kann.

Der Hahnenkampf ermöglicht somit dem Balinesen, eine Dimension seiner Subjektivität zu entdecken, die jedoch nicht existiert, bevor sie organisiert wird. So erschaffen und erhalten Kunstformen diese Subjektivität und sind "nicht einfach Widerschein einer vorweg existierenden Empfindung, die analog wiedergegeben wird; sie sind für die Hervorbringung und Erhaltung solcher Empfindungen konstitutiv." (Ebd. 257).

In jeder Gesellschaft existiert eine große Menge anderer kultureller Texte, die Kommentare zur Statushierarchie, über Korruption oder andere Themen liefern und somit ein konstitutives Element der Subjektivität darstellen, zum Beispiel auf der Ebene der Politik:

> "Für die meisten Menschen ist Politik eine *Parade von Symbolen und Mythen*, die sie aufgrund ihrer Erfahrungen und Vorurteile als 'günstig' oder 'ungünstig' bewerten. Politik verkörpert für die Mehrzahl der Menschen eine Welt mit starken ideologischen und gefühlsmäßigen Assoziationen, und deshalb sind politische Ereignisse willkommene Gelegenheiten, bei denen man seine Gefühle, Bewertungen und Normen überprüfen, bestätigen oder verändern kann. Politik wird zur 'Projektionsleinwand' starker Ängste und großer Hoffnungen, positiver und negativer Identifikationen und Übertragungen, ein öffentlicher 'Kult'. (Käsler 1989: 317).

Darüber hinaus besteht die Kultur eines Volkes aus einem "Ensemble von Texten, die ihrerseits wieder Ensembles sind" (Geertz 1983: 259). So fungieren die Nachrichtensendungen auch als konstitutiv für die Subjektivität der Zuschauer, indem sie, gemeinsam mit anderen kulturellen Texten, die Subjektivität organisieren, erschaffen und erhalten. Durch die Nachrichten über Korruption lernt der argentinische Zuschauer, wie seine Kultur mit diesem Thema umgeht: Die Vorannahmen, Bezeichnungen, Schweigeformen und Moralen der Nachrichten werden vom Zuschauer übernommen, der mehr oder weniger bewußt die Nachrichten als die "Aktualität" begreift.

*Zusammenfassung*

Als abschließender Kommentar über die für diese Untersuchung verwendete Forschungsmethode müssen die Unterschiede und Ähnlichkeiten, die Zusammenhänge und Ergänzungsmöglichkeiten der hier verwendeten Methoden hervorgehoben werden.

Zunächst soll auf die Kohärenz der Methodenkombination hingewiesen werden: Die qualitativen Methoden, die hier zur Anwendung gelangten, verfügen über die

Gemeinsamkeit, daß sie empirische - keine spekulative - Methoden sind. Darüber hinaus sind sie dahingehend orientiert, die Natur der Daten zu respektieren, d. h. die Theorien auf der Basis der empirischen Welt zu entwickeln und nicht die empirischen Daten in ein unflexibles theoretisches Korsett hineinzuzwingen. Ein zweites gemeinsames Merkmal dieser Methoden besteht darin, daß sie interpretativ sind, also *verstehende* Methoden. Was sie zu verstehen versuchen, ist die Perspektive der Akteure und die symbolischen Gewebe, in der diese Akteure handeln, d. h., die gesellschaftlich (intersubjektiv) bestimmten Bedeutungen, die die Objekte (Sachen, Ereignisse, andere Individuen) der Welt für sie haben. Die vorliegende Studie plaziert sich auf der zweiten Ebene, d. h., sie versucht einen Teil der symbolischen Gewebe der argentinischen Gesellschaft - den Diskurs der Nachrichtensendungen über politische Korruption - zu verstehen. Weiterhin betrachten die hier angewendeten Methoden die soziale Welt als komplex und als vielschichtig.

Für die Analyse des Datenmaterials stellt die Grounded Theory eine systematische Forschungsmethode dar, die aufgrund ihrer Flexibilität mit anderen methodologischen Begriffen ergänzt werden darf. So wurde die am Anfang der Untersuchung empfohlene mikroskopische Analyse der Grounded Theory durch die Begriffe der Exploration und Inspektion Blumers ersetzt, weil sie sich für die Textanalyse als besser geeignet erwiesen; das Kodierparadigma wurde in diesem Sinne "auf den Kopf gestellt". Soweit bestimmte Segmente der Sendungen sich als relevant für die Untersuchung abzeichneten, erwies sich die Sequenzanalyse, welche eine mikroskopische Analyse darstellt, als ausgesprochen fruchtbar. Sowohl die Grounded Theory als auch die Sequenzanalyse können im engeren Sinne als 'Forschungsmethoden' beschrieben werden. Die verwendeten Begriffe Blumers (Exploration und Inspektion) stellen eher einen methodologischen Rahmen dar, sind jedoch streng genommen keine Forschungsmethoden, da sie allein keine systematische Untersuchung der Daten ermöglichen. Dies ist in bezug auf die Begriffe von Geertz ebenso der Fall, die sowohl Grundlinien für die Interpretation der Daten als auch einen weiteren, theoretischen Rahmen der Analyse darstellen und in diesem Sinne sich mit den vorherigen Forschungsmethoden ergänzen. Die Perspektive von Geertz schafft somit eine Verbindung zwischen den analysierten Texten und der Kultur der Gesellschaft, in der diese Texte hergestellt werden: Die Nachrichten können somit in ihrem soziokulturellen Kontext verstanden werden, als "metasoziale Kommentare" ihrer Gesellschaft.

### IV.6. Die Implikation

Ein häufiges Problem der Forschungsmethoden - auch der qualitativen Forschungsmethoden - in bezug auf die Diskursanalyse einer Gesellschaft besteht darin, daß sie wenige Ressourcen anbieten für die Untersuchung dessen, was in dieser Gesellschaft "nicht gesagt werden darf", wie beispielsweise Tabuthemen. Solche Themen, die zum Gebiet des Verbotenen gehören, aber doch latent vorhanden sind, müssen im Diskurs mit Ellipsen, Implikationen und anderen Formen der indirekten Kommunikation vermieden bzw. umgangen werden. Da eine implizite, indirekte Ebene der Kommunikation in bezug auf das Thema Korruption sehr deutlich in den Nachrichten vorhanden war, mußte zusätzlich der Begriff der Implikation[63] zu den Interpretationsverfahren, die für das Material angewendet wurden, hinzugefügt werden.

Mit Oswald Ducrot (1982) kann argumentiert werden, daß für Menschen in manchen Situationen die Notwendigkeit besteht, etwas auszusagen, jedoch auf eine Weise, als ob dies nicht gesagt worden wäre. Dies basiert auf zwei unterschiedlichen Ursachen. Einerseits existiert in jeder Gesellschaft eine bedeutende Ansammlung linguistischer Tabus: Nicht nur bestimmte Wörter - im lexikalischen Sinne des Begriffes - dürfen nicht (oder nur unter streng definierten Bedingungen) ausgesprochen werden; darüber hinaus existieren Themen, die gänzlich verboten und quasi "geschützt" sind von einer

---

63  Weitere Begriffe wurden in bezug auf ihre interpretative Kraft für die implizite Ebene der Kommunikation in den Nachrichten überprüft, wie beispielsweise der Begriff der *Implikatur* (vgl. Fußnote 38). Jedoch erwies sich die Implikation Ducrots als am angemessensten, um diese Art der impliziten Kommunikation der Nachrichten zu verstehen.

Art "Gesetz des Schweigens":[64] In jeder Kultur existieren spezifische Ausprägungen von Handlungen, Gefühlen und Tatsachen, über welche nicht gesprochen wird. Andererseits sind in jeder spezifischen Situation für jeden Sprecher verschiedene Informationen in dessen Wissensvorrat vorhanden, die er nicht wiedergeben darf. Dies ist nicht deswegen der Fall, weil diese Informationen an sich Objekt eines Verbotes sind, sondern, weil deren Wiedergabe für eine tadelnswerte Einstellung gehalten würde. Wenn trotzdem dringende Gründe existieren, diese Themen zu behandeln, muß der Sprecher über bestimmte Formen von impliziten Ausdrücken verfügen, die etwas zum Verständnis beitragen, ohne daß er in die Notwendigkeit verfällt, dieses direkt gesagt zu haben. Eine zweite Ursache der Notwendigkeit der Implikation[65] besteht darin, daß jede explizite Behauptung zu einem möglichen Diskussionsthema werden kann: Alles was gesagt wird, kann widerlegt werden. Dies wird mit der Verwendung der Implikation vermieden.

Ducrot gliedert die Implikationen in zwei Sorten. Eine Form der Implikation - die *Präsupposition* - ist in der Sprache verankert; sie gehört zur Sprachstruktur.[66] Drei Äußerungen können als Beispiel verglichen werden:

---

64  Hier wird nicht ausschließlich behauptet, daß dieses "Gesetz des Schweigens" manipuliert oder von einer bestimmten Gruppe in der Gesellschaft durchgesetzt wird, sondern, daß dieses Schweigen als allgemeiner Ausdruck des Verbotenen einer Kultur vorhanden ist.

65  Die Definition von Implikation, die hier gelten soll, lautet folgendermaßen: Eine Äußerung, die eine gewünschte, prägnante Bedeutung indirekt ausdrückt, daß der Empfänger diese implizite Bedeutung versteht, ohne daß sie ausgesprochen wurde. Natürlich gibt es unterschiedliche Indirektheits-Gradierungen der Implikationen, wobei bei manchen die gewünschte implizite Bedeutung deutlicher vermittelt wird als bei anderen. Davon abhängig, je nachdem auf welcher Sprachebene die Implikation wirkt, handelt es sich um eine *Präsupposition*, einen *sous entendu* oder eine *Voraussetzung* im Sinne Ducrots (1982). Außerdem kann darüber hinaus eine Bedeutung jenseits der Ebene der einzelnen Äußerung implizit ausgedrückt werden, beispielsweise wenn zwei aufeinander folgende Texte starke Kontraste zwischen Reichen und Armen aufzeigen (vgl. V.2.3.); die Implikation ist jedoch in diesem Fall "schwächer" und wird von der Verkettung des Diskurses verursacht.

66  Ducrot nennt diese Form der Implikation "Präsupposition"; das Implizite der "Präsupposition" verfügt über keinen diskursiven Charakter, wenn Diskurs als Sprachverwendung (*"Parole"*) definiert wird (vgl. Ducrot 1982: 26).

1. Peter denkt, daß Hans gekommen sei.
2. Peter vermutet, daß Hans gekommen sei.
3. Peter bildet sich ein, daß Hans gekommen sei.

Die Äußerungen 2 und 3 beinhalten die gleiche Information, die 1 vermittelt, d. h.:

1'. Peter hat eine positive Überzeugung in bezug auf die Möglichkeit der Ankunft von Hans.

Die Äußerungen 2 und 3 fügen jedoch eine zusätzliche Information hinzu: Bei 2 wird davon ausgegangen, daß Hans tatsächlich gekommen, bei 3 hingegen davon, daß Hans gar nicht gekommen ist. Diese zusätzlichen Informationen können 2' und 3' genannt werden. So wird das semantische Element 2' von 2 impliziert, wie auch und auch 3' von 3, während 1' in 1 explizit vermittelt wird. Diese Implikation wird als *Präsupposition* bezeichnet.

Die zweite Kategorie der Implikatur nennt Ducrot *"sous entendu"*, die sich im folgenden Beispiel zeigt:

1. Peter raucht nicht mehr.

Die *Präsuppositionen* von 1 sind:

a. Peter raucht gegenwärtig nicht.
b. Peter rauchte früher.

Diese zweite Form der Implikationen, der *sous entendu*, wird aber sozusagen von "außen" in den Diskurs mit eingebracht durch sprachfremde, situationsbedingte Mittel. So könnten mögliche *sous entendus* von 1 die folgenden sein:

a. Mit ein bißchen Bemühung kann man es schaffen.
b. Peter hat einen größeren Willen als du, etc.

Ducrot hebt eine Funktion der *Präsupposition* (der ersten Form der hier erläuterten Implikationen) in der Verwendung der Sprache hervor: Sie sind ihre Kohärenzbedingung; sie gewährleisten, daß die aufeinander folgenden Äußerungen zum selben einheitlichen Dialog gehören. Dadurch bilden sie einen zusammenhängenden Text und nicht eine Sammlung von unabhängigen Äußerungen. Anders formuliert: Wenn eine Äußerung gewählt wird, die besondere *Präsuppositionen* mitbringt, kann eine Kategorie möglicher Äußerungen definiert werden, die fähig sind, den Text fortzusetzen - oder zumindest wird mit den Äußerungen eine Kategorie von *Präsuppositionen* gebildet, die unfähig sind, den Text fortzusetzen. Deswegen werden außerdem die Grenzen des Dialoges festgestellt, der einem Gesprächspartner angeboten wird. Einen bestimmten Inhalt vorauszusetzen bedeutet, seine Anerkennung als Bedingung des weiteren Dialogs zu verwenden. So erweist sich die Wahl der *Präsuppositionen* als ein besonderer Sprechakt; es handelt sich um einen Akt mit "juristischem" und deswegen mit illokutivem Wert: Indem wir ihn verwirklichen, verändern wir gleichzeitig die Sprechmöglichkeiten des Gesprächspartners. Was dabei für den Zuhörer geändert wird, ist sein Recht zu sprechen: Wenn er den Dialog kohärent fortsetzen möchte, muß er seinen Sprechakt mit den *Präsuppositionen* des vorhergehenden Dialogs bilden. Dasselbe geschieht mit den Fragen: Wer fragt, fügt *Präsuppositionen* in die Frage mit ein und zwingt gleichzeitig den Gefragten dazu, mit diesen *Präsuppositionen* zu antworten, sie zurückzuerstatten. Da auf diese Studie bezogen die Mediensprache eine *durchbrochene Interaktion* (vgl. III.3.3.) darstellt, spielt die illokutive Kraft der Sprache (und der Bilder) eine sehr bedeutende Rolle in der Konstruktion der "Korruption" als Begriff für die Zuschauer: Sie müssen diese *Präsuppositionen* übernehmen, weil sie keine direkten Gesprächspartner als Gegenüber haben. Die Erzählung der Sendung geht weiter, ohne daß der Zuschauer unterbrechen, dazwischenfragen oder ihr widersprechen kann. Auch die Fragen, die die

Interviewten beantworten, tragen *Präsuppositionen*, die in den Antworten implizit vorhanden sein müssen.

Auf dieser allgemeinen Beschreibung basierend, können die besonderen Wirkungen besser verstanden werden, die mittels der *Präsuppositionen* im Diskurs hervorgerufen werden. Jene *Präsuppositionen*, die jenseits der Verkettung des Diskurses liegen, können als "externe" erscheinen, denn sie beinhalten das, was man nicht in Frage stellen möchte. Die *Präsupposition* einer Äußerung verleiht ihr eine Pseudoevidenz, indem sie einen Diskurs organisiert, der nicht mehr in Frage gestellt werden darf. Ein wesentlicher Aspekt der *Präsupposition* ist also, daß sie dem Sprecher ermöglicht, dem Sprechakt-Austausch einen ideologischen Rahmen aufzudrängen, ein Universum des Diskurses zu modellieren. Es kann beobachtet werden, daß jede Behauptung, die von einem Sprecher dargelegt wird, dazu tendiert, sich in der "Kategorie des Zugelassenen" zu plazieren, falls der Empfänger keinen Widerspruch eingelegt hat. Dies ist bei der Fernsehsprache der Fall, da in ihr keine Möglichkeit besteht, einen Einwand in den Diskurs unmittelbar einzubringen. Die *Präsupposition* hat außerdem insgesamt den selben Status wie jedes explizite Element der Sprache; der Unterschied bei den *Präsuppositionen* besteht darin, daß der Empfänger sich nicht zu ihnen äußert und deswegen kann der Sprecher mit der Übereinstimmung des Empfängers rechnen.

Ducrot vergleicht, wie bereits erwähnt wurde, die performative Funktion der Sprache mit einem juristischen Akt. Wie die Verurteilung eines Richters die legale Situation eines Angeklagten verändern kann (indem der Richter das Urteil *verkündet*), kann auch eine *Präsupposition* die Verpflichtung enthalten, den Dialog in einem besonderen Rahmen fortzusetzen. Die unmittelbare Wirkung der juristischen Verurteilung und auch der *Präsupposition* besteht darin, daß das Gleichgewicht von Rechten und Pflichten, die in der Gesellschaft existieren, modifiziert wird. Um den illokutiven Akt genauer zu fassen, verwendet Ducrot diesen vorherigen Vergleich zwischen juristischen und linguistischen Handlungen. Der illokutive Akt gleicht also einen besonderen Fall eines "juristischen Aktes", der von der Sprache vollzogen wird. Wenn also das Phänomen der *Präsupposition* betrachtet wird, und wenn es analog zu einem juristischen Akt verstanden wird - als "juristische Macht" über den Empfänger, die dem Sprecher übertragen wird -, muß zugegeben werden, daß das gegenseitige Handeln der Gesprächspartner kein "zufälliges" Resultat der Sprache ist, weil die *Präsupposition* in der Organisation der Sprache enthalten ist. Die Sprache ist somit etwas mehr als ein Instrument, um Informationen auszutauschen: Sie umfaßt einen Code menschlicher Beziehungen, der in der Syntax und im Wortschatz inskribiert ist.

Die Implikation kann jedoch auch die Form des *sous entendu* annehmen. Die *Präsupposition* - die erste Form der Implikation - ist eine linguistische Komponente, die von der Sprache abgeleitet werden kann und die in allen Äußerungen präsent ist. Dem gegenüber ist der *sous entendu* eine rhetorische Komponente[67] und kann nur in bezug auf den Kontext abgeleitet werden, in dem die Äußerung gemacht wurde und als Antwort auf die Frage "Warum hat sie bzw. er das jetzt und hier gesagt?" erfolgen. Die *sous entendus* sind also vom Kontext abhängig - Instabilität ist ihr Merkmal - und für jede Äußerung existiert ein literaler Sinn, dessen mögliche *sous entendus* ausgeschlossen bleiben, d. h. sie erscheinen als "zusätzliche Sinne". Der *sous entendu* stützt sich auf das Ereignis, das im Äußerungsvollzug gebildet wird, auf die Wahl der Äußerung in einem bestimmten Moment unter bestimmten Umständen: Der *sous entendu* wird *von der Tatsache abgeleitet, daß eine Äußerung gemacht wurde* und nicht davon, was deren Inhalt war. Wenn jemand beispielsweise am Telefon sagt: "Ist Frau Müller da?", versteht der Empfänger, daß der Sprecher mit Frau Müller sprechen will und nicht, daß er nur wissen will, ob sie da ist. Wie kommt das zustande? Weil der Sprecher *diese* Frage in genau *dieser* Situation äußert. Der Empfänger fragt sich: "Warum hat sie/er das jetzt gesagt?" und aufgrund der Antwort auf diese Frage versteht er/sie den *sous entendu*.

---

67 Die *Präsupposition* geht im logischen Sinne dem "voraus", was gesagt wird; der *sous entendu* ist die implizite Folge von dem, was gesagt wurde, weil es gesagt wurde.

Wie artikulieren sich *sous entendu* und *Präsupposition*? Laut Ducrot ist die *Präsupposition* ein Bestandteil des Sinnes der Äußerungen und der *sous entendu* ist die Weise, in welcher dieser Sinn vom Empfänger entziffert werden soll. *Sous entendu* und *Präsupposition* können deswegen nicht für ein Gegensatzpaar gehalten werden: Die zwei Begriffe befinden sich nicht auf der selben Sprachebene. Sie haben trotzdem ein Merkmal gemeinsam: Beide geben dem Sprecher die Möglichkeit, sich von ihnen zu distanzieren. In der *Präsupposition* ist dies möglich, weil die vorausgesetze Information "am Rand" des Diskurses zu liegen scheint; der Sprecher kann darum nicht angegriffen werden, weil der nachfolgende Dialog sich nicht explizit auf die *Präsuppositionen* beziehen muß. Ein analoges Ergebnis wird mit dem *sous entendu* erreicht: Der Sprecher präsentiert seine Rede als ein Rätsel, das der Empfänger lösen muß. Der Sinn, den Ducrot als Abbild des Äußerungsaktes betrachtet, besteht in diesem Fall darin, daß der Sprecher dem Empfänger die Verantwortung für dessen Interpretation überträgt. Schließlich definiert Ducrot die Sprache

> "nicht mehr mit Saussure als einen Code, d. h. als ein Kommunikationswerkzeug. Wir werden sie im Gegenteil als ein Spiel ansehen, oder noch besser, als das, was die Regeln eines Spiels bildet [...]. Unsere wesentliche These in bezug auf die linguistische *Präsupposition* ist, daß sie innerhalb der Sprache ein ganzes Dispositiv von Gesetzen und Konventionen aufweist. Dieses Dispositiv muß für einen institutionellen Rahmen gehalten werden, der die Debatte der Individuen reguliert." (Ducrot 1982: 10, Übersetzung d. V.).

Die Sprache ist also für Ducrot der Interaktion der Individuen gewidmet. Die dargestellte Diskussion des Begriffes der Implikation erweist sich für unsere Studie als zentral. Die Nachrichtensendungen nutzen die Möglichkeit der Verwendung von diskursiven Implikationen - der *sous entendus* - sehr häufig. Sie lassen auf diese Weise den Zuschauer interpretieren, was die Journalisten selbst nicht explizit sagen können bzw. wollen.

Obwohl die Thesen Ducrots einen interessanten Beitrag für die Interpretation der Implikationen leisten, verbleibt seine Analyse der Implikationen auf der Ebene des *einzelnen* Satzes, denn nur in einer rudimentären Form kann der Begriff der Implikation für die weitere Verkettung von Sätzen im Diskurs verwendet werden.[68] Dafür formuliert Ducrot den Begriff der *Annahme*, der den Begriff der *Verkettung* miteinschließt. Obwohl die *Verkettung* des Diskurses bei Ducrot auch auf der Ebene der einzelnen Äußerung verbleibt, bietet dieser Begriff eine potenzielle Verwendung für die Analyse der Implikationen innerhalb eines gesamten Textes an. Die *Annahme* kann im Grunde wie die *Präsupposition* definiert werden, mit dem Unterschied, daß sie zustande kommt, wenn die Verkettung eines komplexeren Satzes betrachtet wird (vgl. Ducrot 1982: 275). Diese These wird jedoch nicht weiterentwickelt; ihr Vorteil besteht lediglich darin, daß die Grenze des Satzes überschritten werden kann. Abhängig davon, wie der Diskurs - die Verkettung der geäußerten Sätze - weiter formuliert wurde, können die *Annahmen* post hoc ableitet werden. In Kapitel V wird versucht, die eingeführten Begriffe für die Beschreibung der Darstellung der Korruption in *Telenoche* und *ATC 24* zu verwenden.

---

68  Dieses Problem besteht auch in den Beiträgen von Liedtke (1995), Rolf (1997), Linke, Nussbaumer und Portmann (Hrsg.) (1996). Diese Autoren beschäftigen sich mit dem Begriff der *Implikatur*, der, obwohl er mit dem hier verwendeten Begriff der Implikation verwandt ist, anders definiert wird, nämlich als "ein vom Produzenten [Sprecher] in einer bestimmten kommunikativen Verwendung an eine bestimmte Äußerung geknüpfter, aber nicht ausgedrückter Sinn, den es zu erschließen gilt" (Linke, Nussbaumer und Portmann 1996: 198) und zwar, weil die Äußerung als Verletzung bestimmter impliziter Konversationsmaximen, die von Grice (1968, 1975) formuliert wurden, vom Hörer empfunden wird. Der Begriff der *Implikatur* erwies sich für diese Untersuchung als weniger geeignet, da er einerseits an die Ebene des Satzes gekoppelt bleibt und andererseits hauptsächlich für den Bereich der Konversationsanalyse entwickelt wurde.

# V. Die Konstruktion der Korruption in den Nachrichten

Wenn die Frage gestellt wird, ob Fernsehnachrichtensendungen häufig über politische Korruption berichten (oder ob das Thema "politische Korruption" in den Medien präsent ist), würde wohl jeder gewöhnliche argentinische Zuschauer diese bejahen. In den letzten vier Jahren erlebten die Argentinier einen "Medienboom" bezüglich des Themas "Korruption", der die politische "Aktualität" stark prägte und mehrfach sogar Skandale verursachte. Um ein Beispiel zu nennen: Die Nationaldiputiertenwahl (*elección a Diputados Nacionales*) vom 26.10.1997 wurde von der Alianza[69] mit zehn Prozent der Wählerstimmen Vorsprung gegenüber der regierenden Partei (vgl. Anuario Clarín 97/98) insbesondere deswegen gewonnen, weil eines der wichtigsten Themen und Versprechen der Wahlkampagne der Alianza darin bestand, die Korruption zu bekämpfen (vgl. in II.2 die Wahrnehmung der wichtigsten Probleme des Landes in den Umfragen). Bereits im Jahre 1995 war das Thema "Korruption" massiv in der Öffentlichkeit vertreten (vgl. Verbitsky 1991 und 1997, Nino 1992, Moreno Ocampo 1993, Grondona 1993, Carnota und Talpone 1995). Trotzdem thematisieren die beiden analysierten Nachrichtensendungen die Korruption innerhalb der drei Monate des Untersuchungszeitraums nur selten, weniger häufig jedenfalls als jeder Zuschauer erwartet hätte.

---

69  Die Alianza ist ein Zusammenschluß politischer Parteien, der aus einer Gruppe der peronistischen Opposition, dem FREPASO, und der Mehrheit der *Radicales*, der zweitgrößten politischen Partei Argentiniens, besteht. Die wichtigsten Politiker der Alianza sind Graciela Fernández Meijide - eine Sozialdemokratin - und Fernando de la Rúa - ein "radical", wie in Argentinien die Mitglieder der Unión Cívica Radical bezeichnet werden. Die Unión Cívica Radical ist die traditionelle politische Vertreterin der Mittelschicht, im Unterschied zum Peronismus, der die Arbeiterschicht zu vertreten beansprucht. Jede dieser Parteien verfügt über ein breites ideologisches Spektrum, in dem von links bis rechts fast alle politischen Orientierungen vertreten sind. Andere Politiker der Alianza sind der ehemalige Präsident Raúl Alfonsín, Carlos "Chacho" Álvarez und Federico Storani.

Das vorliegende Kapitel widmet sich der Beschreibung der Darstellung der Korruption in den beiden Nachrichtensendungen *Telenoche* und *ATC 24*. Dabei gilt es einerseits zu untersuchen, welche Personen, Handlungen, Szenarien, Strategien in bezug auf Korruption in den Sendungen dargestellt werden, andererseits die semiologischen Verknüpfungen des Begriffes der "Korruption" und seiner Synonyme festzustellen und zu analysieren. Außerdem wird erörtert, welche korrupten Handlungen bzw. Verhaltensweisen wie dargestellt werden, obwohl sie nicht direkt als "Korruption" etikettiert werden.

### V.1. Die "Austreibung des Dämons" bei *ATC 24*

Wie bereits veranschaulicht wurde, agiert der staatliche Fernsehsender ATC - vor allem durch seine politischen Magazine und Nachrichtensendungen - als die "Stimme" der Regierung (vgl IV.3.). Dadurch begibt sich dieser Sender in eine paradoxe Situation: Einerseits muß die Nachrichtensendung *ATC 24* (die den Anspruch einer Vermittlerin der "aktuellen politischen Wirklichkeit", also der politischen "Aktualität", verfolgt) die politische Korruption und Korruptionsvorwürfe gegen die Regierung möglichst "objektiv" thematisieren, um glaubwürdig für das Publikum zu erscheinen. Andererseits jedoch muß diese Nachrichtensendung jene Korruptionsvorwürfe gegen die Regierung im öffentlichen Diskurs annullieren oder aus ihm verdrängen, um die Glaubwürdigkeit der Regierung zu wahren. Im folgenden wird dargestellt, wie *ATC 24* dieses Problem der Darstellung der Korruption zu lösen versucht.

Obwohl in beiden Nachrichtensendungen das Auftreten des Wortes "Korruption" quantitativ (innerhalb des Zeitraums der Analyse) nicht sehr bedeutend ist, wie der gewöhnliche Zuschauer wohl erwartet hätte, werden dieses Wort oder seine Synonyme bei *ATC 24* häufiger genannt - also unmittelbar thematisiert - als bei *Teleno-*

*che 13.* Das heißt im allgemeinen für beide Sendungen, daß sie vereinzelt Verhaltensweisen, Menschen oder Tatsachen *direkt bzw. explizit* unter der "Korruptions"-Etikette verordnen oder mit diesem Begriff assoziieren. Wenn aber das Wort "Korruption" bei *ATC 24* zur Sprache gebracht wird, werden die folgenden Merkmale seiner Verwendung deutlich:

### V.1.1. Die *monopolisierte* Verwendung des Wortes "Korruption"

Bei *ATC 24* besitzt die Regierung das Monopol für die Formulierung des Wortes "Korruption": In dieser Sendung wird der Begriff nur von Vertretern der Regierung ausgesprochen, d. h., daß die Herrschenden in der staatlichen Nachrichtensendung die einzige autorisierte Informationsquelle zum Thema "Korruption" darstellen. So ist dieses Wort fast ausschließlich aus dem Munde des Präsidenten oder von Regierungsbeamten zu hören; die einzige, immer wiederkehrende Verknüpfung zwischen Regierung und Korruption wird kontinuierlich vermittelt: Die Regierung verurteilt die Korruption und ruft dazu auf, diese zu bekämpfen.

Jegliche Kritik der politischen Opposition an der Regierung ist in bezug auf das Thema "Korruption" bei *ATC 24* nicht unmittelbar im Diskurs vertreten; deren Korruptionsvorwürfe sind in der Sendung nur dadurch präsent, daß ihr "Echo" bei *ATC 24* zu hören ist, indem Versuche der staatlichen Nachrichtensendung stattfinden, mit ihrer eigenen Thematisierung der Korruption diese Vorwürfe zu annullieren. Eine typische Thematisierungsstrategie der Korruption bei *ATC 24* wird beispielsweise in der Darstellung einer Rede des Präsidenten Menem bei einer iberoamerikanischen Gipfelkonferenz[70] deutlich, deren Präsentationsdauer außergewöhnlich lang für eine Nachrichtensendung ist. Diese Berichterstattungen über Reden des Präsidenten werden außerdem im ersten Block der Sendung ausgestrahlt und erhalten somit den

---

70 *V Cumbre Iberoamericana*, Treffen der Staatsoberhäupter der iberoamerikanischen Länder, die in Bariloche, Argentinien, im Oktober 1995 stattfand.

Status der wichtigsten politischen Ereignisse des Tages. Als Bestandsteil dieser Reden wird das entschiedene Bemühen des Präsidenten bzw. der Regierung um die Bekämpfung der Korruption hervorgehoben. So bleibt für den Zuschauer nur *eine* mögliche semantische Assoziation der Regierung mit der politischen Korruption bestehen, die mit einem "positiven" Wert versehen ist: Die Regierung bekämpft die Korruption; jede andere Möglichkeit wird innerhalb des medialen Diskurses, den die Sendung *ATC 24* gestaltet, ausgeschlossen. Außerdem wird in dieser Sendung hervorgehoben, daß die Korruption ein allgemeines "Problem der Demokratie"[71, 72] bzw. "der Welt"[73] sei, wodurch wiederum die Regierung von diesem Thema semiologisch abgespalten wird.

Wenn jedoch der Begriff "Korruption" von Demonstranten bzw. politischen Gegnern benutzt wird, so wird dies in den Einleitungen zu den Berichterstattungen von den Moderatoren so eingerahmt, daß die Handlungen der Demonstranten negativ bewertet werden, wobei die Legitimität ihrer Äußerungen dadurch praktisch annulliert wird. Sie verfügen somit über keine Autorität im Diskurs: "Jemand, der sich so verhält, kann nichts zu sagen haben". Dies erreicht die Sendung, indem Äußerungen bzw. Handlungen der Demonstranten eindeutig negativ - in Worten und im Tonfall - in der Präsentation des Moderators für den darauf folgenden Bericht dargestellt werden, was beispielsweise in folgendem Zitat erkennbar wird:

"Wieder einmal kommt eine Meldung aus Rio Negro, die nicht erfreulich ist. Die staatlichen Arbeiter sind auf die Straße gegangen und haben unangenehme Situatio-

---

71  "Bl." wird als Abkürzung für Block, "Seg." für Segment verwendet; diese weisen auf den jeweiligen Block und das Segment eines Blockes hin, in dem die Nachricht bzw. Sequenz in der Nachrichtensendung erschien. Wie gesagt bestehen die Sendungen aus fünf Blöcken, zwischen welchen Werbung gesendet wird.

72  *ATC 24*, 17.10.1995 (Bl. 1 Seg. 3), 26.10.1995 (Bl. 4 Seg. 21), 1.12.1995 (Bl. 3 Seg. 16).

73  *ATC 24*, 7.11.1995 (Bl. 1 Seg. 2).

nen verursacht."⁷⁴ (Einleitung eines Protestes gegen die Wirtschaftspolitik des Gouverneurs der Provinz Rio Negro, der zur Oppositionspartei gehört, was wiederum die Regierung von Korruptionsthemen "unberührt" läßt, ATC 24, 12.10.1995, Block 3, Segment 14).

Obwohl das Wort "Korruption" darüber hinaus in dieser Berichterstattung von Demonstranten verwendet wird, ist die Konnotation des Wortes "leer", d. h., es kann nicht mit einem konkreten Bezugsrahmen assoziiert werden. Die Formulierung des Demonstranten lautet folgendermaßen:

> "Unser Ziel ist erreicht worden, unser Ziel war, ... die größte Anzahl der Arbeiter auf die Straße zu bringen, da wir auf diese Weise in der Lage sein werden, der Regierung und den Autoritäten der Gendarmerie zu beweisen, daß wir demonstrieren können und daß wir von unseren demokratischen Rechten auf eine pazifistische Weise Gebrauch machen können. Wir beklagen die Korruption, wir möchten nicht, daß Massaccesi Senator wird und wir verurteilen den Sparplan, den die Regierung der Provinz einführen möchte."⁷⁵

Durch die Darstellung von Demonstrationen der Bürger gegen die Nationalregierung werden die Demonstranten ebenfalls mit negativen Attributen versehen, normalerweise werden sie als gewalttätig⁷⁶ dargestellt: "Neue Zwischenfälle in der Hauptstadt der Provinz Salta wurden gemeldet; etwa 500 Beamte des Stadtrats demonstrierten, um die Zahlung ihrer rückständigen Löhne einzufordern."⁷⁷ (Einleitung zum Bericht, ATC, 27.10.1995, Bl. 4, Seg. 22). Im Bericht werden die Demonstranten sowohl im

---

74 "Otra vez la información, que no es agradable; viene de Río Negro. Los trabajadores estatales salieron a la calle y provocarion situaciones incómodas."

75 "El objetivo está cumplido, el objetivo nuestro era... poner la mayor cantidad de trabajadores en la gente -en la calle, porque de esa manera nosotros le íbamos a demostrar al gobierno y a las autoridades de gendarmería nacional que podemos marchar y podemos hacer uso de nuestros derechos democráticos en forma pacífica y denunciando a la *corrupción*, denunciando a la no senaduría de Massaccesi, a que no sea senador y al ajuste que el gobierno provincial quiere implementar."

76 *ATC 24*, 27.10.1995 (Bl. 4 Seg. 22 und Bl. 5 Seg. 27), 19.10.1995 (Bl. 4, Seg. 19), 25.10.1995 (Bl. 5 Seg. 19), 26.10.1995 (Bl. 3 Seg.15 und Bl. 5 Seg. 26).

77 "Nuevos incidentes se registraron en la capital de Salta; unos 500 trabajadores municipales realizaron una marcha en reclamo del pago de los salarios atrasados."

Bild als auch mit Worten als sehr aggressiv dargestellt: Sie beschimpfen die Regierung, werfen Steine, umzingeln einen Abgeordneten und wollen ihn verprügeln. Die Kamerabewegung ist sehr hektisch, wodurch die Situation dramatisiert wird und den Eindruck vermittelt, daß die Demonstration außer Kontrolle geraten ist.

Eine weitere Einleitung in einen Bericht vom selben Tag über einen Protest der Ladenbesitzer gegen die Kontrolle der Steuerinspekteure in der Provinz Buenos Aires rückt die Demonstrierenden ebenfalls in ein negatives Licht:

> "Und dies ist auch nichts Vorbildliches, aber es ist doch passiert, ein wahrer Aufstand; die Hauptrolle spielten die Ladenbesitzer von San Pedro, Provinz Buenos Aires, auf dem Weg nach Santa Fe, als sie die Hauptstadt verließen. So verhinderten diese Ladenbesitzer eine Kontrolle, die vom Steuersekretariat geplant war."[78] (19.10.1995, Bl. 4).

Im Bericht wird die Gewalttätigkeit der Demonstranten hervorgehoben: Sie bewarfen die Inspekteure mit Steinen und beschimpften sie, heißt es im Bericht. Die Hintergründe für dieses gewalttätige Verhalten werden selten oder gar nicht erklärt, wobei die Demonstranten als unvernünftig und aggressiv erscheinen.

Auch am 27.10.1995 werden die Ladenbesitzer, die mit diesen Steuerkontrollen nicht einverstanden sind, in der Einleitung zum Bericht negativ dargestellt: "Kontrolle des Steuersekretariats: neue Aggression der Nachbarn in San Pedro."[79] (BL. 5, Seg. 24). Darüber hinaus werden die Demonstrationen gegen die Politik der Regierung in anderen Segmenten "bagatellisiert", d. h. beispielsweise als "antisozial" ("antisocial") abgewertet. Dies zeigen die folgenden Einleitungen zu Berichten:

---

78  "Y esto tampoco es un ejemplo, pero ocurrió, una verdadera pueblada; la protagonizaron los comerciantes de la localidad de San Pedro, Provincia de Buenos Aires, camino hacia Santa Fe, saliendo de la Capital, impidiendo estos comerciantes un operativo de control que fue previsto por la DGI [Dirección General Impositiva]."

79  "Operativos DGI: nueva agresión de vecinos en San Pedro."

"Staatliche Angestellte und Rentner der Provinz Mendoza marschierten heute zum Regierungsgebäude dieser Provinz; die Demonstration verlief gewalttätig."[80] (25.10.1995, Bl. 5, Seg. 19).

"Die staatlichen Angestellten der Provinz Jujuy sind auf die Straße gegangen. Dieses Mal durchquerten sie San Salvador und warfen Steine auf das Casino der Provinz. Aus Protest gegen die Sparmaßnahmen, die ihnen von der Provinzverwaltung auferlegt wurden, griffen sie auch andere öffentliche Gebäude an." (26.10.1995, Bl. 3, Seg. 15).[81]

Im Bericht, der zu dieser letzten Einleitung gehört, werden die Demonstranten wiederum als äußerst gewalttätig präsentiert: Sie zünden das - angebliche - Haus des Wirtschaftsministers der Provinz an, werfen Steine, die Stadt steht "in Flammen", sie vernichten das Gebäude der Provinzialbank.

Die Präsentation einer Nachricht durch den Moderator ist, wie bereits erwähnt wurde (vgl. III.4.), ein wesentlicher Bestandteil der Berichterstattung, der die im darauf folgenden Bericht dargestellten "Tatsachen" einführt *und* bewertet. In unserem Beispiel über den Protest der Demonstranten gegen den Sparplan der Regierung in der Provinz Rio Negro werden vor allem deren negative Verhaltensweisen vom Moderator hervorgehoben: "wieder einmal" haben sie *"unangenehme* Situationen verursacht". Dennoch kommt in diesem Bericht, der von einem anderen Sender übernommen wurde, ein Demonstrant zu Wort, der das friedliche Ziel der Demonstration akzentuiert und herausstellt. Es wird außerdem im Bericht darauf hingewiesen, daß die Demonstranten keine Gewalt verursachten. Wenn der Bericht ohne diese Einleitung oder mit einer positiven Einrahmung von *ATC 24* dargestellt worden wäre, wäre die Wahrnehmung der Zuschauer in bezug auf die Demonstration positiver gewesen.

---

80 "Trabajadores estatales y jubilados de la Provincia de Mendoza marcharon hacia la casa de gobierno de esa Provincia y en la manifestación hubo violencia."

81 "Los trabajadores estatales de la Provincia de Jujuy salieron a la calle. Esta vez recorrieron San Salvador y tiraron piedras sobre el casino provicial, atacando otros edificios públicos en protesta por las medidas de ajuste impuestas por la administración provincial."

Wie dies gewöhnlich bei Nachrichtensendungen der Fall ist - vor allem wenn der "Tatort" geographisch weit entfernt liegt -, so wurde der oben zitierte Bericht nicht von einem Team ATCs gedreht, sondern von einem anderen Fernsehsender. *ATC 24* übernahm dieses Material und stellte daraus einen "eigenen" Bericht her. Doch der übernommene Bericht weist eine politische Orientierung auf, die sehr deutlich von der *ATC 24s* abweicht. Dies "zwingt" die Sendung dazu, den Bericht mit einer Einleitung so einzurahmen, daß sie deren Ideologie entspricht.

Die Bedeutsamkeit dieser Nachrichten über Demonstrationen gegen den Sparplan der nationalen bzw. provinzialen Regierungen beruht auf der Tatsache, daß häufig Beschimpfungen gegen die regierenden Politiker von Demonstranten geäußert werden. Diese Beschimpfungen, die als aggressiv, irrational und nicht mit Argumenten begründet präsentiert werden, wirken als Vorwürfe gegen die Regierung und sind in der Regel im Bereich des Kriminellen, des Schmutzigen oder der Untätigkeit einzuordnen. Beispiele für die erste Kategorie sind Beschimpfungen wie "Diebe!", "Räuber" etc.; für die zweite Kategorie sind Beschimpfungen aus dem sexuellen Bereich einzuordnen und zur dritten Kategorie gehörend werden Beschimpfungen wie "Faulpelze!", "Pennbruder!" usw. geäußert. Die indirekte Verbindung mit der politischen Korruption ist leicht nachvollziehbar: Politiker, die in der Regierung tätig sind und faulenzen, rauben usw., besitzen offensichtlich durch ihre öffentliche Stelle einen Vorteil für private Zwecke. Um diese mehr oder weniger indirekten Vorwürfe der Demonstranten zu annullieren, muß die staatliche Sendung die Autorität dieser Personen im Diskurs herabsetzen.

### V.1.2 Der *Dämon* der Korruption

"Die Korruption" als Thema wird in der staatlichen Nachrichtensendung nicht nur in der Konnotation des Begriffes monopolisiert, sondern sie wird gleichsam als ein *böser Geist* dargestellt: Da keine konkreten Personen, Handlungen, Tatorte oder

Folgen in bezug auf Korruption von dieser Sendung präsentiert werden, wird sie unsichtbar wie ein Geist, der nirgendwo und überall ist. Auf die Existenz der Korruption in Argentinien - oder präziser formuliert: auf die Existenz von Korruptionsvorwürfen - wird hingewiesen, indem die Regierung die Korruption sprachlich artikuliert und thematisiert. Mit rhetorischen Elementen wird "die Korruption" abstrakt dargestellt, wie dies beispielsweise in der folgenden Äußerung feststellbar ist:

> "Wir haben hier [...] über Themen berichtet, die uns verletzen, verbrennen, besorgen, betrüben, Themen wie die Korruption, die das demokratische System schwächen und die ethischen Grundlagen aller Gesellschaften verletzen...".[82]

In bezug auf Korruption werden somit keine "greifbaren" Merkmale, keine Personen, Schauplätze oder Handlungen thematisiert. Gleichzeitig wird "die Korruption" in der diskursiven Strategie von *ATC 24* "personalisiert" oder genauer, als aktives "Subjekt" und nicht als Objekt dargestellt: Die Korruption verwandelt sich somit in dieser diskursiven Konstellation in eine Art *Dämon*, der ein von den Menschen unabhängiges Leben führt. García Jiménez (1993: 284) bezeichnet diese Art von Figuren in der Literatur als referentielle allegorische Figuren (*personajes referenciales alegóricos*). Referentielle Figuren im allgemeinen beziehen sich auf einen Sinn, der von einer Kultur gefestigt wurde. Sie verfügen außerdem über feste, stereotypisierte Rollen. Als Zeichen müssen diese Figuren innerhalb einer Kultur vom Leser oder Zuschauer gelernt und anerkannt werden. Allegorische referentielle Figuren - abzugrenzen von mythologischen, historischen und sozialen referentiellen Figuren - sind beispielsweise "die Liebe", "die Justiz" etc. "Die Korruption" kann auch im Diskurs *ATCs* als eine referentielle allegorische Figur beschrieben werden, die aber mit einem negativem Wert geladen ist.

---

82  "Hemos hecho referencia también, con sabiduría y talento por parte de algunos de los participantes en estos debates, de temas que nos hieren, que nos queman, que nos preocupan, que nos afligen, como son los temas de la corrupción, que afecta, evidentemente, al sistema democrático..." (Präsident Menem auf der Konferenz "V Cumbre Iberoamericana", Bariloche, Argentina 17.10.1995, Bl. 1, Seg. 3).

Obwohl die Korruption relativ selten im Diskurs von *ATC 24* thematisiert wird, sollen weitere Beispiele veranschaulichen, wie diese abstrakte Thematisierung der Korruption durch die Regierung vollzogen wird. Am 26.10.1995 (Bl. 4, Seg. 21) interviewt *ATC 24* den Direktor der Bibliotheken der Stadt Buenos Aires, Silvio Maresca, der ein "Treffen der Denker" organisiert hat. Danach befragt, worum es bei dieser Zusammenkunft ginge, antwortet Maresca:

> "Gut... [es geht um] eine Reihe von Fragen - deswegen nennen wir es [das Treffen] 'Die neuen Herausforderungen der Demokratie' -, der sich die Demokratie unumgänglich gegenüberstellen muß, und gut, wir glauben, daß die Denker ihre Meinung zu diesen Themen abgeben müssen. Deswegen wird es sich um ein 'Treffen der Denker', etwa 60 an der Zahl, handeln. Sie werden auf unterschiedliche Thematiken und runde Tische verteilt, um über Themen zu debattieren, die die aktuelle Demokratie betreffen, d. h. das Problem der Implementierung von neuen sozioökonomischen Modellen, das Problem der Korruption, das Problem der Ausbildungsmodelle [...]; gut, einige andere Fragen, die ... die brennenden Probleme der Demokratie berühren."[83]

In seiner Abschiedsrede des Spitzentreffens der Staatsoberhäupter der "Grupo de los 15" am 7.11.1995 thematisiert Präsident Memem ebenfalls die Korruption:

> "... nochmals haben wir unsere Aufmerksamkeit auf unterschiedliche Weltprobleme konzentriert, die uns beunruhigen: Den Terrorismus, den Drogenhandel, die Korruption, die Armut und die Arbeitslosigkeit..."[84]

---

[83] "Bueno, en una serie de cuestiones, por eso lo llamamos 'Los Nuevos Desafíos de la Democracia', que la democracia tiene que ineludiblemente enfrentar, eh, bueno, y nosotros creemos que los pensadores tienen que dar su palabra en esto, digamos, no? Entonces va a consistir en una reunión de pensadores, alrededor de 60, distribuídos en distintas temáticas y paneles, para debatir los temas que hacen a la democracia acutal, o sea el problema de la implementación de los nuevos modelos socioeconómicos, el problema de la corrupción, el problema de los modelos educativos que tenemos que implementar [...] y bueh, varias otras cuestiones que hacen a, a, a problemas candentes de la democracia actual."

[84] "...nuevamente, hemos centrado nuestra atención en distintos problemas mundiales que nos preocupan: el terrorismo, el narcotráfico, la corrupción, la pobreza y la desocupación..." (Bl. 1, Seg. 2).

In den oben zitierten Sequenzen läßt sich ein weiteres Merkmal der Thematisierung der Korruption seitens der Regierung ausmachen, das sich im Diskurs von *ATC 24* wiederfindet: "Das Problem der Korruption" wird häufig zusammen mit anderen *Dämonen bzw. Übeln* der Demokratie gruppiert oder verbunden - mit dem Terrorismus, Drogenhandel usw., die sozusagen "im Schatten der Gesellschaft ihr Unwesen treiben" und mit ihren kriminellen Absichten die Demokratie bedrohen oder besorgen. Konkreter oder tiefgründiger erfährt der Zuschauer *ATCs* nichts über die Merkmale oder Gründe dieser "Probleme der Demokratie".

### V.1.3. Die Sicherung der "Autorität" der Regierung im Diskurs

Die Korruption mit Worten zu benennen, geschieht bei *ATC 24* in der Regel "monopolisiert" durch die Regierung; die Autorität der Sprecher - normalerweise des Präsidenten oder der Regierungspolitiker -, die über Korruption reden, wird im Diskurs hervorgehoben, wie die folgende Äußerung des Präsidenten bei einer Gipfelkonferenz demonstriert: "Wir haben hier, *aufgrund der Weisheit und des Talents* einiger Teilnehmer dieser Debatten, über Themen berichtet, wie das Thema der Korruption..." (diese Äußerung ist Teil der oben zitierten Sequenz des Präsidenten bei der "V Cumbre Iberoamericana").

Eine weitere Strategie, die Autorität und darüber hinaus die Glaubwürdigkeit der Regierung im Diskurs zu sichern, besteht darin, die moralischen Tugenden des Präsidenten hervorzuheben. So wird beispielsweise am 25.10.1995 ein Bericht wie folgt eingeleitet:

"Der Präsident Carlos Menem führt eine bedeutsame Mission in Houston, Texas durch. Er traf sich mit dem ehemaligen nordamerikanischen Präsidenten, George Bush, wobei Menem anschließend das Diplom des Doktors honoris causa der dortigen Universität verliehen wurde. Danach traf sich Menem mit George Bush Junior, dem Gouverneur dieses nordamerikanischen Bundesstaates, sowie mit Erdölunternehmern."[85] (Bl. 3, Seg. 5).

Im darauf folgenden Bericht heißt es weiterhin, daß das ehemalige Staatsoberhaupt Bush die "moralischen und intellektuellen Tugenden des Dr. Carlos Menem, sowie sein Talent als Staatsmann hervorhob, den Bush als 'den Mann, der Argentinien verwandelte', definierte."[86]

Die Autorität der Regierung wird vor allem dadurch hervorgehoben, daß die Regierungsvertreter auf eine ritualisierte bildliche und sprachliche Weise dargestellt werden (vgl. V.1.6.). So ist im oben erwähnten Beispiel das Bild Menems mit dem Doktortalar der Universität Houston, mit George Bush an seiner Seite, hinter dem Podium, zu sehen.

Politische Gegner der Regierung werden von *ATC 24* äußerst selten - weder direkt noch indirekt - als Informationsquellen zitiert, sie werden de facto zum Schweigen gebracht, sie verfügen im Diskurs dieser Sendung über keine Stimme. Wenn überhaupt Äußerungen von Demonstranten etwa gegen die Wirtschaftspolitik der Regierung aufgegriffen werden, bestehen diese lediglich aus Beschimpfungen (vgl V.1.1). Selten werden die Forderungen der politischen Gegner direkt übernommen, insbesondere die Politiker der Opposition - die sowohl aus Peronisten[87] als auch aus

---

85 "El presidente Carlos Menem desarrolla una intensa actividad en Houston, Texas. Se reunió con el ex presidente Norteamericano George Bush, luego le fue entregado un diploma de Doctor honoris causa de la universidad local y luego se reunió con George Bush hijo, gobernador de ese estado norteamericano y tambien con empresarios petroleros."

86 "Allí el ex mandatario George Bush resaltó los valores morales, intelectuales y de estadista del Dr. Carlos Menem, a quien definió como el hombre que transformó a la Argentina."

87 Die Wirtschaftspolitik, die Menem nach seiner Machtübernahme einführte (vgl. II.1.), führte zu internen Abspaltungen in der peronistischen Partei. So wechselte ein Teil der peronistischen Politiker, die eine sozialdemokratische bis linke politische Orientierung hatten, zur Opposition. Manche von ihnen gründeten die Alianza, die bereits charakterisiert wurde (vgl. Fn. 69).

anderen Parteien besteht - kommen bei *ATC 24* nicht zu Wort. Die politische Opposition wird somit verschwiegen oder ihr Verhalten wird negativ dargestellt, was die Autorität der Regierung im Diskurs hervorhebt. In diesem Sinne muß hier nicht nur analysiert werden, was im Diskurs der staatlichen Nachrichtensendung dargestellt wird, sondern auch, was im Kontrast zu dieser Präsentation verschwiegen wird. Die politische Opposition fällt meistens unter die Kategorie des im Diskurs Verschwiegenen.

Weiterhin kann also die diskursive Strategie von *ATC 24* in bezug auf die Konstruktion von Korruption folgendermaßen metaphorisch beschrieben werden: Die Regierung wird in der diskursiven Konstellation der staatlichen Sendung als eine Art "Hexenmeister" konstruiert, der den bösen Geist der Korruption bekämpft und dem Land den bösen Dämon "austreibt"; indem die Regierung - durch ihre "Stimme" *ATC 24* - ihn beim Namen nennt, erreicht sie im Diskurs einen "Exorzismus" des Dämons "Korruption".[88] Diese Strategie führt jedoch zu einem Paradox: Indem die Regierung "die Korruption" *nennt*, "annulliert" sie im Diskurs die möglichen, auf sie selbst gerichteten Korruptionsvorwürfe; die Korruption zu thematisieren bedeutet gleichzeitig, Beschuldigungen, die von anderen Medien gegen die Regierung gerichtet sind, im Diskurs auszuschalten, weil *ATC 24* in ihrer diskursiven Konstellation die Regierung als "Kämpferin" gegen die Korruption positioniert. (Die Glaubwürdigkeit dieser Strategie für das Publikum ist eine andere Frage, die es hier nicht zu beantworten gilt).

---

88   Diese diskursive Strategie könnte als eine Form des performativen Gebrauchs der Sprache bezeichnet werden: Diese sprachliche performative Funktion ermöglicht, daß, indem ein Äußerungsakt geleistet wird, sich *gleichzeitig* (unmittelbar) eine *Handlung* vollzieht (Austin 1962: 83). Da dieses Phänomen hier auf komplexeren Ebenen beruht (mediale Sprache, durchbrochene Interaktion etc.), wird nicht versucht, die Performativität dieser Äußerungen in bezug auf Korruption festzustellen.

### V.1.4. "Auch im Ausland gibt es schwarze Schafe ..."

*ATC 24* thematisiert die politische Korruption, die im Ausland stattfindet, häufiger als jene, die Argentinien betrifft. Im Bereich "Korruption im Ausland" werden sowohl Korruptionsfälle in Berichterstattungen über andere Themen "verschachtelt" als auch konkrete Korruptionsanschuldigungen von Politikern im Ausland als eigenständige Nachricht präsentiert. Obwohl die Richtigkeit der Anschuldigung im Auslandsbericht nicht immer bewiesen wurde, wird der Tatbestand vom Moderator in der Einleitung oftmals als Tatsache dargestellt (vgl. in diesem Abschnitt: Beschuldigung von Chirac). Es wird insbesondere hervorgehoben, daß Politiker anderer Ländern bestechlich sind:

> "Bei der NATO wird *auch* mit Wasser gekocht: Der Generalsekretär der Organisation, Willy Claes, hat seine Stelle gekündigt, nachdem er vom belgischen Parlament beschuldigt wurde, Schmiergelder akzeptiert zu haben, als er 1988 Wirtschaftsminister war".[89]

In den Auslandsberichten über Korruptionsfälle werden - im Gegensatz zu den Inlandsberichten - Kläger, Angeklagte, Handlungen präsentiert, jedoch nur sprachlich, da die Darstellung der Korruption in bewegten Bildern nahezu unmöglich ist. Die Bilder fungieren als Verankerung der Glaubwürdigkeit der Sprache, indem ein Justizgebäude bzw. ein Raum, in dem die Anklage wegen Korruption erhoben wurde oder das Objekt der Anklage - beispielsweise die Wohnung Chiracs - dargestellt werden.

Das diskursiv strategische Element der Beschuldigung bezüglich Korruption besteht darin, daß vorschnell der Effekt erzielt werden kann, daß die beschuldigten Personen von der argentinischen Öffentlichkeit als bestechlich angesehen werden,

---

89     "En la OTAN *también* se cuecen habas; el secretario general de la entidad Willy Claes renunció a su cargo luego de ser acusado por el parlamento belga de haber aceptado coimas cuando era ministro de economía en 1988." Einleitung zum Bericht über den Rücktritt des NATO-Generalsekretärs Willy Claes (*ATC 24*, 20.10.1995, Block 1 Segment 6). Das Wort *auch* in dieser Einleitung setzt außerdem die Existenz der Korruption in Argentinien voraus.

weil Bestechung und andere Korruptionsformen von Politikern und Unternehmern oftmals verübt werden. So besteht eine häufig verwendete Strategie des politischen Kampfes darin, den politischen Gegner indirekt wegen Bestechung zu beschuldigen. Da die Korruption allgemein verurteilt wird, werden die Beschuldigten in ein schlechtes Licht gerückt, also quasi automatisch von den Zuschauern als schuldig wahrgenommen. Von dieser Strategie macht *ATC 24*, wenn sie die Korruption im Ausland thematisiert, vielfach Gebrauch. So geschehen konkrete Korruptionsfälle - im Diskurs *ATC 24s* - ausschließlich im Ausland. Der Zuschauer dieser Sendung bekommt dadurch nur aufgrund der Berichte über Korruption im Ausland eine konkretere Vorstellung darüber, was politische Korruption sei, weil Korruptionsskandale oftmals auf konkrete Politiker bezogen werden. Das Wort "Korruption" ist normalerweise in Auslandsberichten, die *ATC 24* von ausländischen Fernsehsendern übernimmt, nicht gegenwärtig, sondern kommt in der Einführung des Moderatoren oder in Untertiteln zu dieser Sendung zur Sprache.

Die politische Korruption im Ausland wird somit nicht, wie im Inland, als Subjekt dargestellt (sie wird nicht "dämonisiert"), sondern als Objekt, als Ergebnis handelnder Menschen. Vermutete Korruptionsfälle im Ausland werden von der staatlichen Sendung nicht immer in "neutraler" Sprache präsentiert, sondern darüber hinaus mit Ironie in der Gestik und Sprache des Moderators, wie beispielsweise das folgende Zitat zeigt:

> "Herr Chirac ist offensichtlich aus unterschiedlichen Gründen Mittelpunkt der Betrachtungen; er ist der Präsident eines sehr wichtigen Landes. Jetzt wird wegen einer Korruptionshandlung gegen ihn ermittelt: Sie sei begangen worden, als Chirac Bürgermeister von Paris war und persönlichen Nutzen durch die Inanspruchnahme einer Wohnung gezogen hat, deren Miete ein *bißchen niedrig* war!"[90]

---

90 "El senor Chirac evidentemente es centro de la información por distintas razones: es el presidente de un pais muy importante; ahora es investigado él por un acto de corrupción. Habría sido cometido cuando Chirac era alcalde de París y se benefició con la cesión de una vivienda a un alquiler muy bajito!" (*ATC 24*, 23.10.1995, Block 2, Segment 10, Einleitung des Moderators zum Bericht).

Damit verleitet der Moderator die Zuschauer dazu, Präsident Chirac für bestechlich zu halten. Die Einleitung fängt mit einer Konditionalkonjugation an ("sie [die Korruptionshandlung] *sei begangen worden*") und endet im Perfekt ("*hat* persönlichen Nutzen *gezogen*"). Im Kontrast dazu wird der Fall im Bericht - jenem der Television Española, TVE - mit Empörung über korrupte Politiker dargestellt, die sich beispielsweise mit rhetorischen Elementen wie Aufzählung ausdrückt: "Nach dem Skandal bezüglich des Appartments des Premierministers ist jetzt der Fall des Staatspräsidenten an dessen Stelle gerückt."[91] Nach dieser Äußerung wird der Sprachstil des TVE-Berichts neutral und sachlich - "Der Generalstaatsanwalt wird bald feststellen müssen, ob Chirac ein Delikt begangen hat..." -, ganz im Kontrast zur Präsentation des Falles durch *ATC 24*.

Die Berichterstattungen über Korruption im Ausland werden bei *ATC 24* in einer Form, die der Gattung "Bericht" entspricht, präsentiert, d. h., innerhalb einer *Erzählung*, die eine Abfolge von "Tatsachen" aufweist.[92] Dies ermöglicht der Sendung, eine deutliche moralische Bewertung in der Einleitung des Moderatoren bzw. der Moderatorin vorzunehmen und gleichzeitig die nachfolgenden Korruptionsfälle im Bericht als "reine Tatsachen" im Kontrast zur Einleitung darzustellen. In bezug auf das Inland werden, wie schon festgestellt wurde, keine Berichte über Korruption ausgestrahlt; das Thema "Korruption" wird in Nachrichten behandelt, innerhalb welcher das Nachrichtenthema ein anderes ist, oder "die Korruption" wird typischerweise als Teil langer Interviews oder der Rede des Präsidenten bzw. eines Regierungsmitglieds thematisiert, wobei Tatsachen und Bewertungen dazu tendieren, ineinander verwoben zu werden. Da außerdem der Regierung das Wort in bezug auf das Thema "Korrup-

---

91 "Después del apartamento del primer ministro, es el turno del piso del presidente de la República. El fiscal general deberá responder en breve si Chirac incurrió o no en delito..." Erster Paragraph im Bericht, nach der Einleitung des ATC-Moderators.

92 Zeitlich werden diese Berichte anders als bei Erzählungen der face-to-face-Kommunikation (also der nicht-medialen Kommunikation) dargestellt: In der *News Language* wird normalerweise das Ende einer Geschichte bereits zu Anfang des Berichtes erzählt (vgl. Bell. 1991: 152).

tion" fast exklusiv erteilt wird, wird der Effekt erzielt, daß sie dadurch größere Autorität für die Zuschauer zu haben scheint, als wenn sie nur indirekt zitiert - d. h. relativiert - würde.

Diese oben genannte diskursive Strategie der staatlichen Nachrichtensendung, die in der Beschuldigung von Politikern im Ausland besteht, widerspricht anscheinend dem, was im folgenden Bericht über die Kündigung Claes' von *ATC 24* ausgestrahlt wird, nämlich, daß ein beschuldigter Politiker selbst zu Wort kommt. In diesem Fall wird darüber berichtet, daß Willy Claes, Generalsekretär der NATO, der Korruption beschuldigt wird. Es ist der einzige Fall bei *ATC 24*, in dem die Worte eines unter Verdacht stehenden Politikers direkt zitiert werden und seine Rede unterbreitet ein Argument, das die regierenden Politiker in Argentinien ebenfalls häufig verwenden. Im Bericht wird verkündet:

> "Claes tritt zurück, 'weil ein beschuldigter Politiker per definitionem schuldig ist'. Für Politiker existiert keine mutmaßliche Unschuld, wie für den Mann auf der Straße. Claes, 'cholerisch aber nicht bitter', um seinen Worten zu folgen, wird dafür kämpfen, 'seinen Namen von jedem Schmutz rein zu waschen', weil er sich für unschuldig hält."[93]

Die diskursive Strategie von *ATC 24* für die Präsentation ausländischer Korruptionsfälle vollzieht sich kontrastiv zur Thematisierung dieses Phänomens das Inland betreffend, wie bis zu diesem Punkt schon deutlich wird.

---

93  "Claes se va, porque 'un hombre político acusado es por definición culpable. No existe presunción de inocencia como existe para el hombre de la calle.' Claes, 'colérico pero no amargo', por seguir sus palabras, 'luchará por lavar su nombre de toda mancha' porque se considera inocente." (ATC 24, 20.10.1995, Block 1 Segment 6).

### V.1.5. Moralische Kommunikation und die Annullierung der Korruptionsvorwürfe gegen die Regierung

Konfliktthemen, wie politische Korruption, sind dadurch charakterisiert, daß sie den Diskurs mit ihren eigenen Regeln prägen. Im journalistischen und im politischen Diskurs drückt sich dies so aus, daß immer diejenigen, die das Thema "Korruption" behandeln, automatisch in ein positives Licht der "Aufrichtigkeit" gerückt werden, weil es undenkbar wäre, sich als "korrupt" zu bezeichnen - zumindest, wenn man eine gewisse Autorität als Sprecher im politischen Diskurs bewahren möchte.[94] Bei Korruption handelt es sich insbesondere um eines der Themen, die im politischen Diskurs vom Sprecher eine Stellungnahme "verlangen", weil sie nicht zur "Normalität" oder zum Alltag gehören, sondern es handelt sich bei ihnen um "Konfliktthemen", die den Sprecher dazu zwingen, sich zu "positionieren"; dies erfolgt durch die "Moralisierung" der Botschaften.

Moral kann nur über Kommunikation - die überwiegend, aber nicht ausschließlich sprachlich erfolgt - vermittelt werden und diese nimmt, die Form unterschiedlicher *Gattungen* an (vgl. III.3.). Es wurde bereits darauf hingewiesen, daß diese Gattungen untereinander kombinierbar sind, was *hybride Gattungen* oder *verschachtelte Gattungen* als Ergebnis zur Folge hat. In diesem Sinne kann eine Gattung beispielsweise gleichzeitig zur Kategorie der journalistischen kommunikativen Gattungen und zur Kategorie der moralischen kommunikativen Gattungen gehören. Bergmann und Luckmann (1993: 1) definieren den Begriff *"moralische Kommunikation"* folgendermaßen:

"Wir gehen von der Annahme aus, daß sich für die Mitglieder einer jeden Gesellschaft in kommunikativen Vorgängen Verhaltens- und Orientierungsmuster ausbilden, die sich mehr oder minder stark verfestigen können. Weisen diese kommunikativen Formen einen hohen Verfestigungsgrad auf, sprechen wir von kommunikati-

---

94    Hier ist zu bemerken, daß die Demokratie als "Meritokratie" bezeichnet werden kann: Wer die Macht beansprucht, muß über bestimmte Tugenden verfügen, wobei eine davon die "Aufrichtigkeit" darstellt.

ven Gattungen. Verfestigte kommunikative Formen mit wertenden Stellungnahmen über Menschen und menschliches Handeln bezeichnen wir als Gattungen der moralischen Kommunikation."

Wenn also eine fremde bzw. eine eigene Handlung, ein Individuum, eine kollektive Person etc. in einer kommunikativen Tätigkeit nach Kriterien bewertet werden, die inhaltlich an einer Vorstellung von "gut" und "böse" ausgerichtet sind, dann handelt es sich um moralische Kommunikation, gleichwohl über welche Gattung dies geschieht; moralische Kommunikation kann außerdem auf einer expliziten oder auf einer impliziten Ebene stattfinden (vgl. Luckmann 1998).

Die moralischen Elemente der Kommunikation über "Korruption" in Argentinien bei *ATC 24* drücken sich vor allem in ritualisierten Bildern und negativ bewertenden Äußerungen über eine abstrakte Korruption ("die Korruption") aus: Wie bereits dargestellt wurde, wird in dieser Nachrichtensendung "die Korruption" in Argentinien als *Dämon* thematisiert. Mit Korruption ist eine Mißachtung der Normen oder Gesetze des bürgerlichen Zusammenlebens verbunden, die dieses Thema in ein Konfliktthema verwandelt, wobei die Debatten und Diskussionen über Korruption unmittelbar in einen ernsthaften Konflikt eskalieren können. So ist moralische Kommunikation ein Mittel, diese Gefahr zu vermeiden.

Niklas Luhmann, der die Gesellschaft als System konzipiert, das sich selbst produziert und reproduziert, betrachtet die Kommunikation als die Grundoperation dieser gesellschaftlichen Reproduktion: "Das Verhältnis ist zirkulär zu denken: Gesellschaft ist nicht ohne Kommunikation zu denken, aber auch Kommunikation nicht ohne Gesellschaft." (Luhmann 1997: 13). Die Selbstproduktion der Gesellschaft erfolgt also durch Kommunikation. In diesem Rahmen begreift der Systemtheoretiker "Moral" als "Achtungskommunikation":

> "Moral ist, anders gesagt, nicht etwa angewandte Ethik. Vielmehr gewinnt sie ihr Medium durch Bezugnahme auf Bedingungen, unter denen Menschen sich selbst und andere achten bzw. mißachten. [...]. Die Form dieses Mediums grenzt sich nur

dadurch ab, daß es nicht um Anerkennung von besonderen Fertigkeiten oder Leistungen von Spezialisten geht, sondern um Inklusion von Personen schlechthin in die gesellschaftliche Kommunikation. Dies gehört jedenfalls zum expressiven Stil von Moral, gleichgültig ob dann Moralverstöße tatsächlich durch Exklusion, Kontaktunterbrechung oder Kontaktreduktion sanktioniert werden oder nicht." (Luhmann 1997: 397).

Die Erfordernisse der Achtung bzw. Mißachtung[95] "werden in der Form einer binären Codierung[96] zusammengefaßt, die gutes und schlechtes Verhalten oder, wenn innere Einstellungen zum eigenen Verhalten mit in Betracht gezogen werden, gutes und böses Verhalten unterscheidet." (Ebd. 397- 398).

Gegen die These, die Bedeutung der Moral in der modernen Gesellschaft nehme ab, argumentiert Luhmann, daß das Medium der Moral nicht nur auf der Ebene der Interaktion unter Anwesenden, sondern auch im Bereich der Kommunikation über Massenmedien - vor allem durch das Fernsehen, das "zu einer unübersehbaren Alltagsaktualität moralischer Kommunikation geführt" hat - verfügbar bleibt (ebd. 401). Jedoch besteht die Funktion der moralischen Kommunikation darin, nicht mehr "die Gesellschaft im Blick auf ihren bestmöglichen Zustand zu integrieren", sondern sie besteht in einer Art "Alarmierfunktion": Wo "dringende gesellschaftliche Probleme auffallen und man nicht sieht, wie sie mit den Mitteln der symbolisch generalisierten Kommunikationsmedien und in den entsprechenden Funktionssystemen gelöst werden könnten" (ebd. 404), erscheint die moralisierende Kommunikation. "Offenbar rekrutiert die Gesellschaft für gravierende Folgeprobleme ihrer eigenen Strukturen und vor allem ihrer Differenzierungsform moralische Kommunikation." (Ebd. 404). Jedoch ist ihr Code - die Polarisierung, die zwischen "gut" oder "böse" Sachverhalte

---

95  Hier muß hinzugefügt werden, daß Achtung für Luhmann keine Eigenschaft sondern eine Zuteilung darstellt: "Sie wird jeweils in sozialen Systemen erworben oder entzogen, gesteigert oder gemindert und hat daher zunächst nur systemrelative Relevanz." (Luhmann 1978: 47)

96  Werte sind für Luhmann "allgemein wertende Präferenzen, sie sind in vielen Funktionsbereichen binär schematisiert und können dann als 'Codes' bezeichnet werden". Als Beispiel dafür erwähnt Luhmann die Wissenschaft: "Für die Wissenschaft hat der Code wahr/unwahr den funktionalen Primat." (Vgl. Luhmann 1978: 12, in Luhmann und Pfürtner 1978: 8- 116).

einordnet - ohne klare Direktiven leicht aktualisierbar, aber ihre Kriterien (warum etwas "gut" oder "böse" sei) sind nicht mehr konsensfähig. So nimmt Moral für Luhmann polemogene[97] Züge an: Sie entsteht aus Konflikten und feuert Konflikte an. Luhmann zufolge gehören zu den wichtigsten Problemen, die heute moralisch geladene Aufmerksamkeit auf sich ziehen, Praktiken, bei denen die Trennung zwischen den Code-Werten ("gut"/"böse") und den Codierungen der symbolisch generalisierten Kommunikationsmedien "sabotiert" wird, d. h., wo sich die moralische Kommunikation mit der neutralen oder informativen Kommunikation mischt:[98] Dies ergibt sich vor allem da, wo die binäre Codierung gut/böse unwahrscheinlicher ist, was eine Korrelation mit der "Wahrscheinlichkeit der Sabotage" aufweist. Beispiele dafür seien das Unterlaufen der Recht/Unrecht-Unterscheidung durch Korruption, entsprechende Phänomene im Bereich der Parteipolitik (Watergate), das Benutzen von Insider-Wissen bei Börsengesellschaften und die Praxis des Doping im Leistungssport (ebd. 404).

"In all diesen Fällen wird das Problem durch die Berichterstattung der Massenmedien in Skandale transformiert und damit moralisch aufgewertet. Andererseits führt die Verbreitung dieser Phänomene (die Skandale leben davon, daß andere Fälle nicht entdeckt werden) zu praktischer Ratlosigkeit. Aus der Entrüstung, die leicht zu erregen ist, folgt noch nicht, was praktisch wirksam zu tun ist." (Ebd. 405).

Jenseits von Anwesenheit und Funktion der Moral in modernen Gesellschaften ergeben sich folgende Problemstellungen: Was die Mechanismen der moralischen Kommunikation betrifft, neigt die Moralisierung in der Argumentation Luhmanns zur "Generalisierung des Konfliktstoffs" und gleichzeitig tendiert sie auch dazu, auf personale Identität bezogen zu werden (vgl. Luhmann 1978: 55).

---

97  Polemologie, die: Konflikt-, Kriegsforschung. (Duden Fremdwörterbuch, Dudenverlag, Mannheim, Wien, Zürich, 1982).

98  Diese Vermischung wird von Luhmann als "Moral mit Annahmezwang" bezeichnet, vgl. Kap. VI.5.

Für ihre Studie der Gattungen der moralischen Kommunikation beziehen sich Bergmann und Luckmann (1993) auf Luhmanns Definition von Moral und fügen diese ihrer Analyse hinzu. Da die moralische Kommunikation für sie eine "hochgradig differenzierte und vielgestaltige Weise des nach den übergreifenden Kriterien von 'gut' und 'böse' urteilenden Redens über Menschen und menschliches Handeln" ist (ebd. 11), besteht für die davon Betroffenen ständig die Gefahr, daß zwischen ihnen ein Streit entsteht. Diese Gefahr kann vermieden werden, indem der Sprecher Formen der *indirekten Kommunikation* verwendet, beispielsweise Anspielungen oder indem er über Dritte redet. Im Falle *ATC 24s* ist dieses Element deutlich feststellbar, da "die Korruption", zumindest die inländische, stark abstrahiert und wenig konkret dargestellt wird. So versucht *ATC 24* die Gefahr der Generalisierung des Konfliktes und den Bezug des Themas zu konkreten Personen zu vermeiden. Auch in diesem Fall verhält sich *Telenoche* andersartig, wie später dargestellt werden wird.

Die typische Struktur einer Nachricht, bei der es sich um eine Erzählung über die "Aktualität" handelt (vgl. Kap. III), ermöglicht im allgemeinen, die Kommunikation zu moralisieren:

> "Da in jeder 'gelungenen' Erzählung die 'Moral der Geschichte' eine Rolle spielt, leuchtet ein, daß auf der anderen Seite die Analyse moralischer Kommunikation an die Narrationsanalyse grenzt. 'Where, in any account of reality, narrativity is present, we can be sure that morality or a moral impulse is present, too'." (Bergmann und Luckmann 1993: 11).

Die journalistischen Berichte, anders als Meldungen aus dem Studio oder Wetterberichte, enthalten normalerweise eine "Story", deren Abfolge eine Moral vermittelt. Eine Moral ist bei *ATC 24* in den Berichterstattungen über Korruption im Ausland erkennbar - jedoch nicht wie dies normalerweise erwartet werden würde: Die Ausübung von Korruption wird nicht als verwerfliche bzw. "böse" Vorgehensweise eingestuft, sondern der wegen Bestechung angeklagte Politiker agiert letzendlich als Kritiker seiner Kritiker. Das folgende Beispiel macht dies deutlich: Der Generalsekretär der NATO Willy Claes hält seine letzte Rede und die Abfolge des journalistischen Berichts vermittelt dem Zuschauer den Eindruck einer unfairen Anklage. Auf Argentinien bezogen wird jedoch anders moralisiert, was die Korruption betrifft: Nicht mit der Abfolge einer Erzählung kommt die moralische Kommunikation zustande, sondern mit der Autorität eines "ernsthaften" Sprechers - eines Regierungsbeamten -, die ritualisiert hervorgehoben wird.

Die moralische Bewertung des Themas Korruption in dessen direkter Thematisierung, von der *ATC 24* Gebrauch macht, hat die Auswirkung, daß die Kommunikation polarisiert wird: Moral heißt zwischen Gutem und Schlechtem unterscheiden und bewerten zu können, in diesem Fall zwischen "Verbrechern" und "Aufrichtigen". In diesem Rahmen der moralischen Kommunikation wird der Zuschauer dazu "gezwungen", sich mit einem der Pole zu identifizieren, was ihn normalerweise dazu "bewegt", sich für die "Guten" zu entscheiden. Jedoch bleibt dem Zuschauer die Identifizierung nur mit einer Seite, und zwar der der "Guten", der "gegen die Korruption Kämpfenden", möglich, da *ATC 24* im argentinischen Kontext die "Bestechlichen" nicht konkret thematisiert. Dies hat zur Folge, daß die Zuschauer sich mit den "Aufrichtigen" identifizieren "müssen", weil die "Korrupten" nicht beim Namen genannt werden. Jeder Zuschauer kann sich außerdem selbst dafür entscheiden, mit welcher konkreten Person die "Leerstelle des Bösewichts" ausgefüllt werden soll; sie können selbst festlegen, wer die konkreten "Verbrecher" sind. Dies gilt jedoch ausschließlich für die abstrakte Thematisierung der Korruption in Argentinien; die Thematisierung im Ausland hingegen läßt sich anders interpretieren: Die Korruption, die von konkreten Politikern verübt wird, muß nicht unbedingt dem Pol des "Bösen" zugeordnet werden.

## V.1.6. Die Korruption als unsichtbares Übel

Bereits an dieser Stelle der Analyse ist erkennbar, daß die Korruption bei *ATC 24* nicht *dargestellt*, sondern lediglich *thematisiert* wird. Als Element dieser Thematisierung wird die visuelle Ebene der Präsentation genutzt. Auffällig bei der Bilderanalyse der Sequenzen, innerhalb derer Regierungsbeamte sich zum Thema Korruption äußern, ist die hohe Ritualisierung des dargestellten "Settings", die sich ständig wiederholt: Typischerweise wird eine Rede des Präsidenten oder eines Ministers bei einer Konferenz präsentiert und symbolische Elemente wie die argentinische Flagge, ein Schild mit Namen und Land des Präsidenten, der Konferenztisch mit allen Mitgliedern und Flaggen im Hintergrund etc. sind in der bildlichen Darstellung zu sehen. Ein Ritual ist ein hoch strukturiertes Ereignis, das von gemeinsamen Symbolen Gebrauch macht und das sich immer wieder in einer ähnlichen, "verfestigten" Art und Weise wiederholt. Murray Edelman (1976: 5) bezeichnet "Verweisungssymbole" (Flagge, Präsident mit der Schärpe usw., die in den ritualisierten Bildern von *ATC 24* zu sehen sind) als "einfache Methode, um auf objektive Elemente in Gegenständen oder Situationen zu verweisen". Fahnen, Wappen, Siegel etc. sind "symbolische Formen, die Verständigung ermöglichen und die im weitesten Sinne politische Inhalte transportieren. Oft dienen sie dazu, gemeinsames Handeln zu gewährleisten, also einen Ordnungs- und Integrationseffekt zu erzielen." (In Käsler 1989: 319). Die durch moralische Kommunikation zu vermittelnde Ordnung von "Gutem" und "Bösem" wird durch die auf Verweisungssymbole basierte visuelle Gestaltung bei *ATC 24* unterstützt.

Ein Nutzen der Wiederholung ritualisierter Bilder ist außerdem, daß die vom Sender gewünschten Interpretationen der "Wirklichkeit" seitens des Publikums "gesichert" werden: Pryluck (1976: 178) weist darauf hin, daß Redundanz in der Kommunikation die Funktion hat, die Interpretation des Kommunizierten vor "Interpretations fehlern" zu schützen (*"error protection function"*), d. h. Redundanz sichert einen restringierten Rang von Interpretationen ab. Pryluck zeigt dies am Beispiel der Fernsehsendungen im allgemeinen:

> "The communication streams in children's shows and many television programs are redundant in the error-protection sense of including a large number of messages on the same point. In such shows the performances are exaggerated on numerous kinesic and linguistic levels. The villains are very villainous..." (Pryluck 1976: 194).

Auffällig ist außerdem die Tatsache, daß Präsident Menem bei einer Rede während einer Konferenz das Wort "Korruption" nennt und die Kameraeinstellung alle Staatspräsidenten von oben zeigt ("Vogelauge"), gemeinsam am Konferenztisch sitzend, als ob alle sich einig wären und Menem ihr Sprecher wäre. Die Korruption in Worten bleibt also bildlich als gemeinsames Problem eingerahmt.

Obwohl ausländische Korruptionsfälle in Worten konkreter beschrieben werden als die in bezug auf das Inland thematisierte Korruption, werden jene darüber hinaus nicht bildlich dargestellt. Hier sollten jedoch die technischen Probleme einer solchen Darstellung ins Auge gefaßt werden: Vor allem das visuelle Festhalten des Täters im Moment seiner Handlungen, die nur mit exakterer Information und versteckter Kamera möglich wäre, erweist sich als nahezu undurchführbar. Andererseits hat die Demonstration der Korruption in Bildern weitere Konsequenzen, die im folgenden Kapitel in Betracht gezogen werden (vgl. VI.3.). Was der Zuschauer über Korruption im Ausland zu sehen bekommt, sind somit in der Regel auch ritualisierte Bilder des Vortrages der angeklagten bzw. involvierten Politiker, Bilder vom Justizgebäude usw. Lediglich in einem Fall wird das Objekt der Kontroversen im Bild festgehalten: Dabei handelt es sich um das zu 'ausgesprochen niedrigen Preisen' gemietete Luxusappartment Jacques Chiracs (vgl. V.1.4.).

### V.1.7. Korruption oder Kriminalität?

Ein weiteres Element der Thematisierung der Korruption durch *ATC 24* wird bei der Analyse der Nachrichten deutlich, nämlich die Trennung des Begriffes der "Kriminalität" von dem der "Korruption" und, in weiteren Themenbereichen, der Versuch, dem Feld der "Kriminalität" eine bestimmte Konnotation zu verleihen. So wird über Verbrechen, die von politischen Repräsentanten in Argentinien begangen wurden, größtenteils nicht berichtet; dagegen werden entpolitisierte Kriminalfälle täglich ausführlich dargestellt. Drogenhandel, Diebstahl usw. verwandeln sich somit in Verbrechen mit einer "individuellen" Ursache, für die die betreffenden Individuen verantwortlich sind. Innerhalb dieser Art der Berichterstattung über Kriminalität stellen Polizeieinsätze bei kleinen Drogenhändlern das typische Thema eines Kriminalitätsberichts bei *ATC 24* dar. Diese Razzien lassen sich am besten inszenieren, da sie nicht überraschenderweise vorkommen, wie das bei einem Raub oder Mord der Fall wäre. Vielmehr kann die Polizei die Einsätze genau planen, wann diese durchgeführt werden und den Medien vor der für die Kriminellen überraschenden Aktion Bescheid geben. Diese Strategie wird von der staatlichen Sendung verwendet, um ein Bild der Polizei in der Öffentlichkeit durchzusetzen, das sie als zuverlässiges, effektives Staatsorgan zeigt.

Das Risiko, das die Polizei eingeht, um die "Verbrecher" zu bekämpfen, wird in der folgenden Einleitung zum Bericht auf typische Art und Weise hervorgehoben: "Die Bundespolizei [*policía federal*] führte einen spektakulären Einsatz auf der Insel Maciel, im Bezirk Avellaneda durch, in einem Stadtteil, das als 'Bronx des Docks' bekannt ist."[99] (11.10.1995, Bl. 1, Seg. 3). Die Assoziierung des Viertels mit der Bronx, dessen Ruf als äußerst gefährlich eingestuft wird, akzentuiert die Bedrohlichkeit der "Verbrecher".

---

99 "La policía federal realizó un espectacular operativo en la isla Maciel, en el partido de Avellaneda, en el barrio conocido como el Bronx del Docke."

So fängt der darauffolgende Bericht mit Bildern an, die die "verlassenen" und verfallenen Gebäude der Insel Maciel darstellen: Zuerst ist aus der Ferne ein Blockgebäude zu sehen, das aussicht, wie die Ruine eines nicht zu Ende gebauten Hochhauses: keine äußeren Wände sind vorhanden und die aufgehängte Wäsche ist überall zu sehen. Bewohner sind zunächst nicht sichtbar, was die gesamte Gegend als noch "bedrohlicher" und anonymer erscheinen läßt. Ein Off-Sprecher kündigt an, daß die Polizei simultan Einsätze an verschiedenen Stellen im Dock Sud durchführt. Sie "belagert eine Drogenhändlerorganisation, die Drogen für ein ausgedehntes Gebiet der Provinz vermarktet". Die Polizisten werden nun im Bild während ihres Einsatzes präsentiert, sie tragen Kampfuniformen, schwere Waffen, rennen durch die Flure des Gebäudes. Der Verlauf der polizeilichen Ermittlung zu diesem Fall wird - mit den Bildern des Einsatzes im Hintergrund - vom Kommissar Mario Naldi im Interview geschildert. Das Wohngebiet erscheint wie ein Labyrinth aus engen, dunklen Gassen mit verfallenen Wohnungen. Ritualisiert und exemplarisch wird die Festnahme der "Täter" oder "Verbrecher" gezeigt - in einer Art pädagogischen, moralisierenden Darstellung -, wodurch diese automatisch vorverurteilt werden. Dieser Bericht - der typisch für *ATC 24* innerhalb des Themenbereiches "Kriminalität" ist - schildert somit den vorbildlichen Einsatz der Polizei bis zur Festnahme der "Verbrecher", die "auf frischer Tat ertappt" werden. Die Festgenommenen werden deutlich als "Kriminelle" stigmatisiert - indem sie beispielsweise in Handschellen vorgeführt werden. Ihre Anonymität wird bei der Festnahme dadurch geschützt, daß ihre Gesichter mit Jacken verdeckt werden; trotzdem merkt der Zuschauer, daß es sich um sozial schwache Personen handelt, weil sie in einem Viertel mit einfachen, verwahrlosten Gebäuden festgenommen werden. Die Polizei dagegen wird als Autorität präsentiert: "Effektivität", "Professionalität" und "Aktivität", das Tragen von Uniformen und Waffen prägen deren Darstellung. Ein Kommissar oder ein Polizist wird typischerweise als Augenzeuge kurz interviewt, der mit "technischem" Wortschatz erzählt, wie die Operation verlief. Die "Verbrecher" hingegen werden niemals interviewt. Diese "Pädagogisierung" beinhaltet einen hohen Grad an Moralisierung: Bei ihrer Festnahme werden die "Kriminellen" beispielsweise weinend präsentiert;[100] die Polizei wird im Kontrast dazu als zufrieden mit dem Ergebnis dargestellt; die Polizisten sind "Helden", die wieder einmal Erfolg bei der Bekämpfung von Delikten hatten. So beispielsweise der Schlußsatz des oben erwähnten Berichtes, in welchem der Journalist Kommissar Jorge Deligia folgende Frage stellt: "Dieser Einsatz - kann er als höchst erfolgreich bezeichnet werden?", worauf der Kommissar antwortet: "Höchst erfolgreich". Das Auftreten dieser Berichte ist bei *ATC 24* in der Regel sehr häufig der Fall. Die politische Korruption hingegen wird niemals "kriminalisiert". Mögliche Verbrechen - vor allem in bezug auf Korruption -, die von Politikern begangen werden, werden von *ATC 24* gewöhnlich verschwiegen. Wenn Politiker der Regierung von kritischen Medien "kriminalisiert" werden, so folgen in der staatlichen Sendung normale, gewöhnliche Gespräche mit dem beschuldigten Politiker oder mit dessen Vertreter. So wird die politische Korruption bei *ATC 24* dämonisiert, aber nicht kriminalisiert: Kriminalität und Korruption sind in dieser Sendung Begriffe, die semiologisch keine Verbindung aufweisen.

Zusammengefaßt kann gelten, daß *ATC 24* durch die Thematisierung der politischen Korruption die Aufmerksamkeit des Zuschauers von der Korruption räumlich - auf das Ausland -, thematisch - auf Kriminalität im allgemeinen - und politisch bzw. theoretisch - auf die allgemeine Ebene "Probleme der Demokratie" - umleitet.

Eine Ebene der indirekten Thematisierung der Korruption bei *ATC 24* - d. h. ein bezug auf Korruption oder Korruptionsfälle, ohne daß dieses Wort oder seine Synonyme genannt werden - befindet sich außerdem innerhalb der Segmente, die zur Kategorie "Eliminierung des Verdachts" (vgl. IV.5.) gehören. Diese Segmente weisen die maximale Indirektheit, die in bezug auf Korruption in den analysierten Sendungen wahrzunehmen war, auf: Diese Nachrichten erfüllen die Funktion - als Echo der

---

100  Trotzdem sind diese Berichte nicht "dramatisch", der Ton der Berichterstattung ist eher "kalt" und "sachlich".

Korruptionsvorwürfe von regierungskritischen Sendungen -, diese Vorwürfe im öffentlichen Diskurs zu annullieren, zum Schweigen zu bringen und gleichzeitig das Image der Regierung und der zur Regierung gehörenden Politiker zu schützen und zu verbessern. So wäre der Bezug dieser Nachrichten zur Korruption bzw. zu Korruptionsvorwürfen seitens des Zuschauers nicht möglich, würde er keine anderen Informationsquellen als *ATC 24* verwenden.

### V.2. Telenoche 13

*Telenoche 13* thematisiert die politische Korruption in drei unterschiedlichen Formen: 1) als ein abstraktes, anwesendes Phänomen, wobei das Wort "Korruption" direkt genannt wird, 2) als ein Verhalten, nämlich als Mißachtung des Volksmandates seitens der Regierenden, welches Korruption impliziert - dies erfolgt vor allem in der Kontrastierung zwischen Armen und Reichen - und 3) als "Tatsache" in der neutralen, "rein technischen" Darstellung der wegen Korruption verurteilten individuellen Politiker.

#### V.2.1. "Die Korruption" beim Namen nennen?

Wenn in dieser Sendung von "Korruption" oder von "den Korrupten" die Rede ist, wird, wie bei *ATC 24*, kein präzise festlegbares, konkretes Verhalten in einen direkten Bezug dazu gebracht, sowie keine Namen der möglichen Handelnden. Eine Analyse ausschließlich derjenigen Segmente der Nachrichtensendung, die das Wort "Korruption" beinhalten, würde die politische Korruption als ein sehr abstraktes, doch spürbares Phänomen darstellen. Im Diskurs *Telenoches* besteht die Präsupposition - im Sinne Ducrots (vgl. IV.6.) -, daß "Korruption" oder "die Korrupten" existieren: Fragen der Moderatoren an ihre Interviewpartner, wie beispielsweise: "... im Regierungshaus, in den Machtkreisen, gibt es dort Bestechliche?"[101] weisen darauf hin. Jedoch werden "die Bestechlichen" nicht beim Namen genannt. Dies ähnelt dem umgangsprachlichen Gebrauch des Wortes "Bestechlicher", der eine bestimmte Funktion leistet, und zwar, daß man nicht mehr die "Korrupten" konkret zu nennen braucht:

> "So wie es im alltäglichen Sprachgebrauch 'den' Verbrecher, 'den' Mann oder 'den' Selbstlosen gibt, existiert 'der' Korrupte. Derartige Typisierungen zielen nicht auf bestimmte Personen, die jeweils unter angebbaren situativen Randbedingungen handeln, sondern totalisieren Individuen, machen sie zu 'Beispielen für etwas'." (Fleck und Kuzmics 1985: 8).

Im Interview mit Gustavo Béliz, der wegen Morddrohungen im Studio befragt wird, kommt die semiologische Opposition "ein Korrupter" gegenüber "einer ehrlichen Person" zustande: Die "Korrupten" sind somit unpersönlicher als die "Ehrlichen", die im Gegensatz dazu, als Personen aufgefaßt sind. Die dargestellte Verbindung dieser beiden Pole zeigt sich im folgenden Zitat: "Wenn ein Bestechlicher einer ehrlichen Person gegenüber tritt, fängt er an zu zittern"[102]. Die ehrliche Person erschreckt den Korrupten allein durch ihre Präsenz; eine "ehrliche Person" wird gleichzeitig im Interview mit "Transparenz" assoziiert und die "Bestechlichen" werden mit Begriffen wie "Dunkelheit", "verschlossene Politik" und "Machtkreise" verbunden. Wie bei *ATC 24* wird somit die Korruption, wenn sie wortwörtlich genannt wird, auch bei *Telenoche* unpersönlich dargestellt; in dieser Sendung wird sie allerdings mit der Regierung, wenn auch indirekt, assoziiert. Diese Assoziation erfolgt in der Verkettung des Diskurses. So werden im Laufe des Interviews mit Béliz unterschiedliche Termini, wie "Schlangennest", "Dunkelheit", "Schatten der Macht", "verschlossene

---

101  Frage des Moderators an den ehemaligen Innenminister und Bürgermeisterkandidaten Gustavo Béliz, der im Studio live interviewt wird. *Telenoche*, 12.10.1995 (Bl. 2 Seg. 10).

102  Dieser Satz wurde von Béliz geäußert und vom Moderator zweimal wiederholt, um eine Frage einzuleiten. Die semiologische Verbindung zwischen Korruption und Regierung ("Schatten der Macht", "Schlangennest") erfolgt indirekt, wird jedoch im Laufe des Interviews deutlich.

Politik" und "Machtkreise" zu einer semiologischen Kategorie verbunden, während in der entgegengesetzten semiologischen Gruppierung Termini wie "Transparenz", "weiße Schühchen"[103], "ehrliche Personen", eingeordnet werden. Trotzdem bleibt "die Korruption" bei *Telenoche* unpersönlich, dunkel und vage wie bei *ATC 24*.

Worte wie "die Korruption" werden darüber hinaus, genau wie bei *ATC 24*, auch bei *Telenoche* nur "*verschachtelt*" erwähnt, also als Teil eines anderen Themas in einer Nachricht oder eines Interviews im Studio, wie das Beispiel des Interviews mit Béliz im Zusammenhang mit den Morddrohungen, die er erhalten hatte, zeigt. Berichte, die sich ausschließlich mit "der Korruption" oder mit Korruptionsfällen auseinander setzen, sind bei *Telenoche* nicht vorhanden;[104] nichts Konkretes ist unmittelbar mit dem Begriff der "Korruption" zu assoziieren. Die Thematisierung der Korruption seitens der Regierungsbeamten, wie beispielsweise bei den Reden des Präsidenten in *ATC 24*, wird von *Telenoche* nicht als erwähnenswert betrachtet und nicht ausgestrahlt.

Im Rahmen des bereits zitierten Interviews mit dem Ex-Innenminister wird ein weiterer Kontrast deutlich: "Die Korrupten" agieren im Dunklen, als Gruppe; die "aufrichtigen Personen" hingegen kämpfen alleine und im Licht der Öffentlichkeit. Somit wird durch die Kommunikation eine *Moral* vermittelt, die heldenhafte Einzelkämpfer präsentiert. Diese bemühen sich darum, in einer moralisch im Verfall begriffenen Gesellschaft ihr bescheidenes Vorbild durchzusetzen. So findet auch bei

---

103 So lautet der Spitzname von Béliz, der auf seine "saubere", "transparente" Weise des Betreibens von Politik hindeuten soll, und der, in der Opposition zu Dreck und Schmutz, das Bild der Sauberkeit und Ernsthaftigkeit Béliz' ausdrückt.

104 Die einzige Ausnahme stellen drei Spezialberichte über die Ñoquis dar, die am Ende dieses Kapitels dargestellt werden.

*Telenoche* eine moralische Markierung des Themas Korruption statt: Die Opposition der "Guten" gegenüber den "Bösen" erscheint hier als der Kampf der "Ehrlichen" gegen die "Korrupten".[105]

Die im Diskurs überwiegend autorisierte "Informationsquelle" für das Thema Korruption, die der Regierung Vorwürfe macht oder Kritik übt, besteht nicht nur in der politischen Opposition der Parteien, sondern es handelt sich auch um Bürger, Demonstranten, Gewerkschafter etc. Da ihre Äußerungen direkt vermittelt werden, erhält die Opposition die Autorität im Diskurs. Visuell wird dieser Effekt durch Kamerawinkel, Inszenierung und Untertitel verstärkt. Gleichzeitig wird die Opposition als die wahre Vertretung des Volkes - als seine "Stimme" - präsentiert.

Über Korruption im Ausland wird in dieser Sendung ausgesprochen kurz und neutral berichtet, fast ausschließlich in Schlagzeilen. Die Handlungsträger werden nur mit ihrer offiziellen Funktion gekennzeichnet ("der Chef der Nato") und nicht beim Namen genannt - im Gegensatz zu *ATC 24*; die dazugehörigen Handlungen oder Anklagen werden ausdrücklich nicht beschrieben.

### V.2.2. Die "technizistische" Thematisierung der Korruption

Bei *Telenoche* ist eine besondere Kategorie von Segmenten der Korruptionsdarstellung zu finden: Ihr gehören sämtliche Segmente der Nachrichtensendung an, die mit juristischen Begriffen argumentieren und innerhalb derer auf ein korruptes Verhalten hingewiesen wird, obwohl diese Handlungen nicht direkt als "Korruption"

---

105 Telenoche strahlt regelmäßig einen Spezialbericht aus, der den Titel "Si ellos pueden..." ("Wenn sie es schaffen...") trägt. Hier werden unterschiedliche Personen - Drogesüchtige, Behinderte etc. - dargestellt, die mit einem existentiellen Problem zu kämpfen haben oder Personen, die auf ein bequemes Leben verzichtet haben, um anderen zu helfen. Die Berichte sind dramatisch und stark moralisch geprägt; die Individuen erscheinen als bescheidene und gewöhnliche Helden.

etikettiert werden: So werden Begriffe wie "illegale Bereicherung", "Amtsmißbrauch" etc. eingesetzt. Diese Technizismen verwendet *Telenoche*, wenn ein Fall schon in der Öffentlichkeit bekannt ist und die angeklagte Person juristisch verurteilt wird. Außerdem werden diese explizit dargestellten Beispiele der Korruption nicht als "Korruptionsfälle" thematisiert, sondern sie werden in andere Themen "verschachtelt"; solche Fälle verdienen keine ausführliche und tiefgründige Thematisierung als Nachricht.

Ein spezifisches Segment ist für diese Kategorie der "technischen Segmente" besonders bedeutend, da es *Telenoches* Definition von Korruption zum Ausdruck bringt: Die Korruption bezieht sich in diesem Sinne auf die Mißachtung des Volksmandats von Seiten der Regierungspolitiker. In der Einleitung zu diesem Bericht äußert sich der Journalist folgendermaßen: "Ab dem 10. September werden 24 neue Senatoren im Parlament antreten; einige von ihnen sind Ex-Gouverneure und ihnen wurde das Vertrauen entzogen, wie Eduardo Angeloz, gegen welchen gerade wegen illegaler Bereicherung ermittelt wird."[106] Der daraufhin gesendete Bericht listet eine Reihe von Politikern auf, die bereits an der Macht waren und die jetzt als Senatoren im Parlament antreten werden. Ihre Loyalität gegenüber dem Volk wird in Frage gestellt und der Zuschauer gewinnt den Eindruck, daß sie dessen ungeachtet an der Macht bleiben. Am Beispiel des ehemaligen Gouverneurs Angeloz wird hervorgehoben, daß "illegale Bereicherung" nur die letzte einer langen Liste von Anklagen ist. Über Ramon Saadi, einen weiteren Gouverneur außer Dienst und Mitglied der Regierungspartei, der jetzt als Senator antreten will, äußert ein Augenzeuge im Bericht das Folgende: "...das Volk von Catamarca [einer Provinz im Norden Argentiniens] hat sich bei den Wahlen gegen ihn entschieden, aber solche Politiker überhören die Stimme des Volkes und versuchen sich ihrem politischen Abstieg mit allen

---

106 "A partir del 10 de Diciembre se incorporan 24 nuevos Senadores al Congreso, alguno de ellos ex-Gobernadores cuestionados, como Eduardo Angeloz, que está siendo investigado por enriquecimiento ilícito." (*Telenoche*, 11.10.1995, Block 4, Segment 23, Einleitung des Moderators zum Bericht.)

Mitteln zu verweigern".[107] Die "Stimme des Volkes [das Volksmandat] zu überhören" ist eine implizite Definition von Korruption, die von *Telenoche* sehr stark suggeriert wird, wie später noch detailliert erläutert wird (vgl. unten in diesem Abschnitt). Der Bericht endet folgendermaßen: "Kurzum, das Vertrauen entzogen oder nicht, alle werden unter dem Dach des Senats einen Platz finden...". Ohnmacht und Parodie werden im Sprachstil und im Tonfall des Journalisten offenbar, als Zeichen der Geduld des Volkes, die langsam zu Ende geht.

Jene Politiker, gegen die seit längerer Zeit wegen Korruption ermittelt wird, konkret mit einem Namen zu versehen und eine Beschuldigung zu formulieren, erweist sich als eine weitere Strategie der Thematisierung der Korruption bei *Telenoche*. Dies erfolgt mittels einer "rein technischen" Sprache und wird in Berichten über Themen verschachtelt, die nicht unmittelbar die Korruption betreffen. Nicht nur Technizismen, sondern auch Euphemismen (vgl. Kap. VI.2. für die Definition der Euphemismen und VI.7. für Euphemismen bei *Telenoche*) sind bei *Telenoche* in bezug auf Korruptionsfälle festzustellen, was in den folgenden Beispielen erkennbar wird: "Nationalbank: *Fehler* in Verträgen mit Zulieferern werden von IBM zugegeben" (Schlagzeile, die in bezug auf einen schwerwiegenden Korruptionsfall bei IBM und der Nationalbank formuliert wurde); "[Ex-Gouverneur Antonio Saadi] muß in einem Verfahren wegen Fonds-*"Umleitung"* aussagen"; "Saadi: ein *unregelmäßiger* Dienstweg, um den Senat zu erreichen".[108]

---

107 "El pueblo de Catamarca le ha dicho que no en las urnas pero ellos, bueh, desoyen esos mandatos populares y buscan en su ocaso político tratar de perpetuarse de alguna manera...".

108 "Banco Nacion: IBM admite errores en la contratacion de proveedores" (*Telenoche*, 11.12.1995, Schlagzeile im Block 2); "[Saadi deberá] declarar en la causa por un desvio de fondos" (*Telenoche*, 21.12.1995, Block 2); "Saadi: tramite irregular para llegar al senado" (*Telenoche*, 13.12.1995, Block 1, Seg. 1).

### V.2.3. Die implizite Vermittlung der Korruption

Die politische Korruption in den Nachrichten darzustellen, erweist sich für die Massenmedien durchweg als problematisch: Für die regierungstreue Sendung (*ATC 24*) ist dies der Fall, weil die Bestechung nicht als Merkmal der Regierung angesehen werden darf, sondern beispielsweise als generelles "Problem der Demokratie" präsentiert werden muß. Dies stellt sich ebenso für die regierungskritische Sendung *Telenoche* als problematisch dar, weil sie eine "Formel" finden muß, um die Korruption darzustellen, mit der jedoch gleichzeitig die politischen, wirtschaftlichen und journalistischen Interessen des Medienunternehmens Canal 13 geschützt werden können. Auch der politische Kontext Argentiniens erlaubt es nicht, eine direkte, tiefgehende Kritik an der Regierung zu üben, ohne daß eine im schlimmsten Falle Lebensgefahr für die Journalisten besteht bzw. die Fortsetzung der Sendung in Frage gestellt wird (vgl. Kap. II.4.). Mit welchen Strategien geht nun *Telenoche* mit diesen Konflikten um? Eine Strategie der Sendung besteht darin, eine "technische" Darstellung der korrupten Politiker vorzunehmen, ohne das Wort "Korruption" zu formulieren, und diejenigen Politiker konkret beim Namen zu nennen, die von der Justiz bereits verurteilt werden bzw. wurden. Dies erfolgt jedoch auf "vorsichtige" Weise, durch einen "neutralen" Stil und indem diese "Fälle" in andere Nachrichtenthemen "verschachtelt" werden.

Die mit Abstand häufigste Strategie der "Darstellung" von Korruption *Telenoches* ist jedoch die Suggestion der *korrupten Verhaltensweisen* der regierenden Klasse in unterschiedlichen Formen, die sich alle unter die folgende Definition von Korruption einordnen lassen, nämlich von einer öffentlichen Funktion für private Zwecke zu profitieren und das Volksmandat deswegen zu überhören. Diese *implizite* Bedeutung, die *Telenoche* vermittelt, betrifft nicht nur einzelne Politiker und Regierungssympathisanten - sowohl auf nationaler als auch auf provinzialer Ebene -, sondern auch die regierende Klasse als Gesamtheit im allgemeinen. Diese Art der Thematisierung der Korruption bei *Telenoche* wird im folgenden erläutert.

Ein klassisches Problem der Demokratien - dessen Ausmaß durch die Modernität noch verschlimmert wurde - entsteht aufgrund der Tatsache, daß die Bürger die politische Macht auf ihre Repräsentanten und die Bürokratie übertragen müssen; die Delegierung der Macht oder Machtübertragung steht im Zentrum der Konflikte der demokratischen Systeme. Wenn ein Bürger eine öffentliche Funktion übernimmt, bekommt er ein "Volksmandat" als Auftrag, dessen Grundidee ist, das Wohlergehen des Volkes anzustreben (vgl. Bourdieu 1989). Korruptes Verhalten besteht in diesem Falle darin, daß nicht nur Beamte diese Aufgaben nicht erfüllen, sondern daß sie, indem sie ihren eigenen Vorteil anstreben, das Wohlergehen des Volkes mißachten. Hier handelt es sich bei *Telenoche* um eine umfassende Definition von politischer Korruption, die ein verallgemeinertes Verhalten der Regierung beschreibt, das in bezug auf die Interessen und Leiden der Bürger unempfindlich ist, wie diese Sendung argumentiert. Diese Konnotation von Korruption, die in den Nachrichten dieser Sendung generell zu deuten ist, wird sogar in einem Bericht über eine Demonstration von einem Gewerkschafter wortwörtlich formuliert: "Keine Übermacht für den, der das Volksmandat verraten hat, indem er die größte Korruption verursacht hat, die ein Präsident bewirken kann, weil er nachgegeben und das Volksmandat verraten hat!"[109] Wie vermittelt *Telenoche* diese Idee der Mißachtung des Volksmandats in einer für die Journalisten bedrohlichen politischen Lage, in welcher die Demokratie eher über formelle als über substantielle Merkmale (vgl. Kap. II.) verfügt? *Telenoche* als regierungskritische Nachrichtensendung muß in einem besonders schwierigen politischen, sozialen und wirtschaftlichen Kontext Bedeutungen zum Ausdruck bringen, die ihre Glaubwürdigkeit dem Publikum gegenüber erhalten, ohne daß die Sendung eine direkte Konfrontation mit der Regierung riskiert. Diese Sendung muß außerdem

---

109 "Superpoderes no, para quien ha traicionado el mandato popular generando la corrupcion mas grande que un presidente puede hacer, que es el romperse, tergiversando el madato popular!" (Gewerkschafter Víctor de Genaro, vom "Congreso de Trabajadores Argentinos", Telenoche, 20.11.1995, Block 1, Seg.1).

andere Faktoren, wie den Ruf bestimmter Informanten, wirtschaftliche Interessen usw. in ihren Berichterstattungen berücksichtigen, da der Sender zu einem der mächtigsten Medienoligopole Argentiniens gehört.

*Telenoche* erreicht eine "Lösung" dieses Konfliktes dadurch, daß sie die Präsenz von Korruption in der Regierung deutlich *suggeriert*. Dies wird erreicht, indem *Telenoche* ständig implizierte Bedeutungen durch explizite Äußerungen zum Ausdruck bringt.

Obwohl der Begriff der Implikation noch äußerst umstritten und wenig entwickelt ist, kann eine allgemeine Theorie der Implikationen von Nutzen sein, wie beispielsweise jene von Ducrot (1982), die in Kapitel IV erläutert wurde. Etwas im Diskurs zu implizieren, hat laut Ducrot einen doppelten Nutzen: Zum einen soll etwas ausgedrückt werden, ohne daß das Risiko eingegangen wird, verantwortlich für die Äußerung gemacht zu werden. Zum anderen ermöglicht die Implikation die Vermittlung einer Idee, jedoch mit der Möglichkeit, daß man sie eventuellen Einwänden entziehen kann (vgl. auch Maingueneau 1976: 135).

*Telenoche* suggeriert, daß die Regierung die Gelder und das Mandat des Volkes zu ihrem eigenen Nutzen verwendet, was impliziert, daß sie korrupt sei - wenn die allgemeine Definition von Korruption als Profitieren von einer öffentlichen Stelle für privaten Nutzen unterstellt wird. Zu den diskursiven Strategien - die auf der Ebene der einzelnen Äußerung oder des gesamten Textes festzustellen sind - im zweiten Falle sind beispielsweise starke Kontraste zwischen Regierenden und Regierten, Dramatisierungen oder rhetorische Figuren wie Wiederholungen, Aufzählungen oder Warnungen zu zählen, die die impliziten Bedeutungen zum Ausdruck bringen, welche die Sendung zu vermitteln wünscht. Die Strategien *Telenoches*, mit denen die Existenz der Korruption in Argentinien suggeriert wird, finden somit auf zwei Ebenen statt: einmal auf der Ebene des Satzes - wobei hier von *sous entendu* die Rede sein kann - und zum zweiten jenseits des Satzes, auf der Ebene des Textes als Ganzheit (bzw. der gesamten Sendung).

*Telenoche* macht von den *sous entendus* auf der *Ebene des Satzes* ständig Gebrauch, um die Korruption indirekt zu thematisieren: Die Sendung spielt insofern mit dem Kontextwissen, über das die Zuschauer verfügen. Diese Äußerungen werden zum größten Teil über Präsentationen von Aussagen der Bürger direkt übermittelt - vor allem, wenn Empörung oder Wut dargestellt werden sollen - aber auch von *Telenoche* direkt formuliert - wenn es darum geht, eine dramatische Situation zu präsentieren. Die Einzeläußerungen, die Indizien der Anwesenheit der Korruption der regierenden Klasse ausdrücken, können in vier Kategorien - nach ihrer impliziten Bedeutung - eingeordnet werden. Die Beispiele werden hier, wenn nötig, im Kontext dargestellt, d. h. es wird mehr als nur ein Satz zitiert, so daß die implizierte Bedeutung verständlich wird. Der Satz, der den *sous entendu* ausdrückt, wird kursiv hervorgehoben. Folgende implizite Bedeutungen sollen ausdrückt werden:

O Die Existenz einer den Regierten gegenüber *unempfindlichen regierenden Klasse* wird in folgenden Beispielen bei *Telenoche* deutlich:

"Die Krise und die soziale Spannung in der Provinz tendieren zu einer Verschärfung, die Gerüchte über mögliche Kürzungen erreichen die Öffentlichkeit, *während die Provinzialregierung keine klaren Zeichen darüber gibt, wie und wann sie in Kraft treten werden*"[110]; "*die unerhörte Strenge der Justiz, der Mangel an Wohnungen für die Armen...*"[111]; "*zwei wehrlose Rentnerinnen wurden von den Besessenen der Polizei geprügelt!*"[112]; "*...wir haben viele Dinge gegen uns, wie zum Beispiel den Gouverneur, den Richter, die - ich weiß nicht warum - uns nicht*

---

110 "La crisis y la tensión social en la provincia tienden a agudizarse, los rumores sobre un probable ajuste van ganando la calle mientras el gobierno provincial no da señales claras sobre cómo y cuándo va a comenzar a aplicarse." Bericht *Telenoches* über Zwischenfälle in Cipolleti, Prov. Río Negro, 11.10.1995, Block 1., Seg. 1.)

111 "La severidad inaudita de la Justicia, la falta de vivienda para los pobres..." Bericht *Telenoches* über eine Obdachlosensiedlung in Quilmes, Provinz Buenos Aires (11.10.1995, Bl. 1, Seg.2).

112 "...dos jubiladas indefensas han sido golpeadas por los energúmenos de la policia!" Augenzeuge bei einer Demonstration (12.10.1995, Bl. 1, Seg. 2).

*helfen wollen...*"[113]; "*...den Gouverneur Massaccessi findet man nirgendwo, außer bei einer Hochzeit* [von Amira Yoma]. "So haben wir also ein Treffen gehabt, aber Lösungen gibt es nicht; *das einzige ist die Drohung mit Kürzungen...*"[114]; "sie [die Regierenden] haben versucht, alle mit diesem Zirkus abzulenken; *wir haben kein Brot mehr*"[115]; "Warum wir gekommen sind? *Weil diese Regierung uns das Messer an die Kehle setzt*"[116]; "*...denn wenn sie dafür Geld haben, daß die Polizei uns verprügelt*, muß es auch Geld geben, daß die Rentner die Rente bekommen! Man kann so nicht mehr leben!"[117]

○ Eine *Gleichwertigkeit der Armen, Arbeitenden mit den Regierenden* und eine *Entkriminalisierung bzw. Entstigmatisierung der Armen, "Schutzlosen"* (los "desprotegidos") wird in den folgenden Äußerungen impliziert:

"... das heißt, mit *Würde* kämpfen. Wir werden wie Räuber behandelt, wie Diebe; *ich bin arm und arm sein heißt: ich wurde arm geboren und werde arm sterben und ich bin deswegen nicht eine Diebin*"[118]; "...eine Frage, die wir auch den Rich

---

113 "...en contra tenemos varias cosas: por ejemplo gobernador, juez, que... yo no se por qué no nos quieren ayudar". Augenzeuge, Obdachlosensiedlung (12.10.1995, Bl. 2, Seg. 11).

114 "...al gobernador Massacessi no se lo encuentra en ningun lado, salvo en un casamiento, asi que hemos tenido una reunion... pero soluciones no hay, lo unico es la amenaza del ajuste". Gewerkschafter bei einer Demonstration (16.10.1995, Bl. 4, Seg. 19).

115 "...han querido distraer a todo en mundo con el circo, nosotros ya no tenemos pan". Anspielung eines Gewerkschaftlers mit Hilfe des Spruches 'Brot und Spiele' bei einer Demonstration (18.10.1995, Bl. 1, Seg. 2).

116 "Por que vinimos? Porque este gobierno nos esta poniendo la soga al cuello". Demonstrant, (20.11.1995, Bl. 1, Seg 2).

117 "...porque si tienen plata para pagarle a la policia para que nos apalee, tiene que haber plata para que cobren los jubilados! No se puede vivir mas!". Demonstrant (18.10.1995, Bl. 2, Seg. 15).

118 "...o sea luchar dignamente, porque nos tratan de usurpadores, de chorros, y yo creo que no me considero una chorra por ser pobre; yo soy pobre y ser pobre -nací pobre y voy a morir pobre y no por eso soy chorra." Obdachlose in einer "illegalen" Siedlung in Quilmes

tern, den Gouverneuren, den Präsidenten stellen müssen; eine Frage, die - glaube ich - die Frage ist, die wir uns alle stellen: *Wer hat bei Gott das Land gekauft?* "[119]

O *Kriminalisierung und Stigmatisierung der Regierenden* kommen in diesen Äußerungen implizit zur Geltung:

"*Diebe!*", "*Passen Sie auf Ihre Taschen auf, Rousselot läuft frei herum*" "*die Geier sind auf der Lauer*";[120] "*...die Länder kommen voran, wenn alle zusammen arbeiten, Schulter an Schulter, nicht mit einer Gruppe Diebe und der Rest arbeitet!*";[121] "*Erpresserische Entführung* oder eine Streiterei eines erbosten Liebespaares? Zwei Jahre danach wird die Justiz versuchen, die Geschichte zu klären, die die *Ingredienzen von Sex, Macht, Politik und Geld* beinhaltet; eine Geschichte, die den Gouverneur dieser Provinz, Antonio Rodriguez Saa, seine Liebhaberin, die schöne Psychologin Esther Sesin und Alejandro Salgado, einen Kaufmann, auch Liebhaber der Sesin, zum Hauptdarsteller hat."[122]

---

(11.10.1995, Bl. 3, Seg. 17).

119   "...una pregunta que tambien se la tenemos que hacer a los jueces, a los Gobernadores, a los presidentes, una pregunta que creo que es la pregunta que todos nos estamos haciendo: quien le compro la tierra a Dios?" Adolfo Pèrez Esquivel, Nobel-preisträger, in bezug auf die Obdachlosensiedlung in Quilmes (11.10.1995, Bl. 1, Seg. 2).

120   "Ladrones!"; weitere Beschimpfungen; "cuiden los bolsillos, Rousselot anda suelto" "los buitres vuelven al acecho". Demonstranten in bezug auf den Bürgermeister von Morón, Provinz Buenos Aires, gegen welchen Korruptionsvorwürfe erhoben werden (20.10.1995, Bl. 1, Seg. 4).

121   "...los paises se salen adelante trabajando todos, hombro a hombro, no con un grupo de ladrones y el resto trabajando!", Demonstrant über Steuerinspekteure (20.10.1995, Bl. 1, Seg. 2).

122   "Secuestro extorsivo o rencilla entre amantes despechados por traicionados? Dos años despues la Justicia tratará de echar luz sobre esta historia, que tiene ingredientes de sexo, poder, política y dinero, que tiene como protagonista al principal gobernador de esta provincia, Antonio Rodriguez Saa, a su amante, la bella sicóloga Esther Sesin y a Alejandro Salgado, un comerciante también amante de la Sesin", Bericht über den gerichtlichen Prozeß wegen der Entführung von Rodríguez Saa (18.10.1995, Bl. 2, Seg 12).

O Durch nachfolgende Äußerungen wird *Rebellionsstimmung* vermittelt und darauf hingewiesen, daß die *Bürger die eigentlichen Machthaber und Machtüberträger* sind:

"*Aufpassen*! Der Hunger ist der schlechteste Berater! *Herr Präsident, die Herren Abgeordneten, Herr Minister*"[123]; "*Mal sehen, mal sehen, wer den Ton angibt*!;[124] "*...dies ist die Regierung, die das Volk gewählt hat*";[125] "*Das vereinte Volk wird niemals besiegt werden*".[126] Es wird betont, daß gerade die Leute, die unter dieser Regierung leiden, ihr die Macht gaben, sie also wählten und jetzt im Stich gelassen werden: "Hier sind viele Leute, die Duhalde [Gouverneur der Provinz Buenos Aires] gewählt haben und heute wird uns klar *welchem Gouverneur wir an die Macht verholfen haben*, der unempfindlich gegenüber der sozialen Situation ist, in der wir heute leben".[127]

Die erwähnten impliziten Bedeutungen erfolgen nicht nur als *sous entendu*, sondern sie kommen auch in der Verkettung der Äußerungen innerhalb des Diskurses zum Ausdruck. Außerdem wurden für jede oben erläuterte Kategorie der implizierten Bedeutungen Beispiele angeführt, die auch anderen Kategorien entsprechen könnten, d. h., die mehrere Bedeutungen gleichzeitig zum Ausdruck bringen, wie beispielsweise "Rebellionsstimmung" *und* "Unempfindlichkeit der Regierenden".

---

123 "...ojo, que el hambre es mala consejera! Señor Presidente, Señores Diputados, Señor Ministro...", Demonstrantin bei einem Rentnerprotest (11.10.1995, Bl. 2, Seg. 12).

124 "A ver, a ver, quien dirige la batuta!", wird oft in Berichten über Proteste als Gesang der Demonstranten präsentiert.

125 "Este es el gobierno que eligio el pueblo" im Reuetonfall, von Demonstranten oft geäußert.

126 "El pueblo unido jamas sera vencido!", häufiger Gesang von Demonstranten.

127 "...aca hay mucha gente que lo hemos votado a Duhalde y hoy nos estamos dando cuenta de qué gobernador pusimos, de que no es sensible frente a la situación social que estamos viviendo" Quilmes, 11.10.1995 Bl 3. Seg. 17.

Es werden außerdem ironische Effekte mit Hilfe von musikalischen oder visuellen Elementen und "ernsthaften" Äußerungen realisiert, die die Präsenz der Korruption suggerieren;[128] auch Personalisierungen mit "Spitznamen", wie beispielsweise "Maffiacessi" statt Massaccesi (ehemaliger Gouverneur der Provinz Río Negro) werden, wenn auch selten, bei *Telenoche* verwendet, um die Existenz der Korruption zu implizieren. Andererseits sind diskursive Strategien wie Anspielungen oder Warnungen, die in den Beispielen schon erwähnt wurden, bei *Telenoche* als Indizien der Korruption zu beobachten. Es handelt sich darüber hinaus bei diesen Äußerungen um *generalisierende Vorwürfe* ("die Regierung", "die Richter", "Diebe!" etc.) gegen die Regierenden, die in der Regel von wütenden Demonstranten geäußert werden und die normalerweise in keiner Verbindung mit konkreten Namen von Politikern bzw. Beamten erhoben werden. Die stärksten Vorwürfe werden von Demonstranten geäußert und nicht von *Telenoche* selbst, die diese Äußerungen eher in eine dramatisierte bildliche Darstellung einrahmt, jedoch einen vielmehr neutralen, technischen Diskurs führt. Wenn der Diskurs *Telenoches* in den Protesten einen dramatischen Tonfall verwendet, wird dies mit Argumenten begründet, was einen Unterschied zu den Äußerungen der Demonstranten darstellt.

Auch diskursive Strategien *auf der Ebene des gesamten Textes* - bezogen auf die Sendung als Gesamtheit - werden von *Telenoche* eingeführt, um die Präsenz der Korruption in Argentinien zu implizieren. Die am häufigsten verwendete Strategie ist die *Kontrastierung*, die beispielsweise in der Darstellung der folgenden Gegensätze zum Ausdruck kommt: Armut der Leute - luxuriöser Lebenstil der Regierenden; Erwartungen an die Regierenden - Enttäuschungen der Bürger; Pflichten der Beamten - deren mangelndes Pflichtbewußtsein; arbeitende arme Menschen - faule Politiker oder Beamte; Aussichtslosigkeit der Situation der Armen - Unempfindlichkeit der Regierung diesbezüglich. So wird beispielsweise innerhalb einer Sendung die Lebens-

---

128 In einem Bericht wird beispielsweise über den "ehrenwerten" Stadtrat gesprochen und das Wort "ehrenwert" wird in Tonfall und Bild relativiert und ironisiert: Der Bericht zeigt das Rathaus plötzlich schräg im Bild (Bericht über "Ñoquis", 24.11.1995).

situation in einer Siedlung von Obdachslosen in der Provinz Buenos Aires ("Asentamiento de Bernal") am Muttertag hoch dramatisch dargestellt; demfolgend wird Präsident Menem beim Golfspielen gezeigt, während er äußert: "...sie werden uns nicht dazu zwingen, die Richtung [politisch-wirtschaftlich] zu ändern" ["no nos harán cambiar el rumbo"]. Besondere Berichte wie "Si ellos pueden..." ["Wenn sie es schaffen...", (vgl. 5.2.1.)] zählen zu diesen Kontrastierungen, wie auch Nachrichten, die beispielweise darüber berichten, daß ein Taxifahrer eine in seinem Auto vergessene Tasche mit 110.000 Dollar an ihren Besitzer zurückgab (28.11.1995, Bl. 4, Seg. 25). Der Kontrast befindet sich in diesen Fällen nicht innerhalb eines Satzes oder Berichtes, sondern zwischen den einzelnen Nachrichten, die präsentiert werden. Das luxuriöse Leben von regierungsnahen Persönlichkeiten wird im Detail in verschiedenen Berichten geschildert und in anderen wird über die absolute Armut und Hilflosigkeit von Leuten berichtet, die selbst betonen, die gegenwärtige Regierung gewählt zu haben.

Teil dieser Kontrastierungen sind außerdem Sequenzen innerhalb der Berichte über unterschiedliche Regierende oder Regierungssympathisanten, innerhalb derer die dargestellte Person parodiert wird. Der Kontrast erfolgt, indem die Regierenden als Individuen mit humoristischen Zügen dargestellt werden, während - in anderen Berichten - die Armen zu leidenden Personen in einer dramatischen Situation stilisiert werden. Die humoristischen Elemente werden innerhalb einer kurzen Sequenz im Rahmen eines ansonsten "gewöhnlichen" Berichts hinzugefügt. Einerseits sind ironische Äußerungen festzustellen, wie die folgende Sequenz deutlich macht: "Fast die Hälfte der Porteños[129] hat ein negatives Bild vom *ehrenwerten* Stadtrat."[130] Dies wird in der ersten Äußerung eines Berichtes über Ñoquis[131] (vgl. Kap. V.2.7.) ge-

---

129 Die Hauptstadt Buenos Aires mit ihrem Hafen (*puerto*) verleiht deren Bürgern den Namen "Porteños".

130 "Casi la mitad de los porteños tiene una imagen negativa del *honorable* Concejo Deliberante." (Telenoche, 27.11.1995, erster Bericht über Ñoquis).

131 Ñoqui ist die Bezeichnung für eine Person, die über ein Amt verfügt, jedoch diese Position nur zum Schein innehat und Bezüge erhält, ohne dafür zu arbeiten (vgl. Kap. V.2.7.).

äußert. Im Tonfall des Journalisten wird das Wort "ehrenwert" mit einer ironischen Nuance versehen. Im Bild ist das Gebäude des Stadtrats - das Rathaus - zu sehen, mit dessen hohem "herausragenden" Turm mit Kuppel im Kontrast zum blauen Himmel im Hintergrund; wenn das Wort "ehrenwert" zu hören ist, wird das Gebäude plötzlich schräg, nach rechts geneigt, im Bild präsentiert. Die bildliche Darstellung unterstützt somit den sprachlichen ironischen Akt.

Weitere humoristische Sequenzen sind in *Telenoche* mit Bezug auf die Regierenden oder Regierungssympathisanten präsent. In einem Fall wird über die Hochzeit von Amira Yoma berichtet. Yoma ist die Schwägerin des Präsidenten, die als persönliche Protokoll- und Audienzsekretärin Menems arbeitete und gegen die wegen Drogengeld-Schmuggels und Geldwäscherei gerichtlich prozessiert wurde - und die nach langen, sehr umstrittenen Gerichtsverfahren unschuldig gesprochen wurde. Jetzt heiratet sie einen Journalisten: Chacho Marchetti; in unterschiedlichen Berichten werden die Vorbereitungen der Hochzeitsparty dargestellt, die das luxuriöse Leben von Amira Yoma hervorheben. Außerdem wird darüber berichtet, wie die Polizei die Straße, auf der sich das Festgebäude - eine Villa im Besitz des Bruders Karim Yoma - befindet, von Autos frei zu räumen versucht. Die Nachbarn beklagen sich in der Sendung *Telenoche* und werten die Person Amira Yoma ab. Am Tag der Hochzeit strahlt diese regierungskritische Sendung den entsprechenden Bericht aus. Eröffnet wird der Bericht, nach einer Einführung des Moderatoren im Studio, mit dem lachenden Gesicht "Amiras" in Großaufnahme. Amira gibt zum Besten: "Wenn Chacho seine Meinung nicht geändert hat.." und plötzlich ist die Sequenz einer anderen Sendung zu sehen: Der Moderator einer Sendung, in welcher Singles "verkuppelt" werden sollen, zelebriert: "Ein Pärchen ist entstanden!" [se ha formado una pareja!]. Dieser Moderator gilt mit seiner Fernsehsendung "La Tarde de Galan" in Argentinien als der Inbegriff des Lächerlichen, weil sein Stil sehr künstlich und übertrieben ist. Die Bildeinstellung präsentiert kurz darauf wieder das vor Freude lachende Gesicht Amiras. An dieser Stelle wird ein romantischer Bolero eingespielt, der bis zum Ende des Berichtes zu hören ist und der ganzen Berichterstattung ein lustiges, einheitliches

Ambiente verleiht. Es wird darüber berichtet, daß Amira und Chacho ausgesprochen luxuriöse Geschenke erhalten, daß der Präsident Trauzeuge der Hochzeit ist, daß Minister an der Zeremonie teilnehmen und dies wird in Bildern bestätigt. Sprachlich wird die Nachricht - diese komische Sequenz ausgenommen - zwischen ernst und "sehr" formell im Tonfall präsentiert, wobei die Erzählung auf der Ebene der Bilder unterstützt wird. Insgesamt bekommt der Zuschauer ein bagatellisiertes Bild von Amira und ihrem Milieu, dem auch Regierungsbeamte der höheren Hierarchien, wie der Präsident selbst, Regierungsminister, Staatssekretäre usw. angehören.

Eine weitere humoristische Sequenz erscheint in der Berichterstattung über das "Verschwinden" von zwei ehemaligen Gouverneuren, die jetzt zu Senatoren ernannt werden sollen. Da beide von der Justiz wegen Korruption verfolgt werden, "verschwinden" sie aus der Öffentlichkeit, bis ihre juristische Immunität als Senatoren in Kraft gesetzt wird. *Telenoche* berichtet jeden Tag ausführlich und in einem empörten Tonfall über diese Fälle über neun Tage hinweg, mehrmals an jedem Tag. In dieser Zeitperiode sind folgende humoristische Elemente den Berichten hinzugefügt: Am vierten Tag des "Verschwindens" der Gouverneure wird sehr kurz am Anfang des Berichtes in bezug auf einen von beiden, Saadi - ein ehemaliger Gouverneur der Provinz Salta, der der Regierungspartei angehört - der Titel "EL FUGITIVO" (der Flüchtige) wie in einem Science- Fiction-Film präsentiert. Die Buchstaben dieser "Schlagzeile" sind metalgrau und auf dunklem Hintergrund zu erkennen. Daraufhin folgt eine ausgesprochen kurze Sequenz (wenige Sekunden lang), in der in drei aufeinander folgenden Kurzszenen ein Mann auf der Flucht zu sehen ist: Einmal wird er mit dunkler Jacke und Mütze präsentiert, in dem Moment, in dem er über ein Treppengeländer springt; in einer weiteren Szene flieht er - hier wird deutlich, daß es sich bei dem Mann um den Schauspieler Harrison Ford handelt - vor jemandem, auf einem U-Bahn-Steig, und das dritte Mal ist er ganz alleine im Halbdunkel einer Kanalisation auf der Flucht zu sehen. Darauf folgt ein journalistischer Bericht über die Situation und den möglichen Verbleib Saadis. Hier wird noch einmal die Figur des ehemaligen Gouverneurs durch eine blitzlichtartig eingespielte humoristische Sequenz abgewertet. (Telenoche, 14.12.1995).

Mittlerweile ist Masaccessi, der zweite aus der Öffentlichkeit "verschwundene" ehemalige Gouverneur, wieder "aufgetaucht". Der Moderator leitet den Bericht ein und als erstes sind Trommeln zu hören - wie im Zirkus oder im Theater - und die geschlossenen Türen eines Aufzugs, die sich langsam öffnen, sind zu sehen; ein Off-Sprecher "präsentiert" ihn folgendermaßen: "Meine Damen und Herren! Der Senator Horacio Masaccessi!"[132]. In Zeitlupe sind auf dem Bildschirm Masaccessi und andere Personen im Aufzug zu sehen, in dem Moment, in dem sich die Türen öffnen und Masaccessi lachend zu sehen ist. Der Bericht wird in einem ernsten Tonfall fortgesetzt.

Im Rahmen der gleichen Nachricht wird die Situation von Ramón Saadi thematisiert. Plötzlich ist eine "himmlische" Musik - ein Gesang, der dem eines Engelschors gleicht - zu hören; die Bildeinstellung zeigt das mächtige Haupt der nordamerikanischen Freiheitsstatue bei Nacht, aus der Perspektive eines Helikopters aufgezeichnet. Eine Stimme ist zu hören: "Wird David Copperfield, dem gelungen ist, die Freiheitsstatue verschwinden zu lassen, den Ex-Gouverneur Saadi wieder auftauchen lassen können?" David Copperfield wird im Vordergrund präsentiert, hinter ihm ist die Statue erkennbar und ein riesiger blauer Vorhang, der sie von unten nach oben langsam verhüllt. Dieser erreicht den höchsten Punkt und der Film wird nun rückwärts eingespielt, so daß der Vorhang wieder nach unten gezogen wird - nun erscheint das "riesige" lächelnde und lächerliche Gesicht Saadis im Bild. Eine Stimme verkündet: "Er [David Coppefield] hat 48 Stunden, um diese historische Herausforderung zu erfüllen. Am Montag erzählen wir Ihnen, ob er es geschafft hat."[133]

---

132 "Señoras y señores! Con ustedes, el Senador Nacional Horacio Masaccessi!"

133 [David Copperfield] Tiene 48 horas para resolver este histórico desafío. El lunes se lo contamos.

Die vermittelte Definition der Korruption *Telenoches* als die 'Mißachtung des Volksmandats', die in den *sous entendus* und Kontrastierungen in diesen Berichten zumeist implizit vorhanden ist, entspricht einer Konnotation des Alltagssprachgebrauchs des Begriffes, nämlich, daß Ideologien, Weltanschauungen und Religionen im allgemeinen korrupt werden können (vgl. Fleck und Kuzmics (Hrsg.) 1985: 11). In der Fachliteratur ist jedoch eine genauere Definition der Korruption zu finden, die aus der von Fleck und Kuzmics entwickelten Typologie der unterschiedlichen Kriterien, nach denen die Korruption definiert werden kann, entsteht. Dieser Typus der Korruption entspricht jener impliziten Definition von *Telenoche*:

"Eine korrupte Handlung verletzt die Verantwortlichkeit gegenüber mindestens einem System öffentlicher oder bürgerlicher Ordnung und ist in der Tat mit einem jeden solchen System unvereinbar bzw. in bezug darauf von zerstörerischer Wirkung. Ein System öffentlicher oder bürgerlicher Ordnung stellt das Allgemeininteresse über Sonderinteressen: Verletzungen des Allgemeininteresses um besonderer Vorteile willen sind korrupt." (Heidenheimer 1978: 6, hier von Fleck und Kuzmics 1985: 19 zitiert).

Diese Definition setzt die "herkömmliche" Definition der Korruption als Profit einer öffentlichen Funktion für private Zwecke voraus. Die oben angeführte Definition (als Verletzung des Allgemeininteresses) wird jedoch vom Zuschauer aufgrund der unterschiedlichen diskursiven Darstellungs- bzw. Thematisierungsstrategien *Telenoches* abgeleitet und sogar einmal in der untersuchten Zeitperiode in einem Protest gegen die Regierung von einem demonstrierenden Gewerkschafter mit der selben Konnotation verwendet (vgl. in Kap. V.2.3.).

So kommt das Ergebnis zustande, daß *Telenoche*, als Sendung eines privaten Unternehmens, von den Regierenden eine Mentalität verlangt, die den Staat als Vermittler der unterschiedlichen gesellschaftlichen Interessen begreift; vor allem sollen die Staatsrepräsentanten als Vertreter *aller* Bürger das Gemeinwohl anstreben. Die Sendung verteidigt in diesem Sinne auf der diskursiven Ebene nicht die typischen, in Argentinien erwartbaren Interessen eines privaten Oligopols. Dies läßt sich möglicherweise dadurch erklären, daß *Telenoche* nicht nur eine Demokratie - also

Pluralismus in der Politik -, sondern auch eine Marktwirtschaft - "Pluralismus" in der Wirtschaft - im Diskurs verteidigen muß, um die Interessen des Zuschauers und des Medienunternehmens in der Öffentlichkeit zu vertreten bzw. zu verbreiten.

### V.2.4. Korruption, Kriminalität und Moral

Die Darstellung der politischen Korruption geht in beiden Sendungen auf eine Weise vonstatten, in welcher *Telenoche* - mit anderen kritischen Medien - das Thema Korruption implizit und explizit an die Öffentlichkeit bringt und *ATC 24* eine "passive" Rolle einnimmt, da sie sich gezwungen sieht, auf "Vorwürfe" der kritischen Medien möglichst "zu antworten" bzw. sie zu annullieren. Dies muß geschehen, um die Glaubwürdigkeit der Sendung und die Autorität der Regierung im Diskurs zu erhalten: Das Thema "politische Korruption" wäre für den Zuschauer, der nur über *ATC 24* als Informationsquelle verfügen würde, ein sehr abstraktes, nur im Ausland gelegentlich existierendes Thema. So entsteht zwischen beiden Sendungen - die unterschiedliche ideologische[134] Perspektiven repräsentieren - ein "Dialog", der nicht nur als ein Wettstreit um die mediale Konstruktion von "Korruption" zwischen beiden Sendern begriffen werden kann; es geht hierbei vielmehr um einen Versuch, einen weiter gefaßten Begriff von "Kriminalität" durchzusetzen.

Jede Sendung hat das Bestreben, unterschiedliche Handlungstypen zu "kriminalisieren": Bei *Telenoche* betrifft "Kriminalität" *nicht nur* "gewöhnliche" Delikte (wie z. B. Diebstahl), sondern auch Verbrechen, die im Rahmen der Politik verübt werden. In politischen Berichten ist immer der Verdacht auf Korruption aufgrund der unterschiedlichen Formen der Implikation präsent, daß die Regierenden von ihren staatli-

---

134 Mit "Ideologie" ist hier folgendes gemeint: "Ideology in our view is not some set of alien ideas imposed, propaganda-like, upon willing and unwilling hearers. Rather, it is a representation of sets of events or facts which consistently favours the perceptual framework of one group." (Glasgow Media Group 1980: 121-122).

chen Funktionen profitieren. Die Perspektive *Telenoches* ist somit kritisch, Proteste der Bürger werden jeden Tag dargestellt und in einer besonderen Weise dramatisiert. Bei *ATC 24* hingegen geht es um eine exemplarische Darstellung der "Bestrafung" der Kriminalität: Als "Verbrecher" werden normalerweise Personen aus den ärmeren Schichten der Gesellschaft dargestellt, die sich "kriminell" verhielten und die mit der Autorität des Staates (durch Polizeigewalt) exemplarisch[135] festgenommen und bestraft werden. *ATC 24* versucht vor allem eine pädagogische Funktion als "Stimme der Regierung" auszuüben und auf die Vorwürfe von anderen der Regierung gegenüber kritischen Medien zu reagieren. Das Schweigen in bezug auf jene Vorwürfe kann auch als Strategie der Darstellung der Korruption von *ATC 24* gesehen werden, und zwar in dem Sinne, daß z. B. festgenommenen oder angeklagten "Verbrechern" das Wort häufig nicht erteilt wird. Letztendlich geht es hier wiederum um eine mediale Vermittlung einer Moral, um moralische und moralisierende Kommunikation. Was wird somit bei *Telenoche* als "Verbrechen" präsentiert? Was wird hingegen exemplarisch als "gut" dargestellt?

### V.2.5. Moralische Kommunikation und der Begriff der *Kriminalität*

"Moralische Kommunikation" wurde in diesem Kapitel bereits expliziert (vgl. V.1.5.); wie *ATC 24* macht auch *Telenoche* von moralisierenden Elementen der Kommunikation Gebrauch. So wurde die moralische Kommunikation als eine solche definiert, die wertende Urteile über "gutes" und "böses" Handeln vermittelt und die somit zur Polarisierung tendiert, was auch bei *Telenoche* deutlich erkennbar ist: Zahlreiche Nachrichten, innerhalb derer das Wort "Korruption" oder implizite Kor-

---

135 Im April 1999 wurde in der Zeitung Clarín veröffentlicht, daß ein Verdacht besteht, daß ein Teil der polizeilichen Festnahmen in den letzten fünf Jahren, beispielsweise von "Drogenhändlern", von der Polizei selbst inszeniert wurden. Später wurde von Richtern festgestellt, daß einige dieser Festnahmen tatsächlich darauf beruhten, daß den "Verbrechern" von der Polizei eine Falle, zum Beispiel beim Dealen mit Drogen, gestellt wurde (vgl. Clarín 28.03.1999).

ruptionsvorwürfe gegen die Regierung anwesend sind, zeigen Empörung, Gewalt und Rebellion von beispielsweise Demonstranten und polarisieren im Diskurs, wer die "Bösen", die "Diebe" oder die "Bestechlichen" (die Nationalregierung bzw. die Provinzialregierungen), gegenüber dem "ehrlichen", "arbeitenden", "leidenden" Volk sind. Es ist zu vermuten, daß die Inszenierung der Proteste in den Nachrichten - mit Beschimpfungen, Gewaltausübung usw. - der Definition von moralischer Kommunikation als Versuch, die Achtung der Gesellschaft zu erreichen, entspricht, was die Medien beständig anstreben.[136] Da die moralische Kommunikation alles in der Dichotomie "schwarz/weiß" polarisiert, ist sie für die Nachrichtensendungen ein geeignetes Dramatisierungselement. *ATC 24* macht von diesem Aspekt der moralischen Kommunikation wesentlich weniger Gebrauch als *Telenoche*. In Abschnitt V.1.5 wurde erwähnt, daß die Moralisierung in der Kommunikation zum Konflikt führen kann, weil das jeweilige Thema, wenn es mit Fragen der Moral, d. h. mit Fragen der Achtung bzw. Mißachtung, verbunden wird, auf personale Identität bezogen werden kann. Um dieser Gefahr zu entgehen, wird im Falle der Moralisierung der Weg der Indirektheit, beispielsweise über Anspielungen gewählt. Im Falle *Telenoches* ist dies ebenso zu beobachten: Wie bereits erläutert, sind Anspielungen, Implikationen oder andere implizite Formen der Kommunikation ständig in dieser Sendung präsent, als indirekte Äußerung darüber, daß die Regierung korrupt ist (vgl. V.2.3.). Bergmann und Luckmann weisen auf ein anderes Element der moralischen Kommunikation hin, nämlich auf ihre affektive Komponente. Dies drückt sich unterschiedlich aus: in Scham, Schuld, aber auch Empörung, Entrüstung, Ressentiment, die zum Ausdruck kommen, wenn "Regeln des sittlichen Verhaltens" verletzt worden sind, wie das bei der Thematisierung der politischen Korruption bei *Telenoche* der Fall ist. Zuletzt das wesentliche Merkmal der moralischen Kommunikation:

"Diesen Fragen liegt die Überlegung zugrunde, daß moralisches Wissen als ein Deutungsmechanismus fungiert, mit dessen Hilfe Menschen und deren Handlungen

---

136  Insofern wäre die moralische Kommunikation als "Achtungskommunikation" nicht nur im Sinne der Achtung als Respekt zu begreifen, sondern auch der Achtung als Aufmerksamkeit.

nach den Kriterien von "gut" und "böse" beurteilt und alternativ eingeteilt werden können. Aufgrund dieser Reduktionsleistung eignet sich ein moralisches Wissen in den unterschiedlichsten Kontexten als ein - zwar einfaches (und oft allzu unflexibles), doch wirkungsvolles - ordnungsgenerierendes Medium." (Bergmann und Luckmann 1993: 17).

Sowohl bei *Telenoche* als auch bei *ATC 24* existiert eine moralisch "gefärbte" Kommunikation in bezug auf Korruption, wobei jede Nachrichtensendung eine unterschiedliche Definition von "Verbrechen" und "Ehrenhaftigkeit" in der Öffentlichkeit zu konstruieren versucht. Jedoch werden die Unterscheidungskriterien für "gut" und "böse" innerhalb der Nachrichtensendungen nicht thematisiert, sondern sie werden indirekt in bezug auf die jeweiligen dargestellten Themen (vor allem Konfliktthemen) vermittelt. Bei *Telenoche* wird somit etwas deutlich hervorgehoben: Wenn es sich um "Kriminalität" handelt, kann von armen, vernachlässigten Bürgern nicht die Rede sein. Die Armen, Arbeitslosen und Obdachlosen werden oftmals in ihrer dramatischen Situation als Menschen präsentiert, die rechtschaffen ein würdiges Leben anstreben. Gerade ihnen wird von *Telenoche* das Wort erteilt, um ihnen die Möglichkeit zu geben, sich vom Stereotyp der "Kriminellen" zu befreien - sie werden dadurch "entkriminalisiert". Dem gegenüber wird von dieser Sendung indirekt vermittelt, daß die "Diebe", "Geier", "Faulenzer" etc. sich in der Regierung befinden (vgl. V.2.3.). Da diese Bedeutungen indirekt zum Ausdruck gebracht und vom Zuschauer abgeleitet werden müssen, erscheint die Verbindung zwischen Regierung und "Kriminalität" bei *Telenoche* ambivalent. Berichterstattungen über "unpolitische" Kriminalität sind in dieser Sendung ebenfalls vorhanden: Meistens jedoch wird über Raubüberfälle berichtet, bei denen die Polizei nicht früh genug am Tatort sein konnte; in diesem Sinne wird sie nicht als "erfolgreich", "effektiv" oder "fleißig"- wie das bei *ATC 24* der Fall ist - dargestellt. Nicht nur Polizisten oder Kommissare stellen für *Telenoche* eine Informationsquelle dar, häufiger werden die Opfer der Raubüberfälle interviewt. Bei *Telenoche* wird über die Festnahme von Drogenhändlern auffälligerweise seltener berichtet als bei *ATC 24*. Die Polizei spielt in diesem Sinne in der diskursiven Konstellation *Telenoches* nicht die exemplarische Rolle, die sie bei *ATC 24* einnimmt.

Die moralische Kommunikation, die bei beiden Sendungen präsent ist, vermittelt somit ein wirkungsvolles, ordnungsgenerierendes - in jeder Sendung jedoch unterschiedliches - Wissen über "gut" und "böse". Auf diese Weise wird eine unterschiedliche politische Ordnung von jeder Sendung im Diskurs vertreten bzw. geschaffen (konstruiert); auf diese unterschiedlichen Ordnungsdefinitionen wird in Kap. VII ausführlicher eingegangen werden.

**V.2.6. Die visuelle Gestaltung der Korruption**

Obwohl die Analyse der audiovisuellen Texte in bezug auf die unterschiedlichen Vermittlungskanäle von Bildern, Sprache, Musik etc. nicht getrennt durchgeführt wurde, verlangt die visuelle Darstellung der Korruption bei *Telenoche* eine gesonderte Betrachtung. Es wurde argumentiert, daß Bilder in Fernsehnachrichtensendungen über eine sekundäre Funktion in der Erzählung in bezug auf die Sprache verfügen. So sind die Bilder in den Nachrichten hauptsächlich als Verankerung oder Bestätigung der Objektivität der Erzählung wahrzunehmen, was Tuchman (1978: 82) *facticity* nennt. In diesem Sinne sind bestimmte Konventionen der bildlichen Darstellung zu beachten, die als "Garantie" der Neutralität gelten, während spezifische bildliche "Verzerrungen" durch Kamerawinkel, Kamerabewegung usw. als nicht neutral oder als besonders dramatisch erscheinen (vgl. Kap. III.3.). Da *Telenoche* die politische Korruption nicht direkt in Sprache und Bildern präsentiert, muß sie über bildliche Strategien verfügen, die einen indirekten Hinweis auf die Korruption ermöglichen und die mit den sprachlichen Strategien, die bereits beschrieben wurden, zusammenspielen.

Auf der bildlichen Ebene macht *Telenoche* von der Kontrastierung und der Dramatisierung am meisten Gebrauch. Da einerseits die Thematisierung der Korruption in Beiträgen zu anderen Themen "verschachtelt" wird - also nicht selbst als Thema behandelt wird -, bleibt ein äußerst geringer Spielraum bestehen, sie visuell zu präsentieren. Was der Zuschauer unmittelbar in bezug auf "Korruption" beobachten kann - also in der Sequenz, innerhalb derer das Wort geäußert wird -, sind Bilder über das Hauptthema der Nachricht und nicht über das verschachtelte Thema Korruption.

Die indirekte Darstellung des Themas erfolgt in der Kontrastierung zwischen den Arbeitenden und Armen ("Schutzlosen") einerseits und der regierenden Klasse andererseits. Die Situation der Arbeitenden oder Armen wird hoch dramatisiert, während die Regierung und regierungsnahe Personen visuell als lächerlich und dekadent dargestellt wird. Die nachteilige Situation der Arbeitenden, die vor allem in Protesten und Demonstrationen gegen die Wirtschaftspolitik der Regierung zum Ausdruck kommt, wird regelmäßig durch die Präsentation von empörten, wütenden Demonstranten nachgewiesen. Die Kamerabewegung in den Berichterstattungen über Proteste ist hektisch und dramatisch; Aufstand und eine wütende Stimmung prägen die visuelle Darstellung. In diesen Berichterstattungen ist jedoch nicht vorwiegend eine gewalttätige Atmosphäre festzustellen. Wenngleich Gewalt - wie bei *ATC 24* - als Element der Darstellung verwendet wird, wird sie darüber hinaus als "verständlich" dargestellt: Die Rebellionsstimmung zeigt, daß die Bürger keine Geduld mehr haben, die unfaire Situation weiterhin zu ertragen. So ist als Schlagzeile in der Einleitung zum Bericht über einen Protest in der Provinz Río Negro der folgende Satz zu lesen: "Río Negro lehnt sich auf" ("Río Negro de pie", 12.10.1995, Bl. 1, Seg. 7). Das Bild präsentiert die Moderatorin in Halbnahaufnahme und oben rechts wird ein Bild eines schreienden bzw. Parolen singenden Demonstranten mit einer Flagge eingeblendet, was aus dem symmetrischen Rahmen des Bildes "herausspringt", so daß ein besonders dramatischer Effekt zustande kommt: Normalerweise wird in der Einleitung der Rahmen dieses Bildes nicht "gebrochen". Visuell werden die Demonstranten - im Unterschied zu *ATC 24* - als Menschen identifizierbar. Sie werden im Rahmen der Demonstrationen kurz interviewt oder beim Halten einer Rede mit Nahaufnahmen verfilmt, so daß sie für das Publikum ein Gesicht erhalten. Bei *ATC 24* wird eher die Fernaufnahme für die visuelle Darstellung der Demonstrationen bevorzugt, wobei sie nur als anonyme Gruppe oder Masse wahrzunehmen sind; nach ihrer individuellen Meinung wird in der Regel nicht gefragt, ihre Argumente bleiben ausgeblendet und ihre Gewalt, die sich in Form von Beschimpfungen, dem Werfen von Steinen usw. ausdrückt, wird bei der staatlichen Sendung *ATC 24* hervorgehoben. *Telenoche* präsentiert ebenso Gewalt und Beschimpfungen, jedoch sind diese, wie gesagt, in einem andersartigen, "verständlichen" Rahmen vom Zuschauer wahrzunehmen. Diese Art der Berichterstattung über Proteste kommt bei *Telenoche* täglich vor.

In der Darstellung der Armen hingegen - seien sie Obdachlose oder Arbeitslose - werden bescheidene Menschen in einer ruhigen Atmosphäre präsentiert, die trotz ihrer dramatischen Situation solidarisch und geduldig sind. So sind Dramatisierungselemente - "Verzerrungen" der Konventionen der "Neutralität" in der bildlichen Darstellung - auch in dieser Form der Berichterstattung *Telenoches* vorhanden. Am 12.10.1995 und an den darauffolgenden Tagen wird die Obdachlosensiedlung in Quilmes (Provinz Buenos Aires) dargestellt. Bei den Bewohnern handelt es sich um arme Bürger, die kein Dach über den Kopf haben und auf einem Stück unbewohntem Land eine improvisierte Siedlung errichten. Sie erwarten von der Regierung, die mit dieser Maßnahme der Obdachlosen nicht einverstanden ist, daß sie ihnen Land zur Verfügung stellt, wo sie ihre Häuser bauen können. Die bildliche Darstellung zeigt abwechselnd die Gesichter der Siedler, die interviewt werden und dabei von ihrer schwierigen Situation und der Unmenschlichkeit der Regierung erzählen, sowie baufällige Häuser, in denen sie wohnen müssen. So wird auf bildlicher Ebene hervorgehoben, daß diese Menschen sich in einer dramatischen Lage befinden. Die "Häuser" - lediglich aus Blech- oder Plastikwänden erbaut - werden in Fernaufnahme gezeigt, mit einer - etwas strapazierten - argentinischen Flagge und blau-rotem Himmel im Hintergrund; ab und zu sind kleine Kinder mit ihrer Mutter im Bild zu sehen, die sich um sie kümmert. Das Gesicht eines Kindes oder die himmelblau-weiße argentinische Flagge, im Hintergrund der stark gerötete Himmel mit Sonnenuntergang über der Obdachslosensiedlung, dazu dramatische, traurige Violinenmusik - auf diese Weise schließen derartige Berichte, die bei *Telenoche* häufig ausgestrahlt werden.

In Nachrichten über die Regierenden hingegen ist die visuelle Darstellung häufig von humoristischen Elementen geprägt: Die Bilder heben die Lächerlichkeit der regierenden Klasse hervor. Bei der bereits geschilderten (vgl. V.2.3.) Hochzeit von Amira Yoma wird dies besonders deutlich; der Tonfall ist sowohl sprachlich als auch bildlich amüsant und belustigend. Das lachende Gesicht Amiras erscheint fast wie eine Karikatur. Auch der ehemalige Gouverneur Saadi, der als "Flüchtiger" dargestellt wird, wird bildlich verspottet (vgl. ebd.). Diesmal erfolgt das Komische, indem bildliche Ironie verwendet wird: Saadi verwandelt sich im Bild - nach der Schlagzeile "Der Flüchtige" - in einer kurzen Sequenz in einen gehetzten Mann, der in drei aufeinander folgenden Kurzszenen ausgesprochen sportlich, mit großer Eile über Zäune, auf U-Bahngleisen und durch Abflußpipelines flieht. Der Kontrast zur eigentlichen Figur Saadis (etwas kräftig, mit eher unsportlichem Erscheinungsbild) wirkt belustigend. In einer weiteren Nachrichtensequenz wird Saadi als Objekt des Zaubers von David Copperfield präsentiert (vgl. ebd.). In diesem Fall ist es einerseits der Kontrast von Bild und Sprache, der die Sequenz komisch erscheinen läßt. Visuell wirkt hier andererseits die Rahmeninkongruenz komisch, da ein tapferer Zauberer mit einem ängstlichen, flüchtigen Politiker im Bild kombiniert wird. Auf der Bühne ist David Copperfield zu sehen, hinter ihm eine Riesenleinwand; als die Leinwand herunter gelassen wird, erscheint das lachende - und lächerliche - Gesicht Saadis. Die Aufnahme zeigt das Gesicht so nah, daß es leicht deformiert wirkt. Massaccesi wird ebenfalls mit theatralischem Tonfall präsentiert, während die Türen eines Aufzuges, in dem er sich befindet, sich langsam öffnen und ihn lächelnd zum Vorschein bringen. (vgl. ebd.). Im Falle der verzerrten Darstellung des Rathauses (vgl. ebd.) wird ein gesamtes Gebäude als Symbol der Regierung der Hauptstadt dem Lächerlichen Preis gegeben. Das Gebäude wird quer im Bild dargestellt, während das Wort "ehrenwert" mit ironischem Tonfall vom Journalisten geäußert wird, was die ironische Operation bildlich unterstützt.

Was alle diese Beispiele der bildlichen Darstellung der Regierenden durch *Telenoche* gemeinsam haben, ist die Eigenschaft, daß "die Bildsprache aufgrund ihrer symbolischen Qualität und des Verzichtes auf rationale Argumentation" (vgl. Russo 1985: 108) eine kommunikative Dimension erschließt, die die verbale Kommunikation bestätigt und in ihrer Kraft verstärkt:

> "Ästhetische Symbole [als solche können die Objekte der beschriebenen Nachrichtenbilder bezeichnet werden] ermöglichen also das sinnliche Erleben eines Gesamtentwurfs, von Aspekten der Welterfahrung, von Lebensentwürfen, und sind mehr als eine Übersetzung, etwa vom Wort im Bild: So wie die Beschreibung eines Kunstwerkes kein Ersatz für das Erlebnis der Betrachtung sein kann. In die Politik übertragen heißt das: Politische Wertvorstellungen, deren Beschreibung ein Parteiprogramm ausfüllt, können besser in wenigen gelungenen ästhetischen Symbolen dargestellt, verstanden und erlebt werden." (Ebd. 118).

So wird in *Telenoche* durch die kontrastierende Darstellung zwischen Regierten und Regierenden vermittelt, daß die Regierenden als politische Vertreter von den Regierten profitieren. Dies wird - wie in diesem Kapitel erläutert wurde - sowohl sprachlich als auch visuell und mit Hilfe von anderen auditiven Effekten (Musik, Geräuschen etc.) dargestellt.

### V.2.7. Ñoquis *in flagranti*: Die versteckte Kamera geht auf die Jagd

In einem speziellen Fall der Berichterstattung im untersuchten Datenmaterial über Korruption wird bei *Telenoche* die *versteckte Kamera* verwendet, um drei Kapitel eines Sonderberichts herzustellen, die einen Korruptionsfall enthüllen. Die Berichte handeln von sogenannten Ñoquis (Gnocchi): Das sind Personen, die eine öffentliche Stelle bei der staatlichen Verwaltung über Freunde oder Verwandte erhielten, und die den entsprechenden Lohn empfangen, obwohl sie die Arbeit nicht ausführen: In der

Regel verfügen sie über eine andere Arbeitsstelle, die sie tatsächlich ausfüllen.[137] Dieses Thema wurde außerdem zur Ursache von früheren Skandalen, insbesondere im Stadtrat. Hier wird eine Form der politischen Korruption auf außergewöhnliche Weise dargestellt: Eine *Reportage* wird ausschließlich deswegen von *Telenoche* vorbereitet, um jene Ñoquis zu "enthüllen", die in drei aufeinander folgenden Tagen ausgestrahlt wird; es handelt sich dabei also um keine Nachricht im strengen Sinne.[138]

Diese Reportagen werden von einem Moderator oder einer Moderatorin präsentiert. Im Bericht werden kontextuelle Daten, die "Geschichte" der Ñoquis und in diesem Zusammenhang frühere Skandale dargestellt und es werden Aufnahmen mit versteckter Kamera oder falsche Telefonate mit Kommentaren des Journalisten über objektive Daten (wie hoch der Lohn dieses Ñoquis ist, wie das politische Netz die Anstellung der Ñoquis ermöglicht etc.) vermischt. So werden Aufnahmen von Gloria Sandá - die dargestellte "Ñoqui" - mit versteckter Kamera bei ihrer wirklichen Arbeit - in einer Kleiderboutique - gezeigt oder es werden Telefonate zwischen Glorias "Freundinnen" (in Wirklichkeit jedoch jemand von *Telenoche*) mit Angestellten im Büro ihres Bruders - der Stadtrat (*Concejal*) in Buenos Aires ist und der Gloria im *Concejo Deliberante* anstellte -, gesendet. Im folgenden werden die drei Sonderberichte über die Ñoquis beschrieben:

Am 27.11.1995 wird im ersten Block der Sendung der erste Bericht über die Ñoquis präsentiert:

---

137  In Argentinien existiert die Tradition, am 29. jeden Monats Gnocchi zu essen und unter den Teller einen Geldschein zu legen, was - so sagt die Tradition - "Glück bringt". Die Personen, die in der beschriebenen Form vom Staat profitieren, werden "Ñoquis" genannt, weil sie "immer am 29. einen Lohn erhalten", für den sie nicht gearbeitet haben.

138  *Telenoche* entwickelte für diese Reportagen eine besondere Form der Darstellung: Sie werden im Rahmen des Segmentes "*Telenoche Investiga*" präsentiert. Hier werden ungefähr zweimal im Monat illegale oder unmenschliche Verhaltensweisen enthüllt, wie beispielsweise jene des Personals in Altersheimen, das Greise unmenschlich behandelt oder Leute, die gefälschte, illegale Dokumente für gestohlene Autos herstellen etc. Im Rahmen von *Telenoche Investiga* wird nun auch dieser Ñoqui enthüllt.

"Sie kassieren und arbeiten nicht; ihre Löhne werden von den Bürgern bezahlt: Wieder einmal die Ñoquis in ihrer Soße. Heute zeigen wir Ihnen das Gesicht eines Ñoquis im Stadtrat, gleich in '*Telenoche Investiga*', erstes Kapitel!"[139]

Im dritten Block der Sendung wird dann der Bericht mit folgender Einleitung der Moderatorin ausgestrahlt:

"Man sagt, daß die Politik die Kunst des Möglichen sei. Offensichtlich haben die sogenannten Ñoquis dies am besten verstanden, weil sie die einzigen Personen sind, die es möglich machen, zwei Stellen gleichzeitig zu haben und von beiden zu kassieren, obwohl sie nur für eine arbeiten. Heute zeigt ihnen '*Telenoche Investiga*' das Gesicht von jemandem, der so außergewöhnlich ist: einem Ñoqui."[140]

Darauf folgend wird der historische Kontext des Problems der Ñoquis im Stadtrat beschrieben. Im Jahr 1993 waren 30% der Angestellten Ñoquis; nach Medienskandalen und juristischen Verfahren wurden jedoch einige Stadträte (*Concejales*) wegen der Einstellung von Ñoquis bestraft. Der Journalist gelangt in seinem Bericht zum Kern der Reportage:

"Unsere Reportage wird beweisen, daß - sogar nach den Skandalen - die Ñoquis immer noch einkassieren. Heute präsentieren wir Ihnen einen Ñoqui. Unsere versteckte Kamera stieß auf eine angesehene Boutique für Frauen im Shopping Center an der Straßenkreuzung von Florida und Córdoba,."[141]

Mit Hilfe der versteckten Kamera kann der Zuschauer erfahren, daß eine Person - offensichtlich ein Mann, der aufgrund seiner Stimme zu erkennen ist - in die Boutique

---

139  "Cobran y no trabajan, sus sueldos los paga la gente; otra vez los ñoquis en su salsa. Hoy les mostramos la cara de un ñoqui en el Concejo Deliberante; en instantes 'Telenoche Investiga', primer capítulo!"

140  "Se dice que la política es el arte de lo posible. Por lo visto, quienes mejor lo entendieron son los llamados ñoquis, es decir, las únicas personas que hacen posible tener dos trabajos a la misma hora, y cobrar por los dos, aunque trabajen en uno solo. Hoy 'Telenoche Investiga' les va a mostrar la cara de alguien tan especial como un ñoqui."

141  "Nuestra investigación va a demostrar que aún después de los escándalos, los ñoquis siguen cobrando. Hoy les vamos a presentar uno. Nuestra cámara oculta llegó hasta la galería comercial de la calle Florida y Córdoba, en una sucursal de una prestigiosa boutique de ropa femenina."

eintritt. Er fragt eine Verkäuferin nach der Geschäftsleiterin und sogleich kommt Gloria in die Sichtweite der Kamera. Ein Off-Sprecher erklärt, daß sie als Geschäftsführerin eine Vollzeitstelle besitze. Der angebliche "Kunde" mit der versteckten Kamera und Gloria unterhalten sich über Kleider; sie betreut ihn, zeigt ihm unterschiedliche Modelle. Der "Kunde" fragt sie: "Sind sie immer hier im Geschäft?", worauf Gloria antwortet: "Immer". Darauf folgt im Bericht der Vergleich dieser Information Glorias mit der des Stadtrats: [Off-Sprecher] "Gloria ist immer in der Boutique, im Stadtrat wird uns aber seltsamerweise gesagt, daß sie zum (festen) Personal [dieser Institution] gehört."[142] Diese Äußerung wird mit einem falschen Telefonat belegt: Eine angebliche "Freundin" Glorias ruft im Büro ihres Bruders im Stadtrat an und verlangt nach Gloria. Sie ist nicht anwesend, das Gespräch kann jedoch belegen, daß Gloria in diesem Büro "tätig" ist: [Sekretärin im Büro des Stadtrats] "...nein, sie kommt manchmal hierher, aber - sie gehört zum Personal, kommt aber nur manchmal hierher, weil sie vor allem für ihren Bruder für Angelegenheiten außerhalb arbeitet...".[143] Inzwischen werden die genauen Daten, die ihre Position im Stadtrat betreffen, in Wort und Bild dargestellt. Daraufhin wird Gloria noch einmal mit der versteckten Kamera in der Boutique präsentiert. Im Gespräch mit dem "Kunden" wird Gloria mit der Frage konfrontiert, ob sie im Stadtrat arbeite, wobei sie antwortet, daß sie früher ihrem Bruder ab und zu "geholfen hat", jetzt aber nicht mehr bei ihm tätig sei. Der Bericht gelangt nun zu einem Ende: "Politik ist die Kunst des Möglichen. Eine Person kann nicht zur gleichen Zeit an zwei Orten sein: das ist *unmöglich* [mit besonderer Betonung]; dabei handelt es sich nicht mehr um Politik; sie [Gloria] tritt das Gesetz mit Füßen, aber von der Seite außerhalb des Gesetzes."[144]

---

142    "Gloria está siempre en la boutique, pero en el Concejo Deliberante curiosamente nos dicen que Gloria es del plantel."

143    "No, ella viene acá a veces, pero no, o sea- pertenece al plantel pero ella viene a veces, porque ella trabaja más que nada para el hermano por temas en la calle..."

144    "La política es el arte de lo posible. Una persona no puede estar en dos lugares al mismo tiempo: eso es *imposible*; o sea que eso ya no es política. Está pisando la ley, pero del lado de afuera."

Der Moderator im Studio fügt nun hinzu, daß diese Angestellte die Schwester des peronistischen (*justicialista*) Stadtrats Carlos Domingo Sandá sei, der sie auch einstellte.

Am darauffolgenden Tag (28.11.1995) wird das zweite Kapitel über Ñoquis gesendet. Weitere falsche Telefonate und Gesprächssegmente aus der Boutique werden dargestellt, sowie neue Daten über Glorias Stelle beim Stadtrat, beispielsweise, daß sie monatlich mit ihrem Lohn eine Prämie wegen "regelmäßiger Anwesenheit" erhält. Ein angeblicher "Bankbeauftragter", der nach Gloria im Stadtrat sucht, tritt mit der versteckten Kamera in das Gebäude ein. Die Kamera irrt durch die Flure des Stadtrats, der "Bankangestellte" fragt nach Gloria und findet sie nirgendwo. Im Bild erscheint das Gebäude - auf kafkaeske Weise - wie ein Labyrinth; die Türen der verschiedenen Büros schließen sich vor ihm, die Angestellten geben keine genaue Information, obwohl alle Gloria kennen. Die typischen Antworten auf die Frage nach Gloria lauten: "Rufen Sie morgen an" oder "Suchen Sie in der Kommission der Städtischen Planung (*Comisión de Planeamiento Urbano*)". Der Bericht schließt daraufhin mit folgenden Worten:

"Das Thema 'Ñoquis im Stadtrat' war immer eine Angelegenheit, die die Familie mit einbezog. Ehegattinnen, Brüder, Söhne, Liebhaber waren immer Teil des gespenstischen Personals des Stadtrats von Buenos Aires. Obwohl sich dieses Personal in den letzten zwei Jahren reduzierte, wenn wir die letzten zehn Jahre betrachten, nahm es insgesamt achtzehnfach zu; und die Ñoquis sind immer noch im Kochtopf."[145]

---

145 "El tema de los ñoquis en el Concejo Deliberante siempre fue un asunto alrededor del cual estuvo la familia. Esposas, hermanos, hijos, amantes, formaron parte del personal fantasma del Concejo Deliberante porteño. Personal este, que si bien sufrió una reducción en los últimos dos años, si tomamos diez años para atrás creció 18 veces; y los ñoquis todavía siguen en la olla."

Am darauf folgendem Tag - dem 29.11.1995 - wird der letzte Bericht über Ñoquis ausgestrahlt. Im ersten Block der Sendung wird darüber berichtet, daß diese Reportage als Konsequenz eine Anzeige bei der Staatsanwaltschaft und ein Ermittlungsverfahren beim Stadtrat zur Folge hatte. Im dritten Block wird nach der Einleitung der Moderatorin das "Rezept" dafür "verraten", wie man "Ñoquis kocht": "Dies sind die Zutaten: Ein gewählter Stadtrat (*Concejal*); zu ihm können wir aktive politische Mitgliedschaft, intime Freundschaft oder direkte Verwandtschaft beigeben."[146] Danach werden weitere Sequenzen des Gesprächs zwischen Gloria und dem "Kunden" in der Boutique, die zum Teil schon an Tagen zuvor präsentiert wurden, eingespielt. Nach der kurzen Beschreibung des Mechanismus, mit Hilfe dessen Ñoquis den politischen Einfluß des Concejals jenseits seines Mandats gewährleisten, geht *Telenoche*, diesmal mit normaler Kamera, zum Gebäude des Stadtrats. Der Journalist und der Kameramann versuchen den Concejal Carlos Sandá ausfindig zu machen, der, wie seine Schwester Gloria, nicht aufzuspüren ist. Seine Sekretärin wird kurz von *Telenoche* "interviewt" und äußert dem Journalisten gegenüber, daß auch sie ihren Chef Carlos Sandá suche und nicht wisse, wo er sich befinde, wobei es sich offensichtlich um eine Lüge handelt. Am Telefon wird ebenfalls keine Information über das Personal des Stadtrats gegeben, obwohl der Anrufer sich jetzt als Journalist von *Telenoche* ausweist. Schließlich wird der Präsident des Stadtrats, José Pico, von *Telenoche* befragt[147], wobei die letzte Sequenz des Berichtes folgendermaßen abschließt: "Heute ist der 29. und viele Ñoquis bleiben noch im Kopftopf. Niemand möchte über dieses Thema sprechen, weil viele ihre Hände nicht vom Teller nehmen wollen; aber zumindest dieser Ñoqui ist heute nicht mehr da."[148] Im Bild ist der Journalist hinter

---

146  "Estos son los ingredientes: un concejal electo, después podemos agregarle militancia política, amistad íntima o parentesco directo."

147  Bei diesem Interview äußert sich der Präsident des Stadtrats sehr vorsichtig und mit zahlreichen Euphemismen, vgl. VI.8.

148  "Hoy es 29 y muchos ñoquis siguen en la olla; nadie quiere hablar del tema, porque hay unos cuantos que no quieren sacar los pies del plato. Pero por lo menos este ñoqui, hoy, no está más."

einem Arbeitstisch im Studio *Telenoches* zu sehen, der die Reportage herstellte und der mit dem letztem Satz ein wirkliches Gnocchi hinter sich wirft.

Da diese Art der Darstellung von Korruption *Telenoches* eine Besonderheit aufweist, werden die folgenden Thesen diesen besonderen Charakter erläutern. Zum ersten ist auffällig, daß das Wort "Korruption" oder seine Synonyme nicht auftauchen; es besteht also keine semiologische Verknüpfung zwischen dem Dargestellten und der Korruption im wörtlichen Sinne.[149] Das am häufigsten gebrauchte Wort, dieses Verhalten zu kennzeichnen, ist "Ñoqui", also ein Euphemismus, der die Berichterstattung zum Teil verharmlost.[150] Jedoch wird ein konkretes Beispiel der Ñoquis mit der Strategie der versteckten Kamera, der falschen Telefonate oder falschen Verkäufer von *Telenoche* enthüllt und dargestellt - der Ton der Darstellung ist aber nicht dramatisch. Allein die Verwendung des Begriffes "Ñoqui" geschieht am Rande der Lächerlichkeit - die Verbindung der politischen Klasse mit der Lächerlichkeit bei *Telenoche* wird im nächsten Kapitel ausführlicher diskutiert. Das Wort "Verbrechen" wird nur einmal genannt, jedoch in Verbindung mit einem Politiker, der bereits wegen "Veruntreuung öffentlicher Gelder" juristisch verfolgt und zu drei Jahren Gefängnis auf Bewährung verurteilt wurde. Die Ñoqui, die in diesen Berichten enthüllt wird, wird von *Telenoche* nicht als "Verbrecherin" oder "korrupte" Person bezeichnet: Diese Beurteilung bleibt dem Zuschauer selbst überlassen.

Es befinden sich außerdem leichte ironische Elemente in dieser Darstellung, wie das bereits erwähnte Wort Ñoqui und seine bildliche Darstellung oder auch ironische Äußerungen: "Der *ehrenwerte* Stadtrat" ["El *honorable* Concejo Deliberante"]; [die Ñoquis] "machen es möglich, zwei Stellen zur gleichen Zeit zu haben" ["hacen

---

149 Es wird also das korrupte *Verhalten* dargestellt und es bleibt sozusagen dem Zuschauer überlassen, das Verhalten als Korruption zu betrachten. *Telenoche* spielt, wie schon erwähnt, ständig mit diesen deutlichen, doch indirekten Strategien der Korruptionsdarstellung.

150 Die Bezeichnung "Ñoqui" hat eine lustige Komponente und das Wort an sich ist nicht plakativ genug, um das korrupte Verhalten direkt zum Ausdruck zu bringen.

posible tener dos trabajos a la misma hora"], *"seltsamerweise* wird uns gesagt, daß Gloria zum Personal gehört" ["curiosamente nos dicen que es del plantel".] Während "Augenzeugen" ernsthafte Bemerkungen äußern, werden in den Kommentaren des Journalisten ironische Äußerungen verwendet, die die Behauptungen des Sprechenden relativieren.

Auch in diesem Fall wird moralische Kommunikation von *Telenoche* verwendet; das Verhalten der Ñoquis wird ständig negativ - entweder humoristisch oder ernsthaft - beurteilt: [der Ñoqui] tritt das Gesetz mit Füßen, aber von der Seite außerhalb des Gesetzes" ["esta pisando la ley, pero del lado de afuera"].

Was die visuelle Gestaltung dieser Reportagen betrifft, werden die Bilder als Absicherung für verbale ironische Operationen verwendet, wie die bereits erwähnte Szene des "ehrenhaften" Stadtrats verdeutlicht, dessen Rathaus schräg im Bild präsentiert wird. In anderen, ernsthaften Passagen der Reportage wird dieses Gebäude als ein leeres, manchmal etwas dunkles Labyrinth gezeigt. Die Kamera irrt durch leere Hallen, die Angestellten kommen aus ihren Büros heraus auf den Flur und ein "Vertreter einer Bank" - eigentlich ein Mitarbeiter *Telenoches* - darf nicht eintreten; die Türen schließen sich vor ihm, in einer fast kafkaesken visuellen Präsentation.

Während der falschen Telefonate ist das Gebäude des Stadtrats von außen sichtbar, ein Fenster des Gebäudes wird fokussiert und das Bild wird von nah nach fern (in/out) gezoomt und umgekehrt. Das Gebäude wird häufig schräg im Bild dargestellt, durch eine Verzerrung des Bildes, die humoristisch ein symbolisches Gebäude der Stadt Buenos Aires in Unordnung und Zerfall präsentiert.

Die Schnittfolge bewegt den Zuschauer zwischen der Kleiderboutique "Glorias" (der Ñoqui) und dem Rathaus. Zwischen diesen geographischen Bewegungen wird im Bild eine Pfanne dargestellt, in der Ñoquis gekocht werden oder ein Gnocchiteller mit dem Gesicht von Gloria Sandá in der Mitte des leckeren Gerichts. Die Bilder überschneiden sich (*overlap*) bei jedem Schnitt, was die geographischen Orte und den Begriff der Ñoquis deutlich miteinander verbindet.

Die Strategie, die *Telenoche* einsetzt, um die Ñoquis zu "enthüllen", ist deshalb bemerkenswert, weil diese Sendung mit den gleichen "Karten" spielt, wie die Leute, die enthüllt werden: Nur indem *Telenoche* die Lügner belügt, erreicht diese Sendung die Entlarvung des Korrupten; der Zuschauer wird Komplize der "enthüllenden" Lüge *Telenoches*. Weshalb benötigt *Telenoche* eine versteckte Kamera? Mit Käsler kann argumentiert werden, daß Politik zum Szenario wird, jedoch wird keine Publizität gewünscht, wo Entscheidungen fallen und Absprachen getroffen werden; "für die Kameraaugen der Öffentlichkeit liegen vorbereitete Kommuniqués bereit, die Zuversicht ausstrahlende Politiker-Darsteller verlesen." (Käsler 1989: 317).

Um diese Inszenierung der Politiker zu enthüllen, sie unvorbereitet in der Öffentlichkeit zu "erwischen", verfügt *Telenoche* über ein einziges Werkzeug: die versteckte Kamera. So leistet die Sendung mit der versteckten Kamera eine Verteidigung des Bürgers, der von der inszenierten massenmedialen Politik in die Kategorie des passiven Zuschauers gerückt wird. Der Bürger bleibt Zuschauer, doch was er jetzt dank der versteckten Kamera beobachten kann, ist nicht mehr die von den Politikern inszenierte Politik, sondern ihre Enthüllung: Ihre inszenierten Handlungen werden im Kontrast zu ihren tatsächlichen Handlungen als Täuschung enttarnt und diese inszenierte Politik wird insofern hervorgehoben, indem bewiesen wird, daß sie eine Lüge ist: Gloria Sandá *ist* eine Ñoqui, obwohl sie es im Gespräch mit dem (falschen) "Klienten" - dem Journalisten - nicht zugibt, im politischen Bereich tätig zu sein.

Der Bericht über Ñoquis scheint außerdem witzige Elemente zu enthalten, weil der Skandal ähnliche Elemente aufweist, wie der Witz:

"Für so manchen Beteiligten hingegen, wie auch für unbeteiligte Zuschauer, ist das, woraus andere schon einen Skandal machen (wollen), ohnehin mitunter 'einfach ein Witz': Wem die Dimension (eigener oder fremder) existentieller Betroffenheit irrelevant erscheint, dem zeigt ein Skandal - jeder beliebige Skandal - nachgerade immer auch seine *komischen* Seiten, denn der Skandal weist in aller Regel dieselben

Strukturelemente auf wie der Witz: Zwei widersprüchliche Prinzipien treffen aufeinander und generieren dadurch Unerwartetes. Es darf, soweit es einen 'nicht weiter betrifft' bzw. (warum auch immer) betroffen machen *muß*, gelacht werden." (Hitzler 1989: 335).

*Telenoche* agiert somit als *Skandalierer* im Sinne von Hitzler (1989: 336): Sie muß erfolgreich das Publikum dazu bringen, "ein bestimmtes Verhalten als normabweichend und den normabweichenden Akteur der Öffentlichkeit gegenüber als Verantwortlichen anzusehen. [...] So macht sich der Skandalierer sozusagen zum Fürsprecher eines allgemeinen (Aufklärungs- und Reinigungs-) Interesses, indem er das Skandalpublikum quasi als geschädigten und Schieds-(Richter) zugleich der in Frage stehenden skandalösen Angelegenheit anruft." (Ebd. 337).

*Telenoche* und andere Nachrichtenorgane, wie beispielweise die Zeitung *Pagina 12*, stellen sich nicht, oder nicht nur, als "Vermittler" einer Wirklichkeit dar, sondern nehmen die Rolle eines politischen Akteurs an. Sie verlangen in einem gewissen Sinne nicht mehr, die politische Aktualität "neutral" darzustellen, sie gehen einen Schritt weiter und überwinden die von den Politikern inszenierte Politik. Der Grund, warum *Telenoche* diese Rolle einnimmt, besteht darin, daß Skandalisieren *grundsätzlich* 'strategische Interaktion', in der Terminologie Goffmans (1981), darstellt; d. h., "es ist, der politischen respektive medialen 'Logik' nach, weit weniger ein die je gesellschaftlich approbierten Spielregeln *festigendes* als ein diese für eigene Ziele und Zwecke *nutzendes* Handeln." (Hitzler 1989: 336). Das Skandalisieren ist für *Telenoche* vor allem deswegen nützlich, weil das Ziel, die Aufmerksamkeit der Öffentlichkeit zu erregen, das grundlegende Ziel jedes Senders darstellt und weil die Sendung auf diese Weise ihre Autorität als kritische Sendung im Diskurs erhält, was sie ihrem Publikum gegenüber als glaubwürdiger erscheinen läßt.

Die dramaturgische Struktur des Medienskandals - und *Telenoche* versucht, durch die Berichterstattungen über Ñoquis einen Skandal zu verursachen - kann somit als *rituelles Darstellungsmuster* (Luckmann 1985, Gronbeck 1978) begriffen werden, das aus drei Phasen besteht: Einen personalisierbaren Sachverhalt zu "entdecken" bzw. zu konstruieren, eine Benennung dieses Sachverhalts als irritierend bzw. als im weitestem Sinne 'empörungswürdig' in der Öffentlichkeit zu präsentieren und die Akzeptanz dieser Benennung in Form einer Artikulation von 'Empörung' durch Dritte durchzusetzen. "Dies beruht auf dem Einsatz rhetorischer Mittel (wie Polemik, Diffamierung, Pauschalierung bzw. deren ironischer Verkehrung) durch den Skandalierer, die dazu dienen, Identifikation, Mobilisierung und Solidarisierung beim Skandalpublikum zu bewirken." (Hitzler 1989: 348).

# VI. Das Tabu der Korruption

Die *Darstellung* der Korruption durch Nachrichtensendungen zu untersuchen, erwies sich im Laufe der Untersuchung frühzeitig als ein "trügerisches" Unternehmen. Einerseits wurde deutlich, daß Fragen nach Akteuren, ihren Handlungen, Strategien und Folgen im Diskurs der Sendungen in bezug auf "Korruption" nichts ergeben würden, weil "die Korruption" ein viel zu abstraktes, diffuses oder implizit vermitteltes Phänomen darstellte. Andererseits wurde festgestellt, daß eine - vor allem visuelle - *Darstellung* eines solchen Themas genau so wenig präsent war, nicht nur, weil sie eine problematische Aufgabe für die Nachrichtensendungen darstellt, sondern auch, weil das Thema Korruption keine eigene explizite Thematisierung - außer Berichten über Ñoquis - in den Sendungen verdient, sondern immerfort in anderen Themen "verschachtelt" wird. Die politische Korruption ist visuell nicht ohne Schwierigkeit *sichtbar* zu machen, außer wenn die versteckte Kamera benutzt wird: Die typischen Merkmale des Phänomens Korruption - daß sie eine versteckte Handlung darstellt, daß das Geld seine "Obszönität" nicht sehen läßt etc. - sollten uns aber nicht vergessen lassen, daß die Abwesenheit ihrer visuellen Darstellung in den Medien nicht natürlich ist. Die "naiven" generativen Forschungsfragen (die Fragen nach dem "Wer", "Wie", "Wo", "Wann" in bezug auf "Korruption") am Anfang der Untersuchung haben jedoch einen positiven Beitrag dafür geleistet: Sie ermöglichten, die Nachrichten aus der Einstellung der unvoreingenommenen Perspektive eines "Neugeborenen" (vgl. IV.2.) zu betrachten. Da diese Fragen auf die explizite Ebene des Diskurses bezogen waren, konnte auf sie keine Antwort gegeben werden und insofern schien eine explizite Darstellung der Korruption in den Nachrichten nicht vorhanden zu sein; das Thema Korruption war jedoch in den Nachrichten "irgendwie" präsent und deutlich spürbar, es war allerdings nicht mit den Fragen und Methoden einer Soziologie der Interaktion greifbar (vgl. IV.4.). Aufgrund der Tatsache, daß in beiden Sendungen ein Diskurs über " Korruption" jenseits der impliziten Ebene deutlich zu spüren war, wurde es notwendig, nach dieser unverkennbaren Intuition tiefer in die Daten "einzudringen"[151] und die Strategien festzustellen, mit Hilfe derer eine implizite Ebene der Thematisierung der Korruption zustande kam. Diese Strategien, die in Kapitel V dargestellt wurden, erwiesen sich als typische Strategien eines medialen Umgangs mit einem Tabu. Es stellte sich demzufolge die Frage: Kann die politische Korruption als ein Tabuthema in der argentinischen Gesellschaft betrachtet werden? Dieses Kapitel stellt einen Versuch dar, sie zu beantworten..

### VI.1. Der Begriff des Tabus

Die Bezeichnung *Tabu* wird aus dem Polynesischen als "heilige Scheu" übersetzt; das *Tabu* stellt also einerseits etwas heiliges, geweihtes und andererseits etwas unheimliches, gefährliches, verbotenes, unreines dar. Der Gegensatz von Tabu lautet im Polynesischen *noa*, was soviel bedeutet wie gewöhnlich oder allgemein zugänglich (vgl. Freud 1956: 25). "Somit haftet am Tabu etwas wie der Begriff einer Reserve, das Tabu äußert sich auch wesentlich in Verboten und Einschränkungen." (Ebd. 25). Die Grundlage des Tabus ist deswegen ein verbotenes Tun, das aus diesem Grund eine starke Neigung im Unbewußten verursacht: Das Verbotene reizt. Freud betont die scheinbar "irrationale" Komponente des Tabus: Die Objekte seines Verbotes - Dinge oder Handlungen - werden "willkürlicherweise" vom Tabu ausgewählt; dies unterscheidet das Tabu von den moralischen oder religiösen Verboten:

> "Sie [die Tabus] werden nicht auf das Gebot eines Gottes zurückgeführt, sondern verbieten sich eigentlich von selbst [...]. Die Tabuverbote entbehren jeder Begrün-

---

151 Dies erfolgte insbesondere, indem die unterschiedlichen Ebenen des Diskurses der Sendungen mit- einander in Verbindung gesetzt wurden, wobei sich die Kontraste, Implikationen, Widersprüche abzeichneten, die in Kap. V dargestellt wurden. Dies konnte durch die Methodenkombination erfolgen, die speziell für die hier analysierten Daten entwickelt wurde.

dung; sie sind unbekannter Herkunft; für uns unverständlich, erscheinen sie jenen selbstverständlich, die unter ihrer Herrschaft stehen." (Ebd. 25).

Rammstedt (1964: 40) bezeichnet das Tabu als "zwischen Naturgesetz einerseits und Etikette andererseits" liegend. So ist dieses Phänomen weder natürlich noch moralisch; trotzdem handelt es sich bei ihnen um keine religiösen Forderungen.

"Streng genommen umfaßt Tabu nur: a) den heiligen (oder unreinen) Charakter von Personen oder Dingen, b) die Art der Beschränkung, welche sich aus diesem Charakter ergibt, und c) die Heiligkeit (oder Unreinheit), welche aus der Verletzung dieses Verbotes hervorgeht." (Freud 1956: 26).

So ist das Tabu - das *stark und kräftig Markierte* (vgl. Balle 1990: 17) - ein "Gebiet", zu dem nur wenige Privilegierte Zugang haben: Ausschließlich Priester, Könige, Minister usw. dürfen das Markierte "berühren" und werden somit Inhaber einer außerordentlichen Kraft. Die wichtigsten Auslöser von Tabus sind Themen wie Geburt, Tod, Sexualität und Religiosität, die deswegen im Gespräch oder in den Massenmedien meist umgangen oder "mit Vorsicht" behandelt werden müssen. Hier muß hinzugefügt werden, daß Tabuthemen zumeist nicht in ihrer Gesamtheit verschwiegen, sondern lediglich besondere Aspekte von ihnen verdrängt werden.

Nicht nur in "primitiven", sondern auch in modernen Gesellschaften existieren Tabus, obwohl sie nicht immer mit den herkömmlichen Tabus vergleichbar sind. Von letzteren werden andere Teilbereiche verdrängt, wobei gleichzeitig neue Tabus entstehen: Tabus sind immer im Wandel begriffen. Gemäß seiner psychologischen Natur "ist das Tabu nichts anderes als der kategorische Imperativ Kants, der zwangsartig wirken will und jede bewußte Motivierung ablehnt". (Freud 1956: 6). Freud vergleicht andererseits die "Ansteckungsgefahr" des Tabus mit elektrischem Strom in dem Sinne, daß Tabupersonen oder -dinge mit elektrisch geladenen Gegenständen verglichen werden können und damit zum Sitz einer furchtbaren Kraft werden. Diese Ansteckungsgefahr hat zur Folge, daß derjenige, der ein Tabu übertreten hat, dadurch selbst tabu geworden ist. Aber "gewisse Gefahren, die aus der Verletzung eines Tabus entstehen, können durch Bußhandlungen und Reinigungszeremonien beschworen werden." (Ebd. 27). Somit ist das Tabu stark von Ritualen und kulturellen Codes geprägt, die eine soziale Ordnung schützen und die das Tabu vom Gewöhnlichen trennen. Tabus sind somit kontextabhängig, da soziale Ordnungen, kulturelle Codes und Rituale in jeder Kultur eine unterschiedliche Form annehmen.

Als Tabus der modernen westlichen Gesellschaft werden bestimmte Aspekte der traditionellen Tabus - die sich auf Sexualität, Tod, Essenssitten usw. beziehen - betrachtet; auch neuentstandene Tabus dieser Gesellschaft können genannt werden, beispielsweise bestehen politische Tabus in bezug auf das Wehrmachtstrafsystem in Zeiten des Nationalsozialismus in Deutschland (vgl. Haase und Oleschinski (Hrsg.) 1992), NKDW-Speziallager und den DDR-Strafvollzug (vgl. ebd.), den Nationalsozialismus in Österreich (vgl. Butteweck 1994, Pelinka und Weinzierl (Hrsg.) 1987), die *Resistence* in Frankreich (vgl. Mehringer 1994), den Widerstand Italiens im zweiten Weltkrieg (vgl. Ilari 1994), nationale Konflikte in Titos Jugoslawien (vgl. Roksandic 1994), Antisemitismus in Deutschland (vgl. Bergmann und Erb 1986) etc.

Ein wesentliches Merkmal der Tabus muß hier noch erwähnt werden, bevor wir uns den Tabus in der Sprache zuwenden: Tabus sind nicht unabhängig von Zeit und Raum allgemein gültig; soziale Kontexte bestimmen, was als Tabu gilt. So liegt der Tabu-Charakter eines Gegenstandes - eines Objektes, eines Wortes, einer Handlung oder einer Person - nicht in der Sache an sich, sondern wird von der jeweiligen Gesellschaft bzw. sozialen Gruppe definiert, wobei das, was für eine Gruppe als ein Tabu gilt, in einem anderen sozialen Kontext zum Bereich des Gewöhnlichen gehören kann.

### VI.2. Tabuisierung auf sprachlicher Ebene

Eine der Ebenen, auf welcher die Anwesenheit des Tabus deutlich zum Ausdruck kommt, ist die der Sprache. Am sprachlichen Umgang mit Tabus wird erkennbar, wie eine Kultur bestimmte Sprachgebiete verriegelt, die nicht "betreten" werden sollen.

Am Beispiel des Geldes, das als Objekt moderner Tabus betrachtet werden kann (vgl. VI.4.), kann deutlich gezeigt werden, wie gewisse Aspekte der Tabuthemen sich auf die Sprache übertragen: Da das Geld überall normalerweise "gewöhnlich" erscheint, überträgt sich das tabuisierte Gebiet des Geldtabus insbesondere auf die Sprache, und zwar viel eher als auf die visuelle Ebene. Das Tabuisierte des Geldes besteht nicht in der Sichtbarkeit des Geldes - wie das im Bereich der Sexualität der Fall ist - sondern bezieht sich auf bestimmte Bereiche des Umgangs bzw. Handelns mit Geld und ist auch nicht mit jeder individuellen Handlung, die sich auf Geld bezieht, verbunden, sondern betrifft beispielsweise Fragen, die einen Bezug zum "Wieviel" oder zum Objekt des Kaufes bzw. Tausches aufweisen.

So drückt sich in Sprachtabus, wenn Tabuworte ausgesprochen werden, ein ausgeprägter Glaube an die magische Wirkung des Wortes aus:

> "Worte, die das Unberührbare und Unverfügbare aussagen, sind wie ein Zauber, der sozusagen das *Mana*, die in Dingen und Menschen geheimnisvoll wirkende Kraft, freisetzt, so daß es nicht mehr gebändigt werden kann. [...] Auch in unseren Breitengraden kennt man das 'Besprechen' oder 'Berufen', also das Aussprechen von Beschwörungsformeln; es berührt die beschworenen Kräfte dadurch, daß sie genannt werden. So *ist* schließlich das Wort selbst schon das, was es nennt." (Wagner 1991: 18).

Deswegen hat derjenige, der über das Tabuwort verfügt - also das Wort "monopolisiert" -, auch die Gewalt über die Sache. Mit Webster (1973: 4) kann außerdem argumentiert werden, daß die Angst im Tabu systematisiert ist. Beispielsweise Flüche geben darüber hinaus einen Hinweis darauf, daß heutzutage gleichermaßen ein Zusammenhang zwischen Wortmagie und Sprachtabu besteht; Flüche funktionieren in den modernen Gesellschaften als "Beschwörungsformeln": Sie stellen eine Form verbaler Aggression dar - aus zornigen Ausrufen heiliger Namen, Verwünschungen und Selbstverfluchungen bestehend -, die normalerweise aus Wut und Hilflosigkeit entsteht. Diese sakralen und obszönen Ausdrücke stellen eine klare Verletzung von Tabuschranken dar (vgl. Wagner 1991: 19).

Das Fluchen verfügt jedoch über eine eigenartige Ambivalenz: Einerseits bewirken starke Flüche gewissermaßen eine bewußt kalkulierte und gewollte Tabuverletzung, andererseits jedoch "versucht man, sich die reinigend-befreiende Wirkung des starken Fluches zu erhalten und doch die Tabu-Schranke nicht zu verletzen" (vgl. Wagner 1991: 20); die Flüche funktionieren also nur als Ventil. Häufig werden außerdem die allgemein bekannten Fluchwörter des religiösen, sexuellen oder obszön-schmutzigen Bereichs gemieden oder umschrieben bzw. im äußersten Falle auch umgestaltet. Franz Kiener (1983: 244) spricht in diesem Fall von *tabuistischen Entstellungen*: Sie bestehen aus dem Austausch von Lauten, Silben oder Wortelementen, oder auch aus Wortkreuzungen, -erweiterungen und Verkleinerungen, für die durchaus regelhaft Bedeutungs- oder Lautähnlichkeiten maßgebend sind. So werden die Fluchwörter entschärft und infolgedessen löst sich der sakrale Ernst der tabuisierten Wörter fast vollkommen auf.

Wenn Tabuzonen, warum auch immer, sprachlich "berührt" werden müssen, muß der Sprecher sprachliche Ressourcen verwenden, mit Hilfe derer das Tabu "unangetastet" bleiben kann. So werden beispielsweise in bezug auf Themen der Sexualität Technizismen verwendet, die das entsprechende Thema "rein wissenschaftlich" behandeln. Auch in der Presse werden Themenberciche, die aufgrund der Gefahr der Bestrafung mit Vorsicht "betreten" werden müssen, rein technisch, "objektiv", bearbeitet.

Sowohl in der Alltagssprache als auch im journalistischen Diskurs werden häufig Euphemismen verwendet, wenn Tabuthemen behandelt werden müssen (vgl. Wagner 1991: 20, Balle 1990: 177 ff., McDonald 1988: v- xi, Rawson 1981: 1- 11, Lausberg 1971: 65, Plett 1979: 71). "Euphemismus" wurde von der griechischen Bezeichnung *euphemismos* abgeleitet, wobei dieser Begriff eine "beschönigende, verhüllende, mildernde Umschreibung für ein anstößiges oder unangenehmes Wort" sei. "Wo Euphemismen sind, müssen auch Tabus sein - und umgekehrt: Euphemismen sind die andere Seite der Tabu-Medaille." (Balle 1990: 177). Lausberg (1971: 63) definiert den Tropus in der Rhetorik als "die 'Wendung' des semantischen Zeichen-Pfeiles eines Wortkörpers vom ursprünglichen Wortinhalt weg zu einem anderen Wortinhalt". Der Habitualisierungsgrad eines Tropus kann in einer Sprachgemeinschaft sehr hoch werden, wobei sein Ersatz - beispielsweise durch einen Euphemismus - mehr und mehr zur Notwendigkeit wird. Mehrere Gründe für diese Notwendigkeit können unterschieden werden, wobei einer folgendermaßen beschrieben werden kann: "Eine gewisse Notwendigkeit stellt das gesellschaftliche *aptum* dar, das gewisse *verba propia* aus dem Gebrauch verbannt ('Tabu') und durch Tropen ('Wo kann ich mir die Hände waschen?') ersetzt." (Ebd. 65). Durch das Tabu können somit Wörter praktisch aus dem lebendigem Wortschatz ausgeschaltet, also "verbraucht" werden; "der Ersatz eines durch Tabu verbotenen Wortes heißt 'Euphemismus'." (Ebd. 65).

Was mittels Euphemismen erreicht wird, ist nicht nur eine Milderung des unangenehmen Wortes, sondern auch eine Distanz zu dessen Inhalt. Inhalt des Tabuwortes und des Euphemismus' haben zunächst einmal keinerlei Beziehung zueinander: Es wird möglich, über eine Sache zu sprechen, ohne sie verbal direkt zu berühren: Euphemismen schaffen somit Distanz. Sie fungieren außerdem als "soziale Zeichen": Derjenige, der sie nicht verwendet, manifestiert seine Opposition zu den bestehenden Normen. Aber nicht nur die Höflichkeit wird von den beschönigenden Worten erhalten, vielmehr erleichtert der Euphemismus den sozialen Diskurs, indem er problematische Ausdrücke vermeidet.

> "Concious euphemisms also lead to social double-thinking, however. They form a kind of code. The euphemism stands for 'something else', and everyone pretends that the 'something else' doesn't exist. It is the essentially duplicitous nature of euphemisms that makes them so attractive to those people and institutions who have something to hide, who don't want to say what they are thinking, and who find it convenient to lie about what they are doing." (Rawson 1981: 3).

Euphemismen aus so unterschiedlichen Sprachfeldern wie dem militärischen, politischen, publizistischen, industriellen usf. werden von Rawson analysiert. Wie die Ansammlung von Euphemismen um ein bestimmtes Wort oder Gebiet die Stärke eines spezifischen Tabus widerzuspiegeln scheint, ist die ungewöhnliche Akkumulation von Euphemismen um eine Institution ein starkes Indiz für ihren innerlichen Verfall (vgl. ebd.).

Euphemismen äußern sich sprachlich in unterschiedlichen Formen, die im folgendem kurz erläutert werden sollen (vgl. Balle 1990: 178):

○ Schweigen;

○ Litotes: zum Beispiel "nicht klein" für groß;

○ Antiphrase: Sie sagt das Gegenteil vom eigentlich Gemeinten mit komischem oder ironischem Effekt, ist aber meist eine Aufwertung. Voraussetzung ist der Glaube an die Macht des Wortes, das eine unabhängig vom Willen des Sprechenden wirkende Kraft besitzt. Ursprünglich sollten wahrscheinlich die guten Mächte mobilisiert werden, den erwünschten Wechsel zum Guten herbeizuführen. Durch das Stilmittel der Ironie kann der Angesprochene den Vorwurf leichter, humorvoller ertragen;

○ Wortkreuzung: Beispielsweise "Portuñol" (Portugués + Español);

○ Stellvertretende Pronomina: "er", "es", "der andere";

○ Sinnstreckung: Der Andeutungsstil bezeichnet nur einen Teil des Ganzen: "Brotbrechen" steht für das ganze Mahl;

○ Satzhafte Umschreibungen: Wunschsätze für die tabuisierten Wörter, z. B. "Gott wehre es ab" (das Feuer), "er soll zu Stein werden" (cf. Teufel), oder umschreibende Relativsätze wie "jene, die dort glüht" (Sonne);

○ Captatio benevolentiae (Beschwichtigungsperiphrase): Sie soll die Dämonen besänftigen und versöhnen. Dahinter steht der Glaube, einem Wort würde die Gefährlichkeit genommen, wenn es mit einem Zusatz versehen wird, z. B. "lieber Mond", "Möndchen", "lune-brillante";

○ Flucht in die Allgemeinheit: Das tabuisierte Wort wird durch den Oberbegriff ersetzt, z. B. durch "Ding", "Sache", "Tier", "wildes Tier";

○ Fremdwörter: Sie sind "exotische Sprachgewänder" und drücken Distanz zum Gesagten aus;

○ Verbale Mutationen: Änderungen innerhalb des Wortes, wie Abkürzungen, Änderung des Suffix, Hinzufügen eines Konsonantens u. ä., distanzieren den Sprechenden vom Inhalt;

○ Franglaise oder Neudeutsch: Anleihen bei anderen Sprachen, die eingedeutscht, romanisiert oder anglisiert werden, klingen besser; "être stressé" macht mehr her als "être fatigué";

○ Metapher: ("anderswohin tragen"). (Auch Wagner 1991: 22, bezeichnet Metaphern als Vermeidungsstrategien).

Zu dieser Reihe der möglichen Formen der Euphemismen könnte jedoch mit Ueding (1976: 1, Bd. 3) argumentiert werden, daß jedes Wort als Euphemismus begriffen werden könnte:

"Die euphemistische Wirkung eines sprachlichen Ausdrucks ist in der Regel kontextbedingt, d. h. zumeist stehen euphemistische und wörtliche Bedeutung eines Ausdrucks nebeneinander, und nur der pragmatische Kontext gibt Aufschluß darüber, welche der beiden Bedeutungen gültig ist."

Obwohl also grundsätzlich jeder sprachliche Ausdruck ein Euphemismus sein kann, eignet sich eine große Zahl sprachlicher Bildungsweisen besonders für Euphemismen (vgl. ebd. 2-3).

In ihrem Buch "Der Euphemismus in der politischen Sprache" untersucht Leinfellner die Euphemismen, die in bezug auf unterschiedliche Themenkomplexe in der politischen Sprache verwendet werden. Einen dieser Themenkomplexe stellen die Finanz-

und Wirtschaftspolitik im Inland und die Sozialpolitik dar, in welchen das Thema Geld mit Hilfe von unterschiedlichen Euphemismen vermieden wird (vgl. Leinfellner 1971: 128 ff.). Auf diesen Punkt werden wir später zurückkommen.

### VI.3. Der Umgang mit dem Tabu in Bildern

Ein Tabu nur mit Worten zu verletzen, ist insbesondere dann nicht einfach, wenn das Wort nicht in ein Bild umgesetzt werden kann: Der Mensch hat bei fast allen Worten die Möglichkeit, sie als abstrakte Zeichen stehen zu lassen und unter dem Druck der Tabus ist der Mensch willens, sämtliche Assoziationen auszuschalten. Wie bereits dargestellt wurde, kann bei häufig gebrauchten Worten dieser Konflikt des Tabubildes - mit verstärkten Assoziationen - vermieden werden, indem sie, wenn sie ein Tabu berühren, durch Umschreibungen, Abkürzungen, Fremdwörter oder Ersatzwörter ersetzt werden. In den Fällen jedoch, in welchen sich mit dem Wort ein ganz bestimmtes Bild einstellt, wird das Bild tabuiert und darauf folgend auch das Wort. Laut Rammstedt (1964: 41) gilt für primitive Sprachen, in denen das Wort für das Ding steht, die Trennung zwischen Wort und Ding nicht. In hochentwickelten Sprachen, in welchen die Abstraktion einen größeren Raum einnimmt, entsteht zwischen Wort und Ding eine Diskrepanz. "Hier wird deutlich, daß die Worttabuierung nur in der Peripherie des Bannkreises der Tabus liegt." (Rammstedt 1964: 41).

> "Was mit Wörtern möglich ist, nämlich auf Ersatzwörter, Umschreibungen, Abkürzungen und Fremdwörter auszuweichen, ist mit Bildern nur in sehr begrenzter Form möglich. Bei Bildern ist das Tabu daher bedeutend strenger." (Rammstedt 1964: 42).

Der Unterschied zwischen Wort und Bild besteht für den Bereich des Tabus darin, daß dem Wort - wegen seiner Abstraktionsfähigkeit - noch keine Handlung entspricht, wohingegen das Bild einen Tabubruch expliziter zeigt. Für Rammstedt besteht die Zweideutigkeit des menschlichen Verhaltens in bezug auf das Tabu darin, auf einer Ebene des Bewußtseins etwas zu wissen, ohne es auf einer anderen, auf der man das Gegenteil behauptet, zur Kenntnis zu nehmen. Das Wort unterstützt dieses zweideutige Verhalten - das Verdrängen des Tabuisierten -, während beim Bild dies ins Eindeutige abgleitet, und zwar in den vom Tabu verbotenen Bereich. Alle bisherigen Versuche, mit Bildern dem Tabu auszuweichen, sind fehlgeschlagen; unweigerlich werden damit - laut Rammstedt - die Tabus verletzt. Dies mag jedoch bezüglich der neuen audiovisuellen Technologien nicht immer der Fall sein: Themen, die tabu sind, können mit Bildern auch gemieden werden. So kann beispielsweise an die visuelle Gestaltung der Berichterstattung über den Golfkrieg in der westlichen Welt erinnert werden: Auffälligerweise wurden die "alliierten" Soldaten menschlich und als Individuen dargestellt, während irakische Soldaten und Zivilisten selten im Bild auftauchten; dagegen wurden für die visuelle Darstellung des Iraks - ohne irakische Kriegsopfer - zumeist vereinfachte Landkarten oder bewegte Bilder, die der Kriegsdarstellung in Computerspielen ähnelten, verwendet. Somit wurden die "menschlichen Kosten" auf der Seite der Iraker und die Iraker als Menschen tabuisiert. Vogel (1986: 104) beschreibt die Kraft des Bildes in bezug auf Tabus mit folgenden Worten:

> "Der Schock, der unweigerlich mit der Darstellung eines Tabuobjekts oder -akts einhergeht, wird im Film beträchtlich verstärkt. Das Bild selbst ist riesig und schafft dadurch eine unmittelbare Spannung zwischen sich und dem Zuschauer. Es bewegt sich im hellen Umfeld vor einem vollkommen schwarzen Hintergrund. Durch Schneidetechnik, Zooms, rasche Schwenks, Spezialeffekte, die einzeln oder - noch wirkungsvoller - kombiniert auftreten, kann es auf höchst unmittelbare, absichtlich erschreckende oder brisante Weise eingeführt werden."

Obwohl sich die Wahrnehmungsweise und der Kontext in bezug auf das Fernsehen von jenen des Kinos unterscheidet, ist auch für audiovisuelle Nachrichten der Schockeffekt des im Bild dargestellten Tabus festzustellen. Allein die visuelle Darstellung des Tabuobjekts im Fernsehen ist ebenfalls schockierend, wobei die Gattungskonventionen, die für die Nachrichten gelten - die die dargestellten Objekte und Handlungen nicht in den Bereich der Fiktion, sondern den der Wirklichkeit einordnen -, diesen Schock-Effekt stärken. Tabus (auch politische Tabus) visuell darzustellen, bedeutet eine stärkere Verletzung des Verbotenen:

> "Der Angriff auf das visuelle Tabu und die Beseitigung desselben durch offene, ungehinderte Darstellung ist tiefgreifend subversiv, denn hier geht es gegen die allgemein gültige Moral und Religion und damit auch gegen Gesetz und Unordnung. Der Begriff von den ewigen Werten wird in Frage gestellt, ihre geschichtliche Bedingtheit unsanft enthüllt." (Ebd. 105).

Um die Tabuverletzung der visuellen Darstellung der Tabus zu mildern bzw. zu vermeiden - wenn die Tabus unbedingt zum Thema der visuellen Kommunikation werden müssen -, können unterschiedliche Strategien eingesetzt werden. Solche Strategien sind beispielsweise in der Fernsehwerbung für Slipeinlagen für Frauen häufig vorhanden. Im Bild ist typischerweise das dargestellte Produkt zu sehen, dessen Absortionsfähigkeit mit einer blauen Flüssigkeit exemplifiziert wird. So erscheint in der Werbung das unreine Tabuobjekt der Menstruation als visuell saubere, reine und künstliche Flüssigkeit, die das Verbot des Sehens des Tabuobjektes respektiert. Ähnliche Beispiele sind in bezug auf weitere Werbespots, die die Bereiche des Sexuellen, des Todes usw. berühren, erkennbar. Eine weitere Strategie bezüglich des audiovisuellen Diskurses, die Tabus visuell zu vermeiden, stellt die Inkongruenz von Bild und Wort dar: So wird auf der sprachlichen, abstrakteren Ebene der Sprache das Tabu erwähnt, während visuell Bilder zu sehen sind, die andere Objekte, jedoch nicht das Tabuobjekt, darstellen. In weiteren Fällen wird das Tabuobjekt im Bild dargestellt und auf sprachlicher Ebene wird entweder die Aufmerksamkeit des Zuschauers etwas abgelenkt - beispielsweise mit Hilfe von Humor -, oder es wird über das Thema moralisierend gesprochen, was ein Zeichen dafür ist, daß das dargestellte Objekt nicht zum Bereich des Gewöhnlichen gehört.

## VI.4. Die magische Kraft des Geldes

In modernen, hochkomplexen und intern differenzierten Gesellschaften ist die Aufgabe, Tabus festzustellen, deutlich schwieriger. Was für eine bestimmte religiöse Gruppe tabu ist, kann für eine andere Gruppe, die der selben Gesellschaft angehört, ein ganz zugängliches Thema sein. Bei herkömmlichen Tabuthemen, wie Sexualität, Tod oder Religiosität ist wesentlich einfacher festzustellen, welche Aspekte dieser Themen in der Gesellschaft, obwohl mit Unterschieden innerhalb der diversen Gruppen, tabu bleiben. Neue Tabus - im strengen Sinne des Begriffes[152] - in unserer Gesellschaft zu entdecken, wird jedoch schwieriger, nicht zuletzt deswegen, weil sie uns "natürlich" erscheinen, aber auch weil sie die Eigenschaften der traditionellen Tabus nicht genau reproduzieren. So erscheint beispielsweise das Geld als ein völlig zugängliches, gewöhnliches Objekt in unserer Gesellschaft, sowohl in der Sprache als auch visuell. Jedoch weisen gewisse Aspekte des Themas Geld Tabueigenschaften auf. Zum einen verfügt das Geld in der Gesellschaft im allgemeinen über eine ambivalente Bedeutung, die mit der Doppeldeutigkeit des Tabus als das Heilige und zugleich Unreine vergleichbar ist:

> "'Your money is of no interest to us', the human sciences seem to say to those that are the object of their study. Yet it is enough to pronounce the word before a crowd of people to see, absolutely immediately, how their gaze becomes one of admiration and how they bow their heads. It awakens in them the desire to enjoy money, no matter how varied the ways in which this desire is satisfied. It is a figure of pleasure and power, reflecting the image of the countless possibilities concealed by possessing it. The epitome of all human appetites, money exercises over the individual and collective mind a sort of fascination that makes it the sole element in our secular civilization which is both devilish and divine, the one dominating all others. At the same time it is revered and feared, and judged to be both monstrous and miraculous. We behave as it is forbidden to posess or even touch it. It is hidden away as if it were something that cannot be gazed upon and about which we should never speak.

---

152    Tabus nicht nur in dem Sinne, daß über sie nicht gesprochen werden darf, sondern auch jene Themen, bei deren "Berührung" eine magische Wirkung, Reinigungsrituale und Tabuwächter in Kraft treten (vgl. VI.1.).

At the same time we covet the prestige that its stigmata confer, as if it were superior to that of one's good name, merit, reputation and honours, and was the epitome of them all." (Moscovici 1993: 257).

Gleichzeitig ist das Geld für Moscovici - wie auch für Simmel (1996) - ein Fundament der modernen sozialen Beziehungen:

"Athough for a very long time money has played a role in exchange, production and domination, it has never been so determining as it is today. This is why the modern economy is monetary before being capitalist or industrial. In this spirit it fashions relationships between individuals, their sentiments and modes of thought. The formula for the corresponding new human type must be sought in money." (Ebd. 259).

Wie auch in bezug auf die Themen Sexualität oder Tod, ist ebenfalls nicht das gesamte Thema Geld tabu, sondern bestimmte "Bereiche" des Umgangs mit Geld, die unterschiedliche soziale Kontexte betreffen, gehören mehr oder weniger zum Bereich des Gewöhnlichen bzw. Verbotenen oder Unzugänglichen. So darf man normalerweise nur in besonderen Kontexten - beispielsweise im Rahmen einer engen Freundschaft - jemanden anders fragen, wie viel Geld sie oder er verdient, wie diese Person ihr Geld verwaltet usw. Je mehr Geld im Spiel ist, desto tabuisierter ist das Thema in manchen Situationen: "Es wird auch die Quantität der gefährlichen Eigenschaft in Betracht gezogen" (Freud 1956: 29). Jemandem wird moralisch erlaubt, über solche Aspekte des Geldes zu reden, wenn er über geringere Geldbeträge verfügt. In anderen Situationen - wie Diebstahl oder Bestechung - spielt die Quantität des Geldes eine umgekehrte Rolle. So vertritt Simmel (1996: 526) die folgende These:

"Schon der Diebstahl oder der Betrug um kleine Summen ist, nach der herrschenden sozialen Moral, um vieles verächtlicher als der Diebstahl größer. Das hat in gewissem Sinne seine Berechtigung, nämlich wenn es sich um Personen in relativ guter ökonomischer Lage handelt. Dann schließt man nämlich, daß die Seele, die nicht einmal einer so kleinen Versuchung widerstehen kann, eine besonders elende und schwache sein muß, während einer sehr erheblichen zu unterliegen, immerhin auch einen stärkeren begegnen möchte! Entsprechend gilt das Bestochenwerden - der Verkauf der Pflicht oder der Überzeugung - als um so gemeiner, durch eine je kleinere Summe es geschieht."

Dem Geld wird auch eine weitere Eigenschaft des Tabus zugeschrieben: Eine Art magische Kraft (vgl. Hottinger 1994: 9) wird im religiösen Diskurs häufig mit der teuflischen "Versuchung" in Verbindung gebracht; diese "Versuchung" des Geldes verfüge über magische Kräfte, die gleichzeitig anziehend und unrein seien. Diese Magie des Geldes kann auch bezüglich der Metapher des "elektrisch geladenen Objektes des Tabus" analog verstanden werden, was die entsprechende "Ansteckungsgefahr" einschließt, vor allem, wenn "der Organismus, der die Entladung hervorruft, zu schwach ist", ihm zu widerstehen. (Freud 1956: 27).

Bestimmte Aspekte des Geldes als Tabuthema entsprechen auch dem Merkmal des Tabus als "irrational". So ist keine rationale Erklärung zu finden, warum bestimmte Fragen, die das Geld betreffen (in bezug auf Verdienst, Verwaltung des Geldes etc., vgl. Wagner 1991: 26), nicht gestellt werden dürfen bzw. nur mit Vorsicht und Zurückhaltung. Das "Betreten" dieser stark markierten Gebiete wird von der fragenden Person selbst als peinlich empfunden, beispielsweise über Schamgefühle, oder von anderen mit Ärger, Distanz oder Ablehnung "sanktioniert", wodurch diese Themenbereiche des Geldes in unzugängliche Zonen umgewandelt werden:

> "Looking to the future, it is possible to foresee a number of areas which are likely to become taboo. Any subject for which we have developed a large number of euphemisms is a promising candidate. We already have dozens of them associated with insanity, money, and race." (McDonald 1988: xi.).

*Tabubereiche* sind *im Zusammenhang mit Korruption* noch deutlicher ausgeprägt, als in bezug auf das Thema Geld im allgemeinen, da Moral- und Religionsverbote stärkere Sanktionen bei der Behandlung dieses Themas verhängen. Politische Korruption - insbesondere Bestechung - wird einerseits in der westlichen Kultur häufig mit Hilfe der "magischen Kraft" des Geldes interpretiert: Da dieser "Kraft" von vielen - gerade auch von Beamten - nicht widerstanden werden kann, lassen sich "gefährdete" Personen bestechen. Dies wird insbesondere im Alltagswissen und in der Literatur deutlich (vgl. beispielsweise das klassische Gedicht "Poderso caballero es don Dinero"¹⁵³ von Quevedo 1995: 170). Die "Ansteckungsgefahr" des "schmutzigen" Geldes ist ebenfalls präsent: Wer als "korrupt" bezeichnet wurde, wird innerhalb von bestimmten Gruppen der Gesellschaft isoliert, sobald keine "Reinigungsrituale", die ihn als Tabuobjekt befreien, ihn wieder "sauber" machen. Wer aber stark genug ist, das Tabu zu berühren, ohne "angesteckt", verletzt oder bestraft zu werden, wird gut angesehen und über eine neue "Kraft" verfügen; in einem vergleichbaren Sinne ist die Person, die in der Lage war, viel Geld anzuhäufen und die auch durchsetzt, daß ihre Geldquellen im "Schatten" bleiben, auch in der Lage, dem Tabu diesbezüglich gegenüber Verdächtigungen der Bestechlichkeit zu widerstehen. Das Geld verfügt über besondere Merkmale, die es für die Bestechung und das Verstecken dieser Handlungsart - also das Verstecken der Tabuberührung - besonders geeignet macht. Simmel (1996: 527) formuliert folgendermaßen:

> "Das derartige Verhalten des Bestechlichen und die ganze Tatsache der Bestechlichkeit überhaupt wird durch nichts so erleichtert und ausgedehnt, als durch die Geldform derselben. Ganz prinzipiell ermöglicht das Geld eine Heimlichkeit, Unsichtbarkeit, Lautlosigkeit des Besitzwechsels, wie keine andere Wertform. Seine Komprimierbarkeit gestattet, mit einem Stück Papier, das man in die Hand jemandes gleiten läßt, ihn zum reichen Manne zu machen; seine Formlosigkeit und Abstraktheit gestattet, es in den mannigfaltigsten und entferntesten Werten anzulegen und es dadurch dem Auge der nächsten Umgebung ganz zu entziehen; seine Anonymität und Farblosigkeit macht die Quelle unerkennbar, aus der es dem jetzigen Besitzer geflossen ist: es trägt kein Ursprungszeugnis an sich, wie, klarer oder verhüllter, so viele konkrete Besitzgegenstände es tun."

So funktioniert für Simmel die Heimlichkeit der Bestechung mit Geld als eine "Schutzvorrichtung für das Subjekt" (vgl. ebd. 532).

Die Korruption kann, "rationale", systembezogene Moral- und Religionsgebote betreffend, als Verbot begriffen werden: Von den Geboten der jüdisch-christlichen Traditionen bis zu den Wirtschaftsordnungen des modernen Staates wird die Korrup-

---

153 "Por importar en los tratos/ y dar tan buenos consejos/ en las casas de los viejos/ gatos le guardan de gatos./ Y pues él rompe recatos/ y ablanda al juez más severo,/ *poderoso caballero/ es don Dinero.*

tion - also der private Profit auf Kosten des Staates - in jedem dieser Systeme als strafbar aufgefaßt. Was geschieht aber in Kulturen, die unter diesen Geboten und Gesetzen zu funktionieren *scheinen*, während jedoch in der Tat, aus welchen Gründen auch immer, eine Doppelmoral in bezug auf Korruption gilt (vgl. II.2 und II.5)? In einer solchen Kultur muß insbesondere die regierende Klasse - die über die unterschiedlichen Positionen der staatlichen Macht verfügt - Strategien entwickeln, um entweder diese "Doppelordnung" zu ändern oder das Thema Korruption zu verdrängen. In Argentinien scheint letzteres zu geschehen, obwohl Indizien für das erstere sich zeigen - beispielsweise die "Explosion" des Themas Korruption in den Medien und die lange Debatte darüber, wie auch die letzten Wahlkampagnen, die um den Kampf gegen politische Korruption zum großen Teil von verschiedenen Parteien artikuliert wurden.

Trotzdem scheint das Zitat von Spoo (1971: 120) noch aktuell zu sein: "Tabuierung dient allemal der Unterdrückung. Mit dem Nachweis von Tabus ist Herrschaft nachgewiesen." Daß das Thema politische Korruption noch als Tabu gilt, zeigen gewisse Elemente des sprachlichen Umgangs in bezug auf den Begriff "Korruption". "As George Orwell noted in 1984, the scope of our thinking is to some extent dependent upon our vocabulary" (McDonald 1988: x). Dabei ist auffällig, wie viele Wörter und Sprüche in Argentinien verwendet werden können, um Korruption zu bezeichnen (die Verwendung dieser Ausdrucksweisen in den Nachrichtensendungen wird unten detailliert beschrieben und analysiert):

SUBSTANTIVE (IN SEMANTISCHE FELDER GRUPPIERT NACH DEREN URSPRÜNG-
LICHER BEDEUTUNG), DIE ENTWEDER BESTECHUNGSGELD ODER BESTECHUNG
BEZEICHNEN:

| Spiel | "Technizismen" | Essen | Mutation des Wortes | Mechanik |
|---|---|---|---|---|
| Bestechungsgeld: | Bestechungsgeld: | Bestechungsgeld: | Bestechungsgeld: | Bestechung: |
| coima cometa | retorno comisión quita compensación plus retribución retención contribución incentivo canon motivación aporte  Bestechung:  desprolijidad irregularidades faltas administrativas desvío de fondos | mordida tragada | Diego (10%)  Bestechung:  corruptela negociado transa (cción) | arreglo |

Die oben zitierten Bezeichnungen für Bestechungsgeld erfüllen alle die gleiche Funktion: Sie lenken die Aufmerksamkeit auf andere Handlungsbereiche. Die technischen Bezeichnungen, die meistens in bürokratischen Sprachwendungen erkennbar sind, sind diejenigen, die die Idee von Bestechung oder Bestechungsgeld am stärksten abstrahieren. So wie im sexuellen Bereich das Wort Büstenhalter in BH abstrahiert wird, damit das bildliche Element vom Begriff ausgeblendet wird, werden auch Worte des Korruptionsbereiches in "leere", technische Begriffe umformuliert. Außerdem ist die hohe Zahl der möglichen "Technizismen" in bezug auf Bestechungsgeld ein Indiz dafür, daß eine "Scheinmoral" im institutionellen Sinne existiert, da diese Worte tatsächlich in der offiziellen Sprache verwendet werden.

VERBEN, DIE FÜR "BESTECHEN" ODER "BESTOCHEN WERDEN" VERWENDET WERDEN:

| Spieljargon | Skatologischer Bereich | Essen | "Technizismen" | Mechanischer Bereich |
|---|---|---|---|---|
| coimear bancar trampear ponerse con tongo | estar hasta las manos | truchar cocinar/está cocinado tragar | desviar fondos banca | aceitar arreglar tener palanca acomodar tramoyar |

Auch Wortmutationen, wie transar (von transacción), valijear una cometa (valija heißt Tasche, cometa ist ein Euphemismus für Bestechungsgeld), vamo' y vamo' (jeder bekommt den gleichen Teil) oder "adornar" (schmücken) werden im umgangssprachlichen Bereich verwendet.[154]

Außerdem muß in Betracht bezogen werden, daß im argentinischen Repertoire des sprachlichen Umgangs mit Korruption keine Sätze möglich sind, wie beispielsweise "ich besteche" bzw. "ich habe bestochen" oder "ich korrumpiere" bzw. "ich habe korrumpiert", d. h. daß normalerweise die Verben "bestechen" oder "korrumpieren" in der ersten Person Singular nicht verwendet werden: Wenn eine solche Formulierung zum Ausdruck gebracht werden muß, dann werden Euphemismen, wie "lo arreglé" ("ich habe es geregelt") etc. gebraucht.

Außer den genannten Formen existieren die technischen, juristischen Bezeichnungen des Strafgesetzbuches für Bestechung auch im Diskurs über Korruption; folgende können genannt werden: *cohecho* (Bestechung), *exacciones ilegales* (überhöhte

---

154 Quellen: *Diccionario de la Lengua Española*, de la Real Academia Española, Espasa Calpe, Madrid, 1992, Tomos I y II, Gobello, José: *Nuevo Diccionario Lunfardo*, Corregidor, Buenos Aires, 1997 und der Wortschatz der Alltagssprache. Bei Lunfardo handelt es sich um einen spezifischen Dialekt des *Castellano*, der hauptsächlich in Buenos Aires gesprochen wird, und der insbesondere Worte und Wortdeformierungen vom Italienischen, Deutschen, Polnischen usw. gebraucht. Der Ursprung dieses Dialektes entstammt der kulturellen Mischung aus Immigranten, Indianern und Kreolen Anfang des 20. Jahrhunderts in Argentinien.

Gebührenerhebung), *malversación de caudales* (Vermögensveruntreuung), *extorsión (perjuicio patrimonial + coacción que se realiza sobre la persona amenazada)* (Erpressung) und *administración fraudulenta* (betrügerische Verwaltung). Auch Variationen des Begriffes der "Korruption", wie "Machtmißbrauch", können als Technizismen in der Bezeichnung der Korruption im Rahmen der juristischen Sprache verwendet werden. Darüber hinaus werden in der argentinischen Justiz folgende Bezeichnungen dem allgemeinen Begriff der Korruption zugeordnet (obwohl das Wort "Korruption" im Strafgesetzbuch - Código Civil - nicht verwendet wird und dort auschließlich die Konnotation "Mißbrauch von Minderjährigen" trägt): *negociación incompatible con la función pública* (Geschäft, das mit einer öffentlichen Funktion nicht kompatibel ist); *aceptación de dádivas por el cargo* (Entgegennahme von Geschenken in einer öffentlichen Position) und *enriquecimiento ilícito* (illegale Bereicherung) (vgl. Soler 1978). Die Tatsache, daß die "Korruption" als juristische Figur im argentinischen Strafgesetzbuch nicht existiert, begründet, daß dieser Begriff und seine Euphemismen sozial konstruiert sind.

Weitere Formen des sprachlichen Umgangs mit Korruption, die sie als Tabu behandeln, werden verwendet, um diese verbotene Zone "unberührt" zu lassen, wie Implikationen, Metaphern, Ironie, Humor, Kontraste usw., die bereits erwähnt wurden. Diese Strategien funktionieren nicht nur auf der Ebene des Wortes, sondern darüber hinaus auf der Ebene des gesamten Textes.

## VI.5. Mediale Strategien der Vermeidung des Tabus

Gemäß Niklas Luhmann (1987) verfügt jede Gesellschaft über *Latenzzonen*, die als "Struktursicherungsmittel" gelten. Bestimmte Sach- oder Handlungsbereiche, Wissens- oder Themenfelder liegen in jeder Gesellschaft im Bereich des Nicht-Verfügbaren oder werden bewußt verborgen gehalten. "In manchen Fällen darf sie niemand, in anderen kein Unbefugter betreten. Auf diese Weise ist der Latenzbereich gesichert, wobei teils geschützt werden kann, was sich in der Latenzzone selbst befindet, teils etwas, was erst dahinter liegt." (Wagner 1991: 78).

Luhmann beschreibt zwei Arten der *Latenzen*, die sich je nach Referenz auf psychische oder soziale Systeme unterschieden: Die *Bewußtseinslatenz* (Unbewußtsein, Unkenntnis, vgl. Bergmann und Erb 1986: 226) besagt, daß irgendein Wissen dem Bewußtsein nicht zugänglich oder verfügbar und deshalb latent ist: Man weiß oder denkt etwas nicht. Mit den *Kommunikationslatenzen* verhält es sich ähnlich. Grundsätzlich zielt der Begriff darauf, zu verdeutlichen, daß Themen für die Kommunikation nicht verfügbar sind. In Gesprächen oder in den Medien sind sie nicht wahrnehmbar - sie bleiben latent. Dafür können zahlreiche Gründe genannt werden, die sich in zwei Kategorien gliedern: Wagner unterscheidet zwischen Kommunikationslatenzen, die in der Öffentlichkeit lediglich nicht vorhanden sind und Themen, die aus der Rede verdrängt werden, weil sie zu brisant sind - sie bleiben sozusagen als "Latenzen" für diejenigen bestehen, die diese Themen nicht kennen: "Man redet über Themen nicht, weil man durch solches Schweigen jemand oder etwas schützen will." (Wagner 1991: 79). Diese Unterscheidung basiert auf einer weiteren Unterscheidung Luhmanns zwischen faktischen und funktionalen Latenzen. *Faktische Latenzen* sind diejenigen, die die Form von Unkenntnis, Nichtberücksichtigung von Themen oder Unmöglichkeit des Wissens annehmen. Dies liegt daran, daß Bewußtsein und Kommunikation aus Kapazitätsgründen immer selektiv arbeiten müssen, wobei stets eine Vielzahl von Möglichkeiten ausgeblendet werden und als Möglichkeiten präsent und ständig aktualisierbar gehalten werden müssen. Die *funktionalen Latenzen* hingegen erfüllen eine Strukturschutz-Funktion: Sie blockieren Bewußtsein von etwas bzw. Kommunikation über etwas, "wenn diese zur Umstrukturierung innerhalb des Systems führen würden." (Vgl. Bergmann und Erb 1986: 226).

So würde das Bekanntwerden der struktur*funktionalen* Latenzen das Erreichen gesteckter Handlungsziele gefährden, gesellschaftliche Strukturen oder ihre Wachstumschancen würden zerstört, Zukunftsperspektiven verbaut oder nicht absehbare Folgen würden provoziert werden. Die Kommunikation über solche "latent vorhandene" Themen würde Strukturen zerstören bzw. erhebliche Umstrukturierungen auslösen (vgl. Luhmann 1987: 458 ff.).

Die Sphären der Tabus können jedoch in den Massenmedien nicht immer unangetastet bleiben: Die Tabus sind einerseits wertvolle Ressourcen, um die Aufmerksamkeit der Öffentlichkeit zu erlangen, andererseits sind bestimmte Themen, wie im Bereich der Werbung oder der Nachrichten, unvermeidlich; wenn sie also "berührt" werden müssen, werden sie mit Hilfe einer "Kaschierung durch Worte" (Rammstedt 1964) umgangen: Euphemismen, Ersatzthemen usw. werden somit wertvolle sprachliche Ressourcen des Meidens des Tabus. So verfügt die Kommunikationslatenz über ein Doppelgesicht: Nicht nur behandelt sie zugängliche Themen als unzugänglich - als tabu -, sondern es werden Themen, die für unzugänglich gehalten werden, weil sie tabu sind, für praktische Zwecke zugänglich gemacht - ohne daß der Latenzschutz aufgehoben wird. "Die Techniken, mit denen sich dies bewerkstelligen läßt, nämlich Rückgriff auf Ersatzthemen, Aufbau von Wertbarrieren oder auch der Gebrauch von Euphemismen, ändern sich dabei nicht. Aber ihre Ventil-Funktion wird nun sekundär gegenüber der primär lebenspraktischen Bedeutung: Bei unabweisbarem Handlungszwang muß man von der tabuisierten Sache reden können, ohne das Tabu zu verletzen." (Wagner 1991: 82).

Zu den Strategien des Unterdrückens des Tabus zählt darüber hinaus die Verwendung von *Ersatzthemen*: Diese gehören zum "ungefährlichen Feld" der Tabuthemen und sollen die Aufmerksamkeit der Öffentlichkeit von ihnen ablenken. In brisanten politischen Situationen können sogar Ersatzthemen "gefährlich" und ihre Funktion als Quasi-Ventil unzureichend werden.

> "Im Unterschied zum klassischen Tabu spielt nicht mehr der Schutz des Numinosen, des Heiligen, die erste Rolle; es geht vielmehr nun um den Schutz sehr zweckhaft-handfester 'Ordnungen' und Ordnungsstützen oder auch wachsender Wert-Skelette einer solchen Ordnung." (Ebd. 82).

Dies soll heißen, daß moderne Tabus *sowohl* ein Resultat des Unbewußten *als auch* des mit Absicht Verdrängten sind, wie Wagner argumentiert. Das Problem der "bewußten Verdrängung" von Themen, die tabuisiert bzw. als Tabu erhalten werden, - ganz gleich ob von der Seite der Medien, der Nachrichtensendungen, der Politiker etc. - wird im Rahmen dieser Untersuchung nicht behandelt; diese Form der beabsichtigten Verdrängung kann nicht analysiert werden: Der audiovisuelle journalistische Diskurs rahmt alle Diskursarten - juristische, politische, militärische Diskurse - ein, die er vermittelt und darüber hinaus können die "Tabuierungen" des medialen Diskurses diesem zugeschrieben bzw. nicht zugeschrieben werden: Diese Zuschreibungen sind einfach nicht feststellbar. In diesem Sinne muß der Begriff der *Latenz* Luhmanns und Wagners als ein doppelter betrachtet werden: zum einen als unbewußte *und* zum anderen als bewußt verdrängte Latenz; diese zweite Form der Latenz scheint jedoch widersprüchlich zu sein. Wagner unterscheidet darüber hinaus zwischen medien-reproduzierten und medien-produzierten Tabus. Obwohl sie hier wegen der Exaktheit der Darstellung getrennt erwähnt werden, werden sie im analytischen Teil dieser Arbeit gemeinsam betrachtet (vgl. V., VI.6. und VI.7.).

Das *von den Medien reproduzierte Tabu* kann mit einer bloßen "Tabuspiegelung" verglichen werden:

"Auf allen Ebenen, auf denen Menschen sich zusammentun und zusammenleben, von der Familie angefangen über Kleingruppen, Großorganisationen, nationale Gesellschaften bis hin zur Menschheit insgesamt, geschieht dies auf der Basis gemeinsam erkannter und anerkannter Wertvorstellungen. Diese regeln nicht nur, was man tun soll, sondern auch was man zu unterlassen und zu meiden hat, wo man wegsehen muß oder worüber man nicht reden darf. Sie enthalten oder produzieren Tabus." (Wagner 1991: 109).

So werden die Tabus, über die jede Gesellschaft oder soziale Gruppe verfügt, auch in den Medien reproduziert. Da jedoch nicht jede Gruppe die gleichen Tabus besitzt, müssen die unterschiedlichen Interessengruppen auf ihrer jeweiligen Normenbasis ein Schema der Selbstauslegung und Weltinterpretation konstruieren und propagieren, das in jeder relevanten Situation ihre Wahrheit darstellt, während sie versuchen wird, die Auslegungen der anderen Gruppen zu blockieren, wenn sie das eigene Selbstverständlichkeits-Muster in Frage stellen. Ferner wird jede Gruppe propagandistisch agieren und ihre Kommunikationsverbote stärken. Wenn noch einmal vergegenwärtigt wird, daß medien-produzierte und -reproduzierte Tabus im Sinne Wagners nicht zu unterscheiden sind, so wird deutlich, daß auch wenn Tabus unbewußt entstehen, sie in einer pluralistischen Gesellschaft mit anderen Weltinterpretationen "zusammenleben" und sich möglichst auch in den anderen Gruppen durchsetzen müssen: So löst sich auch in diesem Fall das unbewußte Merkmal der Latenz auf und das reproduzierte Medientabu wird ebenfalls ein produziertes: der Unterschied ist nicht festzustellen.

*Medien-produzierte Tabus* sind, laut Wagner, aufgrund von folgenden Merkmalen zu identifizieren (vgl. ebd. 130-132):
Ein 'Informationsdefizit' muß durch *die Permanenz und die Gleichgerichtetheit des auftretenden Mangels* vorhanden sein. Die Defizite betreffen die gleichen thematischen Teilaspekte oder die gleichen Elemente des erforderlichen Orientierungswissens. Was die Quellen der Information anbelangt, muß eine bestimmte Wissens- oder Meinungsposition überwiegend zu Wort kommen, während die verschwiegene Alternative marginalisiert, formal und sachlich benachteiligt und insbesondere da-

durch an den Rand gedrängt wird, daß ihren Vertretern jegliche Chance auf authentische Selbstdarstellung nicht eingeräumt wird. Dem gegenüber verfügen die dargestellten Informationsquellen über "soziale Billigung" - über Autorität im Diskurs (vgl. Wagner 1991: 31). Die vermittelten Aussageträger, sowie ihre Mitteilungen signalisieren somit, daß wer kompetent ist, wer Kenntnis hat, wer Ansehen und Vertrauen genießt, wer legitimiert ist, für große und qualifizierte Gruppen zu sprechen, die eine und einzig richtige Auffassung teilt - diese überhaupt teilen kann. Automatisch - implizit oder explizit - wird somit umgekehrt der verschwiegenen oder marginalisierten Auffassung jede soziale Billigung völlig entzogen.

Produzierte Medien-Tabus lassen sich - laut Wagner - im Diskurs feststellen. Zum Zweck der Tabuisierung von Themen müssen Verhaltenstechniken, hier Kommunikations- und vor allem Vermittlungstechniken, ausgebildet werden, "die genau darauf bezogen sind, (...) *das Zugängliche als unzugänglich zu behandeln*".[155] Es geht dabei etwa um "Regeln des Wegsehens und der Unterdrückung von Informationen, der Bagatellisierung und ähnlicher Vermeidungshaltungen." (Vgl. ebd. 132). Das heißt, wenn Tabuzonen in größere Themenkomplexe eingelagert sind, muß man diese umrahmenden Themenkomplexe behandeln können, ohne die Tabu-Zone zu betreten: Die Vermeidungs-Techniken, die im folgenden dargestellt werden, können einzeln oder verknüpft in Tabu-Produktionen der Medien angewandt werden.

So werden erstens mehrere Varianten von thematischen 'Umleitungen' auf *ungefährliche Ausweich- und Ersatzthemen* vorgenommen, die sozusagen um die tabuisierten Themen herumführen. "Das sind vornehmlich 'Kulisseninformationen', die mehr oder weniger als leere Hülsen und als Fassaden-Täuschungen fungieren. Sie sagen lediglich, daß etwas da ist, sagen aber niemals, was da ist. Sie sind womöglich

---

[155] Die Thesen Wagners bewegen sich in der Nähe des Begriffes der Manipulation, die - obwohl sie hier nicht für unmöglich gehalten wird - in dieser Studie nicht behandelt wird, da eine Feststellung solcher Strategien aufgrund des Datenmaterials unmöglich ist; das Ziel dieser Untersuchung besteht in der Analyse der diskursiven Konstellationen der Sendungen und nicht in einem Vergleich mit der "wirklichen" Welt. Jedoch stellen die von Wagner erläuterten Strategien des medialen Umgangs mit Tabus eine für die vorliegende Analyse wertvolle Ressource dar.

Illusionen, die sich den Anschein der Realität geben." (Ebd. 133). Auch mit Hilfe von *Wort- und Sprach-Tabus* sind "Umleitungen" oder Ausweich-Effekte zu erreichen, die den eigentlichen Kommunikationsverboten vorgelagert werden. Diese Wort- und Sprach-Tabus sind relativ einfach mit *Decknamen, Bagatellisierungen, Euphemismen oder ablenkenden Beschreibungen* zu respektieren. Es gibt jedoch eine weitere Kommunikations- und Vermittlungstechnik, die in der Tat Tabu-Zonen besonders zuverlässig verriegelt. Es handelt sich dabei um eine Form der "Verschmelzung von Thema und Meinung", die Niklas Luhman als *'manipulative Moralisierung der Kommunikation'* bezeichnet.

> "Grundlage dieser Technik ist die Tatsache, daß 'moralische Stilisierung einer Kommunikation' dann ein Mittel ist, 'sie unbeantwortet zu machen', wenn 'eine gemeinsame Moral nicht mehr möglich, jedenfalls nicht mehr selbstverständlich ist', wie das unter Bedingungen des Pluralismus der Fall ist. Auch unter diesem Aspekt wird evident, warum ein Tabuisierungseffekt nicht durch totale Einseitigkeit, sondern durch scheinpluralistische Arrangements eher möglich wird. Die Technik und ihr Effekt beruhen nämlich darauf, daß Themen oder Teilaspekte von Themen und Wissenspartikel so 'mit moralischen Implikationen von Meinungen verschmolzen' werden, 'daß die Behauptung einer *Moral mit Annahmezwang* herauskommt' [Luhman, 1974: 33 ff.]". (Wagner 1991: 134).

Diese manipulative Moralisierung von Themen ist unter pluralistischen Bedingungen vermutlich mit einer hohen Emotionalisierung entsprechender öffentlicher Diskussionen verbunden (vgl. Bergmann und Luckmann 1993: 11-12). Dissens und Konsens werden dann dichotom "nach Achtung und Verachtung" schematisiert (vgl. Kap. V.1.5.). Im Rahmen dieses Schemas werden Pauschalurteile als beste Offerten geradezu nahegelegt. Zudem vereinfachen die zweiwertigen Schemata - gut/böse - die soziale Orientierung und sichern auch so das fragliche Kommunikationsverbot. Als Zusammenfassung kann folgendes gelten:

> "Wenn also von medien-produzierten Tabus gesprochen werden soll, so müßte die Gleichgerichtetheit des auffälligen Informationsdefizits erhärtet werden können durch den Nachweis von Vermittlungstechniken, die sich im wesentlichen als Regeln erweisen, um das, was zugänglich ist oder wäre, unzugänglich zu halten, das

Kommunikationsverbot also in jedem Falle zu sichern: Solche Techniken sind ganz wesentlich *Markierungs-Techniken*, welche die tabuisierte, geschützte Zone massiv als unbetretbar kennzeichnen." (Wagner 1991: 134).

Wenn beim Forscher der Anschein erweckt wird, auf medien-produzierte Tabus gestoßen zu sein, muß dann auch erkennbar werden oder erkennbar gemacht werden können, welche Wert- oder Ordnungsstrukturen mit Hilfe dieser Tabu-Produktion geschützt werden sollen. Was die Darstellung der politischen Korruption anbelangt, müssen unterschiedliche Ordnungsstrukturen geschützt werden, was in bezug auf *ATC 24* und *Telenoche* unten ausführlicher diskutiert wird; diese Ordnungsstrukturen sind zum einen die Grundlage für den Schutz der Autorität und Glaubwürdigkeit der Regierung (*ATC 24*), zum anderen für den Schutz der demokratischen Ordnung in *Telenoche* (vgl. Kap. VII.).

Medien-reproduzierte Tabus sind also diejenigen, die bereits in der Gesellschaft vorhanden sind und die "natürlicherweise" auch in den Medien tabu blieben. Die Rolle der Medien in der Produktion der Tabus, auch wenn sie bereits in der Gesellschaft vorhanden sind, ist jedoch nicht das neutrale, unmittelbare "Widerspiegeln" von Tabus; wenn es sich um Tabus handelt, können die Medien im Gegensatz dazu nichts anderes, als diese mitzuproduzieren (indem sie sie re-produzieren). Die medien-produzierten Tabus sind für Wagner hingegen Themen, über die Wissen bei den Journalisten besteht, die sie jedoch nicht (warum auch immer) öffentlich machen wollen. Medien-produzierte Tabus haben also eine Bewußtseins-Komponente: Wagner nennt sie Kasten-Tabus, wobei seine These lautet, daß diese Kasten die Verwirklichung ihrer eigenen Interessen anstreben und deswegen bestimmte Tabus in den Massenmedien durchzusetzen. Wie oben bereits erläutert wurde, beschäftigt sich diese Studie gerade nicht mit der intentionalen Komponente der Darstellung der Korruption in den Medien, weil in der Analyse des Diskurses der Sendungen die Intentionen der Journalisten, des Medienunternehmens, der präsentierten Individuen, die in der Sendung erscheinen usw. nicht zu unterscheiden sind. Außerdem beinhalten solche Thesen wie sie Wagner aufführt, eine "Verschwörungskomponente", die insbesondere im Rahmen einer Demokratie zu machiavellistisch und vereinfacht erscheinen und sich als wenig erklärungsfähig erweisen. Die Frage der Manipulation, also der Publizistik im Sinne Wagners (vgl. Wagner 1991: 47 ff.), wird mit dieser Untersuchung nicht beantwortet, sie wird also offen bleiben und die Tabus in den Medien (ob produzierte oder reproduzierte) werden ohne entsprechende Differenzierungen analysiert.[156]

## VI.6. Das Tabu der Korruption bei *ATC 24*: Ritualisierte *Magie*

Das Thema Korruption weist im Alltagsleben der argentinischen Gesellschaft Tabuelemente auf, die bei *ATC 24* weiter genutzt werden. Im folgenden werden die Tabukomponenten der Kommunikation über politische Korruption in dieser Sendung dargestellt.

Die Korruption beim Namen zu nennen, wird - wie bereits verdeutlicht werden konnte - von *ATC 24 monopolisiert*, d. h. dieses Thema weist ein streng markiertes Diskursgebiet auf, das nur von *wenigen "Privilegierten"* (in diesem Fall keine Priester oder Könige, sondern Regierungsbeamte und die Journalisten von *ATC 24*) im Diskurs betreten werden darf. So herrscht die Regierung darüber, welche Konnotationen dem Begriff "Korruption" attribuiert werden dürfen: Sie besitzt dadurch die *"Macht"* des Wortes. Die *politischen Gegner* sind somit *vom Diskurs* über Korruption bei *ATC 24 ausgeschlossen*. Die *Dämonisierung* der Korruption seitens *ATC 24* verwandelt sie in eine personifizierte Kraft, die sich im Diskurs einfacher manipulieren und begreifen läßt. So ist "die Korruption" in der öffentlichen Sendung zu einer Phrase geworden. *ATC 24* abstrahiert außerdem dieses Thema im Diskurs auf eine Weise, daß der Zuschauer nicht in der Lage ist, sich das Tabu der Korruption bildlich oder konkret vorzustellen. "Die Korruption" wird somit unzugänglich, außergewöhn-

---

156 Hiermit wird nicht behauptet, daß keine bewußte Manipulation der Information in den Medien existieren kann. Dieser Vergleich zwischen einer "Realität" und einer "Medienrealität" ist nicht das Ziel dieser Untersuchung.

lich, magisch und unsichtbar. Den Zugang zum Benennen solcher magischen Kräfte besitzt ausschließlich *ATC 24* als Stimme der Regierung, die somit als *"Hexenmeister"* im Diskurs fungiert, der die Dämonen durch das Aussprechen ihrer Namen austreibt. Die Korruption" lebt, wenn der Diskurs von *ATC 24* betrachtet wird, unabhängig von Menschen.

Die Berichterstattung über *Korruption im Ausland* funktioniert als Ersatzthema, das gleichzeitig eine Ablenkung vom selben Thema in Argentinien bewirkt und die "Objektivität" der Sendung "gewährleistet", indem das Thema "Korruption" nicht ganz ausgeblendet wird. So scheint bei *ATC 24* "die politische Korruption" ein unmarkiertes, gewöhnliches Gebiet zu sein. Im Fall der ausländischen Korruption stellt diese keinen Dämon dar, sondern es werden korrupte handelnde *Personen* dargestellt bzw. erwähnt. Andererseits fungieren die Berichte über Kriminalität als Kulisseninformationen, indem der Begriff der Kriminalität ausdrücklich für die "unpolitische" Kriminalität verwendet wird und die Aufmerksamkeit von der gleichfalls möglichen Konnotation der Kriminalität als 'politische Kriminalität' ablenkt.

Die *ritualisierte Kommunikation* von *ATC 24*, die sich in den Reden des Präsidenten oder von Regierungsbeamten und in den Berichterstattungen über Kriminalität ausdrückt, wird mit Hilfe der Benutzung gemeinsamer Symbole als Bestätigung der Autorität der "Tabuwächter" erreicht. Berichterstattungen über Reden oder Tätigkeiten des Präsidenten werden typischerweise hochritualisiert vom Moderator präsentiert: "Der Herr Präsident der Nation, Dr. Carlos Menem...". Mitunter erinnern die Worte und der Tonfall sogar an die Präsentation früherer militärischer Paraden im Fernsehen.

Eine *moralische Kommunikation*, die für Tabuthemen typisch ist, markiert ebenfalls den Diskurs von *ATC 24* (vgl. V.1.5.): Tabuthemen sind Konfliktthemen, weil das Tabu gleichzeitig heilig und verboten oder unrein ist. Im Falle der Korruption besteht das "Heilige" des Tabus darin, daß durch Korruption zwei Effekte erreicht werden können: Einerseits ermöglicht die Korruption eine wirtschaftliche Macht, die in Argentinien hohes Ansehen mit sich bringt. In einem Land, in dem der Besitz von Reichtum quasi automatisch Macht - auch politische Macht - bedeutet, wird der Besitz von Geld als eine besondere "magische" Ressource betrachtet, um sich in fast allen Bereichen der Gesellschaft - insbesondere in bezug auf die Justiz und in der öffentlichen Meinung - durchzusetzen. Das Geld - vor allem in großen Summen - "verwandelt" die Qualität der Bürger, macht sie "unberührbar". In Kap. II wurde veranschaulicht, daß viele Politiker, Gewerkschafter, Unternehmer, Richter, Beamte, die offensichtlich durch Korruption reich wurden, in der Jet-Set Presse ihre pompösen Wohnungen, luxuriösen Autos usw. zeigen. Im größten Teil des öffentlichen Diskurses erscheinen diese Politiker als "erfolgreich", ohne daß die Art und Weise, wie sie zu diesem Reichtum gelangten, in Frage gestellt wird. Das hat andererseits die Auswirkung, daß diese Personen dadurch ein besonderes Ansehen erhalten, daß sie das Tabu der Korruption offensichtlich berührten und trotzdem nicht vom Gesetz oder von der Gesellschaft bestraft wurden. Das Unreine des Tabus der Korruption ist einfacher nachzuvollziehen: Politische Korruption gehört in all ihren unterschiedlichen Formen zu den verbotenen Praktiken eines demokratischen Systems, das in der Annahme gründet, daß alle Bürger gleiche Rechte und Pflichten dem Gesetz gegenüber haben, wogegen die Korruption offensichtlich verstößt: Indem jemand sich bestechen läßt oder selbst besticht, erhält er einen Vorteil, der zu Lasten der anderen Bürger erreicht wird. Wenn Konfliktthemen allerdings behandelt werden müssen, sieht sich der Sprecher dazu gezwungen, zu deuten, auf welcher Seite er sich befindet; dies ist der Grund dafür, warum Tabuthemen in der Sprache moralisch markiert werden müssen.

Was die "Darstellung" des Korruptionstabus betrifft, können folgende Elemente bei *ATC 24* festgestellt werden.

Zuerst soll die *visuelle Darstellung* des Tabus bei *ATC 24* thematisiert werden: Die visuelle Abwesenheit der Korruption im Inland entspricht jener herkömmlichen

Definition des Tabus als "unberührbares" und deswegen unsichtbares - sozusagen visuell "unberührbares" - Objekt. Die Korruption ist visuell nicht wahrzunehmen. Was aber bei der bildlichen Darstellung von *ATC 24* in bezug auf Inlandskorruption auffällig ist, ist die ritualisierte visuelle Gestaltung der Regierungssprecher und der staatlichen Kräfte (seien es Polizei, Militär, Regierungspolitiker) in Argentinien, die *ATC 24* in die Rolle des "Tabuwächters" stellt.

Die Berichterstattung über Korruption im Ausland, obwohl sie sich auf sprachlicher Ebene unterscheidet, weist auf der visuellen Ebene keinen signifikanten Unterschied mit jener über Korruption im Inland auf. Nur in einem Auslandsbericht, innerhalb dessen über einen mutmaßlichen Korruptionsfall berichtet wird (vgl. V.1.4.), wird das Objekt der Anklage (die Wohnung, die Chirac "verdächtigerweise" für einen "ein bißchen zu niedrigen Preis" gemietet hat) von außen visuell dargestellt. Hier muß die Schwierigkeit der visuellen Darstellung der Korruption für audiovisuelle Medien jedoch in Betracht gezogen werden, wie bereits gezeigt werden konnte.

*Wertbarrieren, Dämonisierung, Vermeidungstechniken, Ersatzthemen: Weitere Indizien für die Existenz des Korruptionstabus*

Die politische Korruption in Argentinien funktioniert also im Diskurs von *ATC 24* als Kommunikationstabu: Sie ist für die Kommunikation bei *ATC 24 nicht verfügbar*. Von *strukturfunktionaler Latenz* im Sinne Luhmanns (an dieser Stelle mit dem Begriff *Tabu* bezeichnet) kann in der Regel in der medialen Kommunikation die Rede sein: Die Ebene der Intentionalität prägt in diesem Fall, wie in jedem Fall der medialen Kommunikation, die gesamte Kommunikation: Vor allem bei Nachrichtensendungen ist die Planung, Aufzeichnung, Montage usw., also jede Ebene der Herstellung *intentional* und muß mit der ideologisch-politischen Einstellung des Senders im Einklang sein. Diese Einstellung kann jedoch nur durch den Vergleich mit den Berichterstattungen anderer Sendungen abgeleitet werden. So sind bei *ATC 24*

"Echos" auf Korruptionsvorwürfe gegen die Regierung deutlich wahrzunehmen. Als graphisches Beispiel kann eine "Mikrosendung" erwähnt werden, in welcher ein Kolumnist auf Korruptionsvorwürfe des Papstes mit bezug auf die argentinische Regierung "antwortet".[157] Das offene Eingeständnis der Existenz der Korruption in der Regierung hätte hingegen zur Folge, daß gesteckte Handlungsziele - z. B. Akkumulation der politischen Macht - und "gesellschaftliche Strukturen" - die politischen Machtstrukturen - gefährdet und "Zukunftsperspektiven" - die fortdauernde Ausnutzung der politischen Macht - "verbaut" würden (im Sinne Wagners 1991). Diese Tabus können jedoch in bestimmten Situationen (beispielsweise wenn die politische Opposition Korruptionsvorwürfe erhebt) zum Ausbruch gelangen bzw. gebracht werden. Damit die Regierung ihre Glaubwürdigkeit und Autorität im Diskurs aufrecht erhalten kann, muß *ATC 24* als Stimme der Regierung Strategien entwickeln, die dies ermöglichen, ohne daß "erhebliche Strukturierungen" ausgelöst werden. So können diese Tabus mit Ersatzthemen "verdeckt" werden. Im Falle *ATCs* handelt es sich bei Ersatzthemen um diejenigen, die einerseits die Regierung als aktiv, ernsthaft und kompetent darstellen und andererseits um Berichterstattungen, die über unpolitische Kriminalität oder Korruption im Ausland informieren. Als Ablenkungen funktionieren auch bestimmte Strategien, die jegliche Korruptionsvorwürfe gegen die Vertretern des Staates auf die Unternehmerschaft als die Schuldigen "umleiten". Die folgende Frage eines Journalisten von *ATC 24* an den Inspektor des staatlichen Postunternehmens soll dies verdeutlichen: "Welche Rolle spielt die Unternehmerschaft Argentiniens in diesen Geschehnissen?" (13.11.1995, Bl. 4. S 17). Diese Strategie ist bei der staatlichen Sendung häufig feststellbar.

Im Zusammenhang mit den Ersatzthemen wird bei *ATC 24* eine besondere Assoziierung hervorgerufen: Die unpolitische Kriminalität wird oftmals mit Drogenhandel

---

157 Diese Mikrosendung, die ca. 5 Minuten dauert, wird jeden Tag vor der eigentlichen Nachrichtensendung ausgestrahlt. Im Bild ist ein Kolumnist zu sehen, dessen Namen zu Beginn am unteren Bildrand eingeblendet wird und der jeden Tag ein aktuelles Thema kommentiert. Diese Sendung wird nicht als Teil von *ATC 24* präsentiert, jedoch auch nicht beispielsweise durch Werbung von ihr getrennt. So wird nicht deutlich, ob es sich dabei um einen Bestandteil der Nachrichtensendung handelt oder nicht.

in Verbindung gebracht, mit dem *"Narcotráfico"*, der auch als unpolitisch bezeichnet wird, und in der Auffassung des Präsidenten werden "die Korruption", "der Drogenhandel" und "der Terrorismus" als "Probleme unserer Länder" semiologisch verknüpft. Auffälligerweise werden von *ATC 24* Berichterstattungen über Festnahmen von "Drogenhändlern" präsentiert, die ausschließlich in den Armenvierteln von Buenos Aires durchgeführt werden, jedoch werden keinerlei Berichterstattungen über politische Korruption ausgestrahlt, wodurch "die Korruption" und "der Terrorismus" auch im semiologischen Feld der "Verbrecher" aus den ärmeren Schichten scheinbar zu verorten sind.

Ersatzthemen verfügen über den Effekt, die Aufmerksamkeit der Öffentlichkeit vom Tabugebiet abzulenken; wenn allerdings das latente Thema "berührt" werden muß, dann genügen die Ersatzthemen nicht: In diesem Fall wird der "Aufbau von *Wertbarrieren*" benötigt. So kann der Tabuschutz gewährleistet und gleichzeitig das tabuisierte Thema für praktische Zwecke behandelt werden: Dies ist bei *ATC 24* am Beispiel der Reden des Präsidenten oder anderen Regierungsbeamten deutlich zu sehen. So fungiert die moralisierende Ausprägung der Kommunikation über Korruption in dieser Sendung als Wertbarriere für den Schutz des Tabugebietes. Wenn ein Regierungsbeamter folgendes äußert: "Die Korruption ist ein Problem der Demokratie, der Welt" etc., dann bleibt einerseits die Regierung vor jeglicher Assoziierung mit der Korruption geschützt und da sie andererseits die Korruption *auch* negativ bewertet, bleibt sie im Diskurs auf der Seite der "Korruptionsgegner".

Darüber hinaus wird vom Zuschauer der Eindruck gewonnen, daß es sich dabei um leere Worte handelt: Worte, die dafür vorhanden sind, um "Lücken zu füllen" oder die geäußert werden, um zu zeigen, daß sich die Regierung ebenfalls mit dem Thema Korruption auseinandersetzt. "Leere Worte" werden hier definiert als diejenigen, deren Bedeutung "abgenützt" wurde, weil sie viel zu häufig für eine bestimmte Situation verwendet wurden. Der Empfänger rezipiert sie als "Lückenfüller", als "nicht ernst gemeint" oder unbedeutend, weil sie über keinen Informationsgehalt verfügen. Das folgende Beispiel kann dies veranschaulichen: "Wir haben [...] über

Themen berichtet, die uns verletzen, verbrennen, besorgen, betrüben, wie das Thema der Korruption, das offensichtlich das demokratische System betrifft und die ethischen Grundlagen jeder Gesellschaft schwächt...". (Präsident Menem, *ATC 24*, 17.10.1995). So beinhaltet die "Präsentation" der Inlandskorruption von *ATC 24* ein starkes Element der Thematisierung mit "leeren Worten". Dies *dämonisiert* die Korruption einerseits und andererseits *"entpersonalisiert"* es sie in dem Sinne, daß keine konkreten Personen als Handelnde in bezug auf Korruption präsentiert werden. Eine *manipulative Moralisierung der Kommunikation* ist darüber hinaus in der Darstellung der "unpolitischen" Kriminalität noch ausgeprägter der Fall. In diesem Zusammenhang werden im audiovisuellen Diskurs der Drogenhandel, der Diebstahl und ähnlich attribuierte Verbrechen negativ beurteilt (vgl. Kap. V.1.7.). Eine *Moral mit Annahmezwang* (im Sinne Luhmanns, vgl. Kap. V.1.5.) wird hier verwendet, um zu verdeutlichen, welche die wirklichen Verbrecher sind. Die moralische Trennung zwischen "Gutem" und "Bösem" wird hier am Begriff der Kriminalität zum Ausdruck gebracht, so daß das Verbrecherische mit diesen Konnotationen und nicht mit alternativen, wie beispielsweise der politischen Kriminalität, "aufgeladen" wird. Die Verschachtelung der Sequenzen, innerhalb derer die Korruption erwähnt oder thematisiert wird, stellt ein weiteres Zeichen dafür dar, daß das Thema durch Sprach- und Bildbarrieren geschützt wird, da eine direkte "Berührung" des Themas für diese Sendung zu riskant wäre.

Die *Vermeidungstechniken* bezüglich des Korruptionstabus drücken sich also in *thematischen Umleitungen auf "ungefährliche" Ausweich- und Ersatzthemen* aus, die um die tabuisierten Themen herum führen (Kulisseninformationen): Wie erwähnt, sind "unpolitische" Kriminalität, "leere Worte" über Korruption, Berichte über die Aktivität der Regierung und vor allem des Präsidenten etc. in dieser Nachrichtensendung immerzu vorhanden.

*ATC 24* vermeidet jedoch das Korruptionsthema nicht nur indem sie Themen behandelt, die zum verwandten semiologischen Feld der Korruption (wie die "unpolitische" Kriminalität) gehören, sondern auch indem sie die Ernsthaftigkeit und Kompetenz der Regierung als Beweis der Unbestechlichkeit zeigen muß. Ein Bericht wird beispielsweise präsentiert, in welchem Präsident Menem - in den Worten des Fernschjournalisten - mit dem Titel "Doktor der humanistischen Geisteswissenschaften" der "anerkannten Houston Universität ausgezeichnet wurde". "Dort betonte das Ex-Staatsoberhaupt George Bush die intellektuellen und moralischen Werte als Staatsmann des Dr. Carlos Menem, den er als 'den Mann' definierte, 'der Argentinien verwandelte'." (*ATC 24*, 25.10.1995).

So ist bei der Thematisierung der Darstellung der politischen Korruption in *ATC 24* ein *Informationsdefizit* festzustellen, das durch *die Permanenz und Gleichgerichtetheit des auftretenden Mangels* in bezug auf die Information über die Inlandskorruption deutlich wird: Dies betrifft die Darstellung - sowohl sprachlich als auch visuell - von Akteuren, Handlungen, Strategien und Folgen bezüglich der politischen Korruption in Argentinien. Auffällig ist dies gerade deswegen, weil das Thema Korruption dessen ungeachtet *erwähnt* wird, d. h., das Thema ist in der Sendung *anwesend*, jedoch nicht konkret wahrzunehmen. Weiterhin betreffen die Defizite *die selben thematischen Teilaspekte oder die selben Elemente des erforderlichen Orientierungswissens*: *ATC 24* präsentiert die Korruption im Ausland merkwürdigerweise sehr unterschiedlich im Vergleich zu einer Thematisierung in bezug auf Argentinien. Hier wird die "geographische" Markierung des Tabugebietes im Diskurs der staatlichen Sendung deutlich.

Die *Quellen* der Information werden auch bei *ATC 24* so dargestellt, daß *eine bestimmte Meinung oder Meinungsposition überwiegend zu Wort kommt*, nämlich von Regierungsbeamten und -sympathisanten. Demgegenüber wird die alternative Meinung *marginalisiert*: Die politischen Gegner, Regierungskritiker, Demonstranten kommen äußerst selten zu Wort, wobei ihre regierungskritische Position über *keine Chance auf authentische Selbstdarstellung* verfügt.

Die Regierung und ihre Sympathisanten verfügen hingegen im Diskurs von *ATC 24* fast exklusiv über *soziale Billigung* in bezug auf Korruption; selten wird Kritik an der Regierung geäußert; diese wird kontinuierlich mit den Eigenschaften Kompetenz, Autorität und Ansehen präsentiert. Regierungsbeamte in hohen Positionen werden in bezug auf ihre Leistungen von ausländischen Botschaftern gelobt und wegen ihrer moralischen Tugenden mit Preisen ausgezeichnet: Der U.S.-Botschafter James Cheek beispielsweise spricht dem "Secretario de Lucha contra la Droga" (Sekretär für Drogenbekämpfung), Alberto Lestelle, seine Anerkennung aus, nachdem er wegen eines Skandals kündigen mußte (*ATC 24*, 19.10.1995).[158]

*Wort- und Sprachtabus* (Decknamen, Bagatellisierungen, Euphemismen und ablenkende Beschreibungen) sind auch die Korruption betreffend bei *ATC 24* festzustellen. Insbesondere *Euphemismen* als verharmlosende Bezeichnungen der Korruption sind in ihr häufig zu vernehmen: Worte wie "ñoquis", "coima" [Euphemismus für Bestechungsgeld], "comisiones" [Vergütungen], "gastos reservados" [zusätzliche Ausgaben], "mafias", "Ermittlung gegen einen Beamten" (ohne den Grund zu nennen) werden von *ATC 24* verwendet. Bei einem Interview äußert der ehemalige Inspektor der Post: "... das Dekret 1220 besagt, daß, wenn das Postunternehmen es für angemessen hält, es den privaten Sektor miteinbeziehen kann. Jedoch haben unterschiedliche Funktionäre dieses Dekret *mißinterpretiert* (*malinterpretaron*) und sie haben das Eigentum der Post dem privaten Sektor ausgehändigt."[159]

*Bagatellisierungen* der Justiz, wenn ein Beamter von ihr wegen Korruption untersucht werden muß, werden in der staatlichen Sendung vorgenommen. So ist von einem ehemaligen Gouverneur der Provinz Córdoba, gegen den wegen illegaler

---

158    Er äußerte bei einem Radiointerview, daß viele Abgeordnete im Kongreß während der Verhandlungspausen Kokain nähmen.

159    "...de un decreto que es el 1220 que dice que, con la alternativa de cuando considera conveniente, la empresa puede llamar al sector privado. Como distintos funcionarios lo *malinterpretaron* y entregaron el patrimonio del correo al sector privado..." (Inspektor Abel Cuchetti, *ATC 24*, 8.11.1995).

Bereicherung ermittelt wird, folgendes zu hören: "...ein Mann wie ich, der lang in der Partei aktiv gewesen ist, länger als 45 Jahre und in diesem Moment mit *einer Art Untersuchung von Seiten eines Staatsanwaltes* [belastet]..." ["...un hombre de larga militancia como yo, con mas de 45 anos y en este momento con *una suerte de investigacion de parte de un fiscal*..." Eduardo Angeloz, 2.11.1995]. Dies ist auch bei Claes, dem Generalsekretär der NATO, der Fall, der aufgrund einer Korruptionsanklage kündigen muß und der seinen eigenen Anklageprozeß bagatellisiert und in Frage stellt (vgl. V.1.4.). Demonstranten, die gegen die Regierung protestieren, werden ebenso bagatellisiert: Sie sind "gewalttätig" - wenngleich sie nur vom Moderator so präsentiert werden und im Bericht keine Gewalt von ihrer Seite erkennbar ist. Im Rahmen der Steuerpolitik, bei einer Untersuchung des Steuersekretariats, werden alle Steuerabrechnungen der Ladenbesitzer einer Stadt überprüft. Die Kaufleute protestieren; der entsprechende Bericht wird vom Moderator bei *ATC 24* folgendermaßen präsentiert: "Die Ladenbesitzer haben eine wahre Show abgezogen, sie sind auch kein Vorbild..." ["los comerciantes hicieron una verdadera pueblada, esto tampoco es un ejemplo"] (19.10.1995). An einem anderen Tag wird der Widerstand gegen die Einsätze des DGI (Steuersekretariat) als ein "antisoziales Verhalten" bezeichnet [la resistencia de los comerciantes a los operativos de la DGI "es una conducta antisocial" (24.10.1995)] Die Proteste gegen die Wirtschaftspolitik in der Provinz Tucumán werden als "gewalttätige Zwischenfälle in Tucumán/ Protest gegen die *Wirtschaftsgesetze*" präsentiert ["violentos incidentes en Tucuman/Marcha contra las *leyes economicas*" (19.10.1995)]. Die Demonstrationen, die von *ATC 24* ausgestrahlt werden, sind außerdem immer gegen Provinzialregierungen gerichtet und werden von anderen Sendern übernommen; *Telenoche* hingegen schickt eigene Teams in die Provinzen, um vor Ort Berichte herzustellen.

Eine weitere Strategie von *ATC 24* in bezug auf das Tabu der Korruption ist das *Schweigen* über "gefährliche" Themen. So werden Angelegenheiten, die von *Telenoche* mit Empörung als "Skandal" präsentiert werden, von *ATC 24* mit einem "neutralen" Tonfall dargestellt, wobei die "skandalösen" Aspekte der Themen verschwiegen werden. Beispielsweise ist eine Rede des Papstes über Korruption in Argentinien bei *ATC 24* nur dadurch präsent, daß seine Worte von Regierungspolitikern relativiert oder umformuliert werden.

Bei der *bildlichen* Thematisierung der Korruption erweist sich außerdem folgendes Merkmal als auffällig: Jedesmal wenn Präsident Menem bei einer Rede "die Korruption" thematisiert, ist im Bild der Konferenzsaal mit den anwesenden Politikern am Konferenztisch von oben zu sehen, alle Staatsoberhäupter sind somit gemeinsam und als homogene Gruppe im Bild zu sehen. Das Thema "einigt" alle im Bild; "die Korruption" wird somit nicht mit Menem assoziierbar.

So kann schließlich die Stimme der Regierung, *ATC 24*, in bezug auf politische Korruption als "Tabuwächter" betrachtet werden. Das Verschweigen und die Tabuierung einer unangenehmen Sache kann die Gesellschaft an der Reflexion hindern.

"Diese Scheintabus, die wie die echten Tabus verinnerlicht sind und damit ihre Allgemeingültigkeit erhalten, haben eine Ausgangsbasis: den Staat. Die echten Tabus sollen den Menschen vergesellschaften, die Scheintabus ihn verstaatlichen. Als der Staat seine Gottgegebenheit aufgegeben hatte, als er zur Nation wurde, suchte er seine Sanktionierung durch Tabuierung. Durch diese Scheintabus, die verinnerlicht werden sollen, aber es noch keineswegs sind, erhalten die Massenmedien ihre Macht und sind dadurch gleichzeitig eine Gefahr." (Rammstedt 1964: 44).

### VI.7. Das Tabu der Korruption bei *Telenoche*: Das Spiel mit dem Feuer

Eine abstrakte, entpersonalisierte Verwendung des Begriffes "Korruption" ist bei *Telenoche* ebenfalls feststellbar. So gleicht diese Form der Thematisierung der "Korruption" in der kritischen Sendung der abstrakten Darstellung der Korruption von *ATC 24*; im Falle von *Telenoche* wird jedoch der Begriff "Korruption" mit der Regierung assoziiert, was einen großen Unterschied zur staatlichen Nachrichtensendung darstellt. "Die Korruption" wird bei *Telenoche* gleichermaßen abstrakt präsentiert, ihre konkreten Inhalte - wer, wie, wo usw. korrumpiert - bleiben kaschiert. Die folgenden Beispiele sollen dies verdeutlichen:

> "Wenn ein Bestechlicher einer ehrlichen Person gegenüber tritt, fängt er an zu zittern."[160]

> "*Moderator*: Im Regierungshaus, in den Kreisen der Macht: Gibt es da Bestechliche?
> *Béliz*: Gut, es ist ein... eh... kompliziertes Thema, ich sollte..., eh... ich müßte sie mit Nachnamen und Vornamen benennen.., - ich glaube, daß ich während meiner politischen Karriere im Laufe der Zeit sehr deutlich gewesen bin, um zu sagen, was ich denke, und ich glaube, bevor ich mich in einen aufgeklärten Staatsanwalt verwandle, indem ich mit dem Finger auf sie zeige, versuche ich lieber, diesen Streit von einem klaren Standpunkt aus und als Vorbild zu führen." (Im selben Interview).[161]

> "Belgien: Das Parlament wird den Chef der NATO wegen Korruption gerichtlich verfolgen."[162]

> "Hier wird nicht nur die Korruption mit einem Preis belohnt, die Legislatur schnallt außerdem den Gürtel der Arbeiter enger - durch die Bezahlung der Löhne mit Gutscheinen!"[163]

---

160 "Cuando un corrupto está frente a una persona honesta, tiembla." Äußerung des ehemaligen Innenministers Gustavo Béliz, bei einem Interview in bezug auf eine Morddrohung gegen ihn (12.10.1995, Bl. 2, Seg. 10).

161 Moderador: "En la casa de gobierno, en los círculos del poder, hay corruptos?"
Béliz: Bueno, es un tema, eh... complicado, yo tendría que señalar con nombre y apellido... yo creo que he sido muy claro a lo largo de mi... diferentes años, o de mi diferente trayectoria política, para, eh, decir lo que pienso y creo que uno, antes de transformarse en un fiscal iluminado señalando con el dedo, tiene que intentar dar esta pelea desde un punto de vista muy claro y con el propio ejemplo."

162 "Bélgica: el congreso procesará al jefe de la OTAN por corrupción!" (Schlagzeile, 19.10.1995, Bl. 1, Seg. 10).

163 "Acá no solamente se premió la corrupción, sino que se ajustó en la Legislatura a los trabajadores con un pago en bonos!" (Demonstrant gegen den Sparplan in der Provinz Rio Negro, 16.11.1995, Bl. 1, Seg 2).

"Ein Arbeitstreffen der Präsidenten Menem und Wasmosy fand statt, woraufhin Abkommen und eine gemeinsame Erklärung unterzeichnet wurden, in der beide Staatsoberhäupter sich gegen den Terrorismus, den Drogenhandel und die Korruption aussprachen."[164]

Bei der Nachrichtensendung des privaten Medienunternehmens ist das auffälligste Indiz der Anwesenheit des Korruptions-Tabus die ständige Präsenz von *Flüchen und Schimpfwörtern*, die an die Regierenden gerichtet werden und die auf einen indirekten Bezug zur politischen Korruption hindeuten. Der Inhalt dieser wütenden Ausdrücke bezieht sich nicht in erster Linie auf Obszönitäten, sondern auf die Idee des Verbrechens (des Diebstahls, des Bestechens): Äußerungen wie "Diebe", "Faulpelze", "Faulenzer" und andere umgangsprachliche Ausdrücke sind Zeichen dafür.[165] Diese Wörter weisen darüber hinaus auf einen Versuch hin, die Tabuschranken zu verletzen, fungieren jedoch nur als Ventil für die Freisetzung der Aggression; das Tabu des Themas Korruption verletzen sie in der Tat nicht, weil sie es nur auf abstrakte und unpersönliche Weise berühren.

Im Diskurs *Telenoches* werden diese Beschimpfungen als "Sprache der Bürger", nicht "der Sendung", dargestellt; diese berichtet "objektiv", "fachlich", zum Teil verharmlosend (mit Euphemismen) oder mit humoristischen - parodischen - Elementen über Themen, die auf die politische Korruption hindeuten (vgl. Kap. V.2.3. und Kap. V.2.7.). Im Diskurs *Telenoches* ist die "Sprache der Sendung" - wenn sich Journalisten äußern -, mit Hilfe von Technizismen, eine "rein journalistische" Sprache. Technizismen können als erste Stufe der Euphemismen gesehen werden. Bei *Telenoche* sind in diesem Sinne Technizismen wie "illegale Bereicherung" oder "gerichtliche Verfolgung" zu bemerken. Scheintechnische Euphemismen in bezug auf Korruption sind bei *Telenoche* ebenfalls reichlich vorhanden: "Unregelmäßigkeit"

---

164 "Tuvo lugar una reunión de trabajo con los presidentes Menem y Wasmosy, tras lo cual se concretó la firma de convenios y una declaración conjunta en la que ambos mandatarios se pronunciaron contra el terrorismo, el narcotráfico y la corrupción." (28.11.1995, Bl. 1, Seg. 3)

165 Die spanischen Begriffe "ladrones", "atorrantes", "buitres" und obszöne Schimpfwörter werden verwendet.

[Irregularidad], "die Ermittlung behindern" [entorpecer la investigacion], "Mißverwaltung der Provinz" [desmanejo de la provincia], "Verschuldung von 32.000.000 US$" [endeudamiento por 32.000.000 U$], "schlechter Verwaltungsbeamter" [mal administrador], "Vermittlungsgebühr" [comision], "mutmaßliche illegale Finanzierung" [presunto financiamiento ilegal], "IBM gibt Fehler beim Vertragsabschluß mit Lieferanten zu" (in diesem Fall handelt es sich um den größten Korruptionsfall der argentinischen Geschichte, im Zusammenhang mit der EDV-Ausstattung der Nationalbank, wobei auffälligerweise die Nationalbank nicht erwähnt wird) [IBM admite errores en la contratacion de proveedores], "Fondumleitung" [desvio de fondos], "umstrittene Gouverneure" [cuestionamientos, gobernadores cuestionados], "die Katastrophen, die er in der Provinz verursacht hat" [desastres que ha hecho en la provincia], "[die Ñoquis] treten das Gesetz mit Füßen, aber von der Seite außerhalb des Gesetzes" [estan pisando la ley, pero del lado de afuera]. Nach der Ausstrahlung von drei Spezialberichten über Ñoquis durch *Telenoche* (vgl. V.2.7.), wird der Präsident des Stadrats von der Sendung interviewt. Der Journalist stellt die Frage, ob dieses Thema bis zur Justiz gelangen wird, wobei er folgende Antwort erhält: "Es handelt sich um ein konkretes Thema der Verwaltung und die Ermittlungen [die ausschließlich vom Stadtrat durchgeführt werden] zielen darauf, zu sehen, ob die Leute, die so etwas begingen [Schweigen]... und ob von der verwalterischen Seite, eh... [Schweigen], die strengste Maßnahme ist die Entlastung der Leute..." [el tema es concretamente administrativo y el sumario tiende a ver si la gente que ha incurrido (Schweigen) y si de la parte administrativa, eh (Schweigen), la determinacion maxima es la exoneracion de la gente, 29.11.1995].

Weitere Euphemismen in bezug auf Korruption werden bei *Telenoche* über mündliche Äußerungen der Bürger vermittelt: Es handelt sich um deutlich beleidigende Ausdrücke, die in folgende semantische Felder gruppiert werden können:

**EUPHEMISMEN IN BEZUG AUF KORRUPTION BEI *TELENOCHE*, IN SEMANTISCHEN FELDER NACH DEREN URSPRÜNGLICHER BEDEUTUNG GRUPPIERT**

| Verbrechen | Tiere | Sprachdeformierung | Spieljargon |
|---|---|---|---|
| Mafias; auf die Taschen aufpassen | Geier; Staatsanwalt "trucho" [trucha= Forelle; deutsche Bedeutung: "Fuchs"] | Mafiaccessi [statt Masaccessi als richtigem Namen] | Coimeros [Schmiergeldzahler] |

| Verschweigen | Essen | Mechanik | Lunfardo |
|---|---|---|---|
| Es wird von Beschuldigungen gesprochen, die Gründe werden aber nicht erwähnt | Ñoquis; Leute, die ihre Füße aus dem Teller nicht rausnehmen wollen | "Er ließ sich '*umbiegen*', dadurch, daß er das Volksmandat '*ent-stellt*' hat" | Diebe [chorros] |

*Disphemismen* (negative Euphemismen), die sich auf die Regierung beziehen, sind beispielsweise "Schlangennest" [nido de vivoras], "der Zirkel der Macht" [el circulo del poder], "die Schatten der Macht" [las sombras del poder] (12.10.1995, Telenoche, Interview mit Beliz).

## VI.8. Exkurs: Die Lächerlichkeit der regierenden Klasse

Eine Besonderheit der überwiegend impliziten Darstellung der Korruption *Telenoches* sind die *parodistischen oder ironischen Elemente*, die ausschließlich in bezug auf die regierende Klasse verwendet werden (vgl. V.2.3. und V.2.7.). Berger (1997: X) definiert Humor als: "The capacity to perceive something as being funny" und das Phänomen des Komischen als "the objective correlate of the humor", das die subjektive Fähigkeit, etwas lustig zu finden, beschreibt.

Die Tabus betreffend, stellt das Komische eine Strategie dar, um Tabus "distanziert" zu betrachten, in dem Sinne, daß die Kommunikation, die komische Elemente beinhaltet, eine "nicht-ernsthafte" oder undramatische und distanzierte Weise des Kommunizierens ermöglicht. Jedoch weisen besondere Typen des Komischen auf "gefährliche", bedrohliche Formen des Umgangs mit Tabus hin, weil sie die konventionelle Moral einer Gesellschaft in Frage stellen. Dies ist bei harmlosen, unschuldigen Witzen ("benign humor", vgl. Berger 1997: 99 ff.) oder anderen Formen des Komischen nicht der Fall, jedoch stellt die politische Parodie das andere Extrem des Spektrums des Lächerlichen dar. Das Komische im allgemeinen erfüllt eine soziale Funktion: Die Verletzung der konventionellen, legitimierten Moral einer Gesellschaft wird erreicht, weil das Komische jenseits von Gut und Böse zu sein scheint. Die vergängliche, "sub-textuelle" Qualität des Komischen, zusammen mit seiner Fähigkeit, ernsthafte Angelegenheiten des Alltags mit seiner "fremden" Logik zu "überfluten", gibt dem Komischen eine subversive Potentialität. So steht das Komische jenseits der gewöhnlichen Annahmen des Alltäglichen und Ambiguität ist sein Merkmal. Es kann deswegen mit der medizinischen Diagnose verglichen werden: Beide verlangen die Fähigkeit, "durch die Oberfläche der Ereignisse zu schauen".

Das Komische enthüllt außerdem, was im Alltagsleben als gegeben angenommen wird und über einen doppelbödigen Charakter verfügt, was es zum "gefährlichen" Dispositiv verwandelt. Gesellschaften, innerhalb derer eine Doppelmoral in bezug auf bestimmte Themen vorherrscht, bieten dem Komischen einen besonderen, fruchtbaren "Boden", da die Doppelmoral ebenfalls doppelbödiger Natur ist. Dieser "gefährliche" Charakter des Komischen kann andererseits im Vergleich zu dem, was das Komische umzuleiten in der Lage ist, als "mildernd" bezeichnet werden: Mit Hilfe des Komischen können Tabus geschützt werden, indem das Komische eine "Sublimierung" der Tabuthemen leistet, wie das beispielsweise bei Witzen der Fall ist: "As dreams, jokes can substitute gratification of repressed thoughts." (Berger 1997: 55).

Der Humor - als subjektive Fähigkeit, etwas als lustig oder komisch zu empfinden - erfüllt allerdings eine weitere Funktion: die der "Markierung von Grenzen". Indem das Objekt des Komischen gewählt wird, wird auch die Grenze zwischen "Outsiders" - die Objekt des Witzes werden - und "Insiders" festgelegt. So erscheinen die Regierenden im Rahmen dieser "flashes of humor" als von den gewöhnlichen Bürgern entfremdet.

Die komischen Sequenzen *Telenoches* stellen keine strukturierten Erzählungen dar, es handelt sich um "Funken des Humors", um komische, parodistische "Kommentare" über die regierende Klasse. Dies reicht aus, um eine Distanz von der gewöhnlichen Welt und ihren offiziellen Legitimationen zu erlangen. Eine dialektische Marginalisierung ("dialectical marginalization", vgl. Berger 1997: 152) findet in diesem Sinne statt: Das "marginalisierte" Individuum marginalisiert, durch die Magie des Komischen, seinerseits die Welt, auf die es mit seinem Humor abzielt. Dies ermöglicht dem Subjekt eine Relativierung der Welt, die jetzt nicht mehr *die* Welt, sondern *eine* Welt ist, was es in eine "gefährliche" Person verwandelt. Mannigfaltige Wirklichkeiten und die Dichotomie Fassade/Kehrseite-der-Fassade der "wirklichen" Welt werden mit Hilfe des Humors enthüllt. Dies findet im Bereich des Komischen auf eine besondere Weise statt, in der die Welt ohne Leid betrachtet wird.

Die Satire als besondere Art des Komischen wird als "the deliberate use of the comic for purposes of attack" (Berger 1997: 157) begriffen. Meistens zielt dieser Angriff auf die Institutionen und ihre Repräsentanten, insbesondere auf die politischen und religiösen Vertreter; "its emotional tone is typically malicious". Northorp

Frye bezeichnet Satire als "militant irony", wobei deren Elemente Phantasie, einen auf moralischen Normen basierenden Standpunkt und ein Objekt des Angriffes aufweisen (vgl. Berger 1997: 158). Die komischen Sequenzen *Telenoches* können somit als parodistische Sequenzen bezeichnet werden; Parodie wird von Berger als eine besonders "scharfe" Form der Satire bezeichnet (vgl. ebd. 160). Satire kann eine pädagogische Rolle spielen, indem eine Moral in Frage gestellt wird bzw. eine alternative Moral durch sie dargestellt wird. Außerdem kann sie nicht nur auf sprachlicher, sondern auch auf bildlicher Ebene funktionieren (vgl. ebd. 159). Mit all diesen Elementen und auf die politische Ebene bezogen, "humor leads above all to a perception of incongruence, for instance, between the pretentions of political authority and its underlying fallability." (Ebd. 208). So wirkt der Witz als "schwächend" in bezug auf die Ansprüche besonderer sozialer Institutionen, Konventionen oder Sitten, auf die er abzielt.

Der Komiker kann als "kleiner Zauberer" ("minor magician") bezeichnet werden: Er ist in der Lage, eine Wirklichkeit in eine andere zu verwandeln, indem er seine Witze erzählt. Wenn die Metapher des "Hexenmeisters" für *ATC 24* zutrifft, so stellt *Telenoche* mit ihren komischen Elementen den "Anti-Zauberer" dar, der die dargestellte offizielle Ordnung von *ATC 24* - und somit jene der Regierung - in eine andere, alternative Realität verwandelt. "Die Verrücktheit" und die Narren - wie auch Religion und Magie - erfüllen somit ein Bedürfnis der Gesellschaft: Sie "brechen" Tabus, sie lachen über Autoritäten und Symbole, was jedoch als Ventilfunktion bezeichnet werden kann, weil das Komische im "Konjunktiv"[166] und auf eine flüchtige Weise vermittelt wird, wobei auf den "Funken des Komischen" folgend wieder zur ausgezeichneten "ernsten" Wirklichkeit ("paramount reality") des Status Quo zurückgekehrt wird (vgl. Luthe 1992: 66). Eine alternative Weltanschauung kommt jedoch zustande und das Komische hat somit seinen "Beitrag" - "die Wirklichkeit könnte doch anders sein" - geleistet. Der "Neo-Symbolic-Interactionism" sieht laut Luthe im

---

166 "Innerhalb des Regelsystems symbolischer Kodierung der Wirklichkeit ist der 'grammatische Ort' des 'komischen Aktes' weder Indikativ noch Imperativ, sondern Konjunktiv." (Luthe 1992: 100).

Komischen "ein privilegiertes Instrument der Dekonstruktion der sozialen Wirklichkeit", als "ein Moment der Distanz gegenüber geltenden, akzeptierten Definitionen" und als "Verknüpfung disparater Relevanzbereiche und Sinnprovinzen." (ebd. 117). Luthe bezeichnet den "komischen Akt" als eine Handlungsweise, die "eine Antwort auf eine Grunderfahrung des Menschen ist, nämlich die der Unverfügbarkeiten und Kontingenzen des Lebens" (ebd.18). Grenz-, Übergangs- und Problemlagen sind "Entstehungsmilieus" der komischen "Sinntransformation" und der "komische Akt" fungiert darüber hinaus als einer, der eine "Zwischenwirklichkeit schafft, eine Passage eröffnet, in der sich - nicht ausschließlich über das Mittel der symbolischen Inversion - die kulturelle Verarbeitung konkreter gesellschaftlicher Problemlagen vollzieht und, im Falle generativer Komik, eine Veränderung in Richtung auf eine innovative Leistung anbahnt" (ebd. 21). Als Unterbegriff von Handeln soll mit der Bezeichnung komischer *Akt* "die Ereignisstruktur gegenüber der Verlaufsstruktur dieses Moments unterstrichen" werden:

> "Der komische Akt markiert im Zeitstrom des Geschehens das Momentane, das Überraschende, Verändernde. Zwar mag er das Ergebnis eines besonderen Handlungsentwurfs sein, als solcher aber - nämlich gelöst von den Bedingungen seiner Entstehung - kann er erst verschiedene Handlungs- und damit Sinnperspektiven in unerwarteter, Lachen auslösender Weise miteinander verknüpfen, typische Erwartungen durchbrechen." (Luthe 1992: 60).

Dies wird auf eine besondere Weise erreicht, indem der komische Akt positive, zustimmende Reaktionen bewirkt.

> "Wenn es zutrifft, daß komische Sinntransformation ihren Ausgang und ihre Energie aus Situationen der Unbeantwortbarkeit, der Grenze, des konkurrierenden und konfligierenden Nebeneinanders unterschiedlicher Deutungsangebote nimmt, dann können wir zunächst erwarten, daß in Zeiten hoher gesellschaftlicher Dynamik komische Texte besonders häufig auftreten. Liest man solche Texte alsdann gleichsam wie die 'Partitur' des Prozesses kultureller Verarbeitung gesellschaftlicher Grenz- und Übergangsprobleme, dann vermittelt dieser Zugriff nähere Auskunft über die am kulturellen Diskurs Beteiligten, die Themen, die Verarbeitungsmodi." (Luthe 1992: 123).

Durch ironische Parodie wird der ehemalige Gouverneur Saadi als "Flüchtiger" dargestellt (vgl. V.2.3.). Das Komische erfolgt hier als eine Rollen-Inversion: Ein Gesetzgeber flieht vor der Justiz. In einer weiteren Nachrichtensequenz wird Saadi als Objekt des Zaubers von David Copperfield präsentiert; in diesem Fall vermischen sich Theatralität, Kulissen und Tricks des Zauberers mit der Politik Saadis, was seiner Politik eine Konnotation des "Trügerischen", einer hinter den Kulissen stattfindenden Politik verleiht. Die Ordnung des Zaubers wird mit den Regeln der politischen Handlung Saadis als "versteckt" und "tricky" hervorgehoben. Auch Masaccessi wird in diesem Sinne parodiert: Sein "Wiederauftauchen" wird wie die Inszenierung eines Theaterstücks präsentiert, wobei wiederum das Element der Fassade, der Kulissenhaftigkeit, des Lügnerischen hervorgehoben wird. Im Falle der Amira Yoma wird ihr Erscheinungsbild als Karikatur dargestellt - Übertriebenheit ist deren Merkmal - und die emotionale Seite des präsentierten Ereignisses, der Hochzeit, wird relativiert oder gar abgeschaltet. Die parodistisch dargestellten Personen werden somit marginalisiert, was notwendig ist, einerseits, weil sie das Tabu "Korruption" berührt haben, andererseits, weil *Telenoche* selbst die Korruption indirekt thematisieren muß. Im Falle der verzerrten Darstellung des Rathauses (vgl. V.2.3.) kommt eine Entstellung eines wichtigen politischen Symbols zustande und dadurch wird eine Entfremdung der Institution erreicht. Die Institution als Gesamtheit wird als "Küche der Korruption" "marginalisiert".

### VI.9. Der Umgang mit dem Tabu bei *Telenoche*: Strukturelle Analogien mit *ATC 24*

Wie bei *ATC 24*, so wird auch bei *Telenoche* die politische Korruption als ein Tabu - das Luhmann als *"latent" vorhandenes Thema* bezeichnet - behandelt. Folgende Merkmale der Tabus sind in der regierungskritischen Nachrichtensendung vorhanden: Zunächst ist ein *Informationsdefizit* feststellbar: Im Falle *Telenoches* wird eine konkrete - sowohl visuelle als auch sprachliche - Darstellung der Korruption vermißt. Nur einmal kommt ein solcher Versuch zustande, als in Berichterstattungen über Ñoquis, in deren Rahmen sogar die Mechanismen dieser Form von Korruption und politischem Klientelismus enthüllt werden. Dies wird jedoch ausschließlich sprachlich dargestellt. Trotzdem fehlt im allgemeinen auch bei *Telenoche* Information über Teilaspekte der Korruption: Konkrete Akteure mit Namen, Handlungen und ihren Folgen sind selten vorhanden. Was dargestellt wird (oder, besser gesagt, thematisiert wird), ist in der Regel in anderen Themen "verschachtelt" und abstrakt.

*Die dargestellten Quellen der Information*: Die Meinungsposition, die überwiegend zu Wort kommt, ist im Falle *Telenoches* die der politischen Opposition, vermittelt über Demonstranten, Politiker der Opposition oder Gewerkschafter. Die Oppositionellen werden außerdem direkt zitiert bzw. dargestellt, was bei Regierungsbeamten und -sympathisanten nicht der Fall ist, die im Zusammenhang mit direkten oder impliziten Korruptionsvorwürfen marginalisiert werden - sie haben deutlich weniger Möglichkeiten, den Vorwürfen *Telenoches* zu widersprechen. *Soziale Billigung* erhalten die Vertreter der allgemeinen politischen Opposition, indem sie das leidende Volk vertreten oder es verkörpern; die Situation der Arbeitenden und Schutzlosen wird dramatisiert und mit moralischen Markierungen versehen: Sie werden als die wahren Arbeiter und als die tapferen, sich aufopfernden Personen dargestellt, während die Regierenden als lächerliche oder unsensible Profiteure der Macht präsentiert werden, wobei letztere keine soziale Billigung verdienen. Die Regierenden werden somit de-legitimiert, obwohl sie in anderen Nachrichten, die verschiedenartige Themen behandeln, ernst genommen werden (z. B. Entscheidungen der Wirtschaft oder Auslandspolitik).

*Ersatzthemen*: Thematische Umleitungen auf "ungefährliche" Themen sind bei *Telenoche* überwiegend in Berichten über Demonstrationen der Fall; diese weisen darauf hin, daß "*etwas* vorhanden ist", nämlich Wut auf die Regierung, die durch Schimpfwörter, Gewalt etc. zum Ausdruck kommt. Das Thema "Korruption" kommt jedoch selten zur Sprache und wenn überhaupt, dann ausschließlich auf abstrakte

Weise. Dramatische Darstellungen der Lebensbedingungen der "Vernachlässigten" (Arbeitslosen, Obdachlosen) werden auch als Ersatzthemen benutzt, in dem Sinne, daß sie die Korruption indirekt deutbar machen; insofern sind sie mit dem Thema Korruption verwandt, thematisieren sie jedoch nicht konkret. Euphemismen, die für die Bezeichnung der Armen verwendet werden, beschreiben sie als Opfer einer ungerechten politischen Situation: "*los desprotegidos*" (die Schutzlosen). Ihre dramatische Lebenslage wird nicht nur sprachlich sondern auch visuell hervorgehoben: Die argentinische Flagge - als gemeinsames Symbol - wird beispielsweise in einer Obdachlosensiedlung mit trauriger Musik im Hintergrund präsentiert, was die Idee unterstützt, daß hier *auch* Argentinier sind, die um ihr Leben kämpfen müssen.

*Bagatellisierungen*: Bestimmte Regierungsbeamte und -sympathisanten werden bagatellisiert, indem sie mit Hilfe von parodistischem Humor charakterisiert werden. Eine Kriminalisierung der Regierung wird nahezu erreicht, wie beispielsweise in dieser Einleitung zu einer Nachricht: "Eine Geschichte mit Ingredienzen von Sex, Macht, Politik und Geld." ["historia con ingredientes de sexo, poder, politica y dinero", Einleitung über das Kidnapping des Gouverneurs Rodríguez Saa, Telenoche, 18.10.1995].

*Wertbarrieren* und *moralische Kommunikation*: Die Dramatisierung der Lebenslage der Armen, Schutzlosen, Arbeitenden oder Leidenden ist, wie bereits erwähnt wurde, durch eine starke moralische Kommunikation geprägt, die die Guten, Leidenden, Märtyrer, um-ihr-Leben-Kämpfenden auf der einen Seite, auf der anderen die Bösen, Unempfindlichen, Profiteure der Regierung präsentiert. Diese Berichterstattungen vermitteln eine starke Emotionalisierung des Themas. Weitere Sequenzen betonen diese Polarisierung der Kommunikation: Es wird beispielsweise im Rahmen des Spezialberichts "Si ellos pueden" ("Wenn sie es schaffen, ...") ein Taxifahrer dargestellt, der eine von einem Kunden vergessene, mit Geld gefüllte Tasche zurückgab. Die Tat des Taxifahrers wird von den Moderatoren ausdrücklich gelobt. Diese Themen - sowohl die Demonstrationen als auch die Berichterstattungen über die Armen - werden nach Achtung und Verachtung schematisiert. Die moralische Markierung kommt außerdem ebenfalls als implizite moralische Markierung zustande. So ist aus dem unumgänglichen Vergleich der Pole des "Guten" und des "Bösen" eine Moral abzuleiten. Die tabuisierte Zone der Korruption kommt somit als impliziter Vergleich "nur im Kopf des Zuschauers" zustande. Hier ist, im Unterschied zu *ATC 24*, deutlich festzustellen, daß die herrschende Ordnung in Frage gestellt wird; dies erfolgt allerdings fast ausschließlich impliziterweise. Die gegenwärtige Ordnung - der politische Status Quo - bleibt somit geschützt.

Das Tabu der Korruption in *Bildern* zu präsentieren, erweist sich als ausgesprochen problematisch, denn anders als bei sexuellen oder Ernährungs-Tabus, ist die visuelle Wahrnehmung von Geld an sich nicht vom Tabu der Korruption verriegelt; vielmehr muß ein Beamter beobachtet werden in dem Moment, in dem er in einer bestimmten Situation Geld für eine bestimmte Leistung erhält, um das Korruptionstabu visuell zu verletzen. Bei Korruption handelt es sich um unterschiedliche, durch Zeit und Raum getrennte Handlungen. Als Beispiel kann die folgende Situation gelten: Ein Beamter verspricht, jemandem einen "Gefallen" zu tun, für den er Geld bekommen wird. Das Absprechen des "Gefallens" aufzuzeichnen, könnte einen visuellen Beweis für ein korruptes Verhalten darstellen, wobei hier die korrupte Handlung noch nicht vollzogen wäre - eine solche Verfilmung würde die Korruption nur potenziell darstellen. Die Verwendung von Euphemismen, "Technizismen" usw. im Rahmen dieser Handlungen, die außerdem zumeist schriftlich passieren, erschwert insbesondere, daß diese Besprechungen als Beweis oder Dokument dienen können. So ist die "Obszönität" des Geldes nicht sichtbar, wie es im Falle des Tabus des Sexes oder des Todes möglich wäre: Unabhängig davon, wie Geld gezeigt wird, gehört es zum Bereich des Gewöhnlichen. Dieses Merkmal der Gewöhnlichkeit des Geldes verursacht die Schwierigkeit, das Tabu des Geldes mit Bildern zu brechen, weil keine Bilder existieren, die das Unzugängliche, Ungewöhnliche des Geldes zeigen können.

Auch im Falle des Berichts über die Ñoquis kann deswegen das Tabu nicht völlig gebrochen werden. Die Bilder zeigen lediglich gewöhnliche Plätze, Personen, Handlungen und der Bericht muß "obskur" inszeniert werden (das Stadtratsgebäude als Labyrinth etc.), um plausibel zu sein, weil das Tabu der Korruption sich in einem *Zusammenhang* von unterschiedlichen gewöhnlichen Handlungen befindet. In der Berichterstattung über Ñoquis wird erzählt, daß die Angestellten des Stadtrats früher ihren Lohn am Schalter erhielten. So konnte regelmäßig am Ende des Monats die Warteschlange der Ñoquis bei der Entgegennahme ihrer Lohnzahlung gesehen werden. Als vom Stadtrat entschieden wurde, die Löhne auf die Konten der Beamten bei der Stadtbank zu überweisen, wurde die Schlange der Ñoquis unsichtbar - sie profitieren jedoch weiterhin vom Staat. Die Modernisierung der Handlungen macht es für audiovisuelle Medien schwieriger, die Existenz der Korruption zu *zeigen*: Die Regierung eliminierte nicht die Ñoquis, sondern ihre *Sichtbarkeit*. *Telenoche* macht den Versuch, das Tabu der Korruption zu brechen; der gesamte Mechanismus der Ñoquis erfolgt jenseits des persönlichen Profits und sichert den Einfluß des Stadtrats, sogar nachdem sein Mandat zu Ende ist. Das Tabu wird jedoch dadurch noch nicht gebrochen, obwohl sich bei *Telenoche* Indizien für einen Versuch diesbezüglich zeigen.

Abschließend muß erwähnt werden, daß sowohl bei *Telenoche* als auch bei *ATC 24* das Wort "Korruption" und das Thema "politische Korruption" im allgemeinen - mit Ausnahme von den Sequenzen über Ñoquis - nicht als Nachrichtenthema präsentiert wird, sondern das Wort und das Thema "Korruption" in anderen Themen - wie typischerweise das Treffen der Staatsoberhäupter bei *ATC 24* oder Demonstrationen bei *Telenoche* - "verschachtelt" werden. Das ist ein weiteres Zeichen dafür, daß dieses Thema in der audiovisuellen Darstellung mit Hilfe von linguistischen und visuellen "Barrieren" "abgesperrt" bzw. "ummauert" wird. Dies erweist sich als Indiz dafür, daß das Thema in der Öffentlichkeit "präsent" ist und, daß es gleichzeitig als nicht vollständig zugängliches Thema vorhanden ist, was für Tabuthemen typischerweise der Fall ist.

# VII. Die demokratische Ordnung und ihre Wächter: Schlußfolgerung

Die modernen Demokratien als Herrschaftssysteme erhalten ihre Legitimation unter anderem über eine imaginäre, symbolische Wertkonstellation, die auf den Grundwerten "Freiheit", "Gleichheit" und "Brüderlichkeit" basiert. Diese fungieren gleichzeitig als Horizont und als fundierende Mythen des demokratischen Systems. Gegründet auf dem Wert der "Gleichheit der Bürger" - der sich beispielsweise in der Gleichheit der Bürger vor dem Gesetz oder in ihren Rechten ausdrücken soll - wird die Demokratie zur *Meritokratie*: zu einem System, innerhalb dessen nicht nur alle Bürger die gleichen Rechte und Pflichten haben sollen, sondern in welchem die Verdienste (*Meriten*) der fähigsten und der sich bemühenden anerkannt und belohnt werden sollen. Alle Bürger - oder auch Interessengruppen -, die ausgehend vom demokratischen Prinzip gleich behandelt werden sollen, müßten nach ihren Kapazitäten und Bemühungen nach dem gleichen Maßstab belohnt bzw. nach ihren "Straftaten" bestraft werden. Wenn in einem demokratischen System diese Grundwerte nicht respektiert werden, verliert die Legitimität der Demokratie ihre Fundierung. So sind diejenigen, die den Auftrag erhalten, zu regieren, also das Privileg der Machtausübung erlangen, genau jene, die dieses Privileg aufgrund ihrer Bemühungen und Tugenden verdient haben und deswegen von den anderen Bürgern gewählt bzw. vom Staat oder der Regierung ernannt wurden.

Als Gegenseite der Medaille der Demokratie müssen bestimmte Tabus bestehen, die ebenfalls die Legitimität des demokratischen Systems begründen: Nicht nur positive Werte sondern auch eine Reihe des für alle Bürger Nicht-Erlaubten, des

Verbotenen, legitimieren die demokratische Ordnung.[167] Diese unterschiedlichen Verbote können deswegen als Tabus bezeichnet werden, weil sie "verriegelte" Bereiche darstellen, deren "Berührung" versperrt ist und strafbar wird; darüber hinaus verfügen die Tabubereiche über Tabuwächter, die bestimmte Bußhandlungen in Kraft setzen, wenn das Tabu verletzt wird.[168]

Die politische Korruption, gemeinsam mit anderen Verboten, kann somit als fundierendes Tabu der demokratischen Ordnung betrachtet werden: Die Bestechung beispielsweise ist ein verbotenes Tun innerhalb des Horizontes der Demokratien - wenngleich in den tatsächlichen Demokratien dieses Verbot nicht unbedingt respektiert wird -, deren "Tabuwächter" das juridische System ist, das - falls das Tabu "berührt" wird - seine "Reinigungsrituale" in Kraft setzen muß. Auf diese Weise wird die demokratische Ordnung legitimiert: Der Mythos der Gleichheit gegenüber dem Gesetz[169] wird bestätigt, die Mißachter des Tabus und deshalb selbst tabu gewordenen Bürger - die Bestochenen und die Bestechenden - werden sanktioniert.

Wenn jedoch diese Verbote verletzt werden, verliert die Legitimität der Demokratie ihre Fundierung. Das Vertrauen der Bürger in das Herrschaftssystem nimmt ab, während alle Bürger eine offene Tür zum Verbot immer mehr als individuelle Möglichkeit des "Überlebens" betrachten. Wenn dieser Teufelskreis nicht mit den entsprechenden Reinigungsritualen und Bußhandlungen - dafür stellt die Justiz die

---

167 Der Staat besitzt das Monopol des politisch Verbotenen, was bedeutet, daß bestimmte, ausgewählte Bürger *nur* in ihrer Funktion als Beamte oder politische Vertreter manche Tätigkeiten im Bereich des Verbotenen ausüben dürfen (jemanden inhaftieren, einen Gefangenen hinrichten usw.). Im privaten Bereich sind jedoch genau diese Tätigkeiten für die Bürger verboten.

168 Aus diesem Grund werden die Beamten durch Rituale in ihren Funktionen ernannt (vgl. Soeffner 1998: 220). Deswegen muß diesbezüglich zwischen Bürger und Repräsentanten unterschieden werden.

169 Die Bestechung stellt eine Verletzung des Rechtes der Gleichheit der Bürger vor dem Gesetz insofern dar, indem der Bestechende besondere Privilegien erhält oder entsprechende Strafen vermeidet und, indem der Bestochene ebenfalls einen beispielsweise finanziellen Vorteil gegenüber den anderen Bürgern gewinnt.

wichtigste Instanz dar - gebrochen wird, entsteht einerseits ein Unbehagen, eine Spannung in der Gesellschaft, die häufig mit einer Doppelmoral "bedeckt" wird. Dies ist, wie in dieser Studie dargestellt wurde, bei Argentinien der Fall. Die Doppelmoral hilft einerseits der Legitimität der Demokratie eine Fassade zu verleihen, während andererseits, die ständigen Verletzungen der Tabus hinter dieser Fassade nicht zu Änderungen gezwungen werden. In diesem Rahmen müssen die Nachrichtensendungen *Telenoche* und *ATC 24* betrachtet werden. Durch die diskursive Konstellation von *ATC 24* hat der Zuschauer die Fassadenseite der Doppelmoral in bezug auf das Tabu der Korruption zu erfahren. Die Verletzung des Korruptionstabus findet bei der staatlichen Sendung nur im Ausland konkret statt; in Argentinien "erfüllen" die "gewöhnlichen", "unpolitischen Verbrecher" die "Rolle" der Kriminellen.

*Telenoche* zeigt insbesondere durch die Bildung von Kontrasten auf, was *hinter* der Fassade der Doppelmoral steht: Hinter unempfindlichen, verräterischen, ja bestechlichen lächerlichen Regierenden stehen leidende, ernsthafte, arbeitende Bürger. In beiden Fällen - also sowohl bei *Telenoche* als auch bei *ATC 24* - weist der sprachliche und bildliche Umgang mit dem Korruptionstabu auf die Doppelmoral hin, auf jene Fassade der Doppelmoral, jedoch wird bei *Telenoche* diese Fassade durch Kontraste oftmals enthüllt, während sie bei *ATC 24* durch ritualisierte Kommunikation und Verweisung auf gemeinsame Symbole geschützt wird.

Die Funktion des Tabus besteht unter anderem darin, eine gesellschaftliche Ordnung zu schützen.[170] *Welche* Ordnung wird jedoch im Diskurs und mittels des Diskurses der Nachrichtensendungen *ATC 24* und *Telenoche* geschützt?

*ATC 24* als Stimme der Regierenden schützt eine Ordnung, die den Mächtigen ermöglicht, nach *deren eigenen* Regeln - nicht unbedingt die eines demokratischen Systems - zu regieren; eine Ordnung, die die Regierungsbeamten als privilegierte "Tabuwächter" bestätigt, als Personen, die über einen exklusiven Zugang zur Berührung des Tabus verfügen, und zwar eine "Berührung" zu deren eigenem Vorteil. In

---

170 Weitere soziale Funktionen des Tabus sind die soziale Kontrolle der Untertanen, die Systematisierung der Angst, die Legitimierung der Hierarchien (vgl. u. a. Webster 1973, 1-48).

diesem Sinne ist die Darstellung der Korruption, die *ATC 24* leistet, eine solche, die das Tabu der Korruption nicht als fundierendes Tabu des demokratischen Systems schützt - indem die Regierung die Justiz als Tabuwächter legitimiert und frei agieren läßt -, sondern der Diskurs von *ATC 24* versucht, die Rolle der Regierung als "Tabuwächter" durchzusetzen - die Justiz im Diskurs zu ersetzen -, das Thema in der Öffentlichkeit zu kaschieren und den privilegierten Zugang zum Tabu ausschließlich für die Regierung abzusichern. Dies läßt sich in der Monopolisierung der Konnotationen des Begriffes "Korruption" am deutlichsten feststellen (vgl. Kap. V.1.1.).

Die Ordnung, die *Telenoche* hingegen zu schützen versucht, ist die eines demokratischen Systems, in welchem das Tabu der Korruption als fundamentales Verbot besteht. *Telenoche* verlangt somit die Erfüllung der Rolle der Justiz als legitimer "Tabuwächter" der Korruption, so daß, wenn die Korruption "berührt" wird, die entsprechenden Bußhandlungen und Reinigungsrituale in Kraft gesetzt werden, nämlich juristische Prozesse. Nur auf diese Weise kann die Gleichheit aller Bürger gewährleistet werden. Die Regierenden werden als Verletzer des Tabus und deswegen bei *Telenoche* als "Verbrecher" bzw. "Verräter" dargestellt. Wie die Thematisierung der Korruption *ATCs* eine "verzerrte" Tabuisierung des Themas zum Vorteil der Regierenden vollzieht, so richtet sich die Thematisierung *Telenoches* auf die ursprüngliche, grundlegende Konnotation des Tabus der Korruption als legitimierendes Verbot innerhalb der demokratischen Ordnung. Beide Thematisierungen basieren auf dem Tabu "Korruption", jedoch tendieren sie ausgehend vom gemeinsamen Tabu in gegensätzliche Richtungen: *ATC 24* zielt auf die Durchsetzung einer "verzerrten" Konnotation des Korruptionstabus, während *Telenoche* die "entzerrte" Konnotation des Begriffes in der Öffentlichkeit zu erhalten versucht.

Um die jeweilige angestrebte soziale Ordnung in der Öffentlichkeit durchzusetzen, müssen *ATC 24* und *Telenoche* bei den unterschiedlichen Thematisierungen der Korruption eine bestimmte Definition des Phänomens "Korruption" als wahr erscheinen lassen, Konnotation bestimmter Begriffe in diesem Zusammenhang "besetzen" bzw. durchsetzen und neuen Situationen den "richtigen" Namen verleihen. "Wessen Deutung einer neuen Situation in der aktuellen Kommunikation vorherrschend wird, ist von erheblicher Tragweite. Der Namens-Pate einer neuen Situation liefert zugleich deren vorherrschende Deutung. Und er gewinnt damit alle Chancen, die Handlungsziele zu bestimmen, die sich auf eine soziale Situations-Definition stützen." (Wagner 1991: 159). So versuchen sowohl *ATC 24* als auch *Telenoche* eine unterschiedliche Definition des Tabus der Korruption in der Öffentlichkeit durchzusetzen, die gegensätzliche gesellschaftliche Ordnungen schützen sollen. Die Konnotation, die *Telenoche* dem Begriff der Korruption zu verleihen versucht, beschriebt die Korruption nicht nur als individuelle oder als interaktionelle Handlung: Sie umfaßt die gesamte Regierung, die in bezug auf Korruption als Gruppe agiert. Bei *Telenoche* wird jedoch nur eine Seite der Profiteure der Korruption thematisiert, und zwar die staatliche, die der Bestochenen - wenn auch als gesamte Gruppe. Die private Seite der Korruption - die der Bestechenden - bleibt unthematisiert. *ATC 24* strebt hingegen dahin, eine Konnotation der Korruption zu monopolisieren und durchzusetzen, die einerseits die Regierung unangetastet läßt, weil dieses Phänomen ein Problem der Demokratie und darüber hinaus ein auf der ganzen Welt vorherrschendes darstelle. Andererseits erlaubt die *Dämonisierung* der Korruption sie zu abstrahieren und negativ zu beurteilen, so daß die Regierung sie gleichzeitig thematisieren und ihre eigene moralische Autorität im Diskurs erhalten kann. Bei *ATC 24* kommen somit weder die Bestechenden noch die Bestochenen zur Sprache.

Allerdings streben *ATC 24* und *Telenoche* nicht nur danach, eine gegensätzliche Definition der Korruption zu bekräftigen, sondern bieten dem Zuschauer verschiedene Interpretationen der politischen "Aktualität" an. Die Politik hat in den sogenannten Massengesellschaften die Funktion, "Angebote auf der Symbolebene zu machen" (vgl. Käsler 1989: 328), was wiederum von den Medien eingerahmt, uminterpretiert und dem Publikum angeboten wird:

"Das grundsätzliche Bedürfnis nach symbolischer Deutung von Wirklichkeit ist groß, und es wächst noch zusätzlich in 'Krisenzeiten'. Gerade in Perioden, die von größer werdenden Bevölkerungsgruppen als 'gefährlich', 'bedrohlich', 'unsicher' empfunden werden, *muß* die Politik [zusammen mit den Massenmedien, die ihre Botschaften einrahmen, N.d.V.], und zwar gerade die sogenannte 'Spitzenpolitik', Projektionsleinwände für Ängste, Hoffnungen und Wünsche anbieten." (Käsler 1989: 329).

So erfüllt die Politik für Käsler eine Integrations- und Stabilisierungsfunktion. *Telenoche* nimmt, genau wie *ATC 24*, an diesem Kampf um die Sinngebung Teil. Aber weiterhin muß sie als Ventil des von der Regierung gleichzeitig kaschierten, verzerrten und berührten Tabus der Korruption funktionieren,[171] um die Glaubwürdigkeit gegenüber dem Publikum und somit seine "Treue" ihr gegenüber und die Sicherung der finanziellen Interessen des Medienunternehmens zu gewährleisten.

Weil in Argentinien insbesondere die entsprechenden Instanzen für Konfliktlösungen in bezug auf Korruption - wie die der Justiz - häufig "gesperrt" sind (vgl. Kap. II.3.), müssen die Medien eine Vermittlungs- und Ventilfunktion erfüllen, die der Konflikt der Berührung des Tabus der Korruption verlangt. Die Reinigungsrituale des Tabuwächters Justiz finden nicht statt, obwohl das Tabu häufig berührt wird (vgl. Kap. II.2.). Das Fehlen der Reinigungsrituale verursacht Wut und Angst bei den Bürgern, die keinen privilegierten Zugang zum Tabu haben, weil die Legitimität des demokratischen Systems dauernd in Frage gestellt wird. Die entsprechenden Bußhandlungen und Reinigungsrituale in bezug auf die Berührung des Korruptionstabus werden nicht in Kraft gesetzt, wobei der von Enzensberger beschriebene Prozeß des "Reinigens von Schuld" in Argentinien nicht stattfindet:

---

171 *ATC 24* erhält ihr Publikum aufgrund der Tatsache, daß sie die einzige, offizielle Nachrichtensendung des Staates ist und deswegen nicht am Wettkampf um Zuschauer teilnehmen muß; *Telenoche* hingegen ist als Sendung eines privaten Medienunternehmens dazu gezwungen, ihre Autorität im Diskurs auf der Glaubwürdigkeit gegenüber den Zuschauern und deren Repräsentation zu basieren und somit ein Publikum zu vertreten. Dies ist der Grund dafür, warum *ATC 24* kein Erfordernis hat - im Gegensatz zu *Telenoche* -, als Ventil für Konfliktthemen zu fungieren.

"Für den Einzelnen ist jede Verurteilung eines anderen, und der Verbrecher wird stets als der schlechthin Andere betrachtet, ein Freispruch. Wer schuldig ist, der wird bestraft, also ist, wer nicht bestraft werden kann, unschuldig." (Enzensberger 1964: 30).

Da in Argentinien "Reinigungsrituale" fehlen, die die Bestechlichen und Bestechenden bestrafen sollen, und gleichzeitig die Bestechung gang und gäbe, d. h. Bestandteil des alltäglichen Lebens ist, kann niemand des Tabus entbunden werden: Niemand ist somit schuldig und deswegen auch unschuldig, das Tabu der Korruption berührt zu haben. Die Medien müssen aufgrund der Angst und Wut, die das Fehlen der Reinigungsrituale verursacht, als Ventil fungieren: Die Bürger fühlen sich aufgrund dieses Fehlens der "Reinigungsrituale" ungeschützt. (Vgl. Gronbeck 1985: 270). Dieses Ventil der Medien funktioniert jedoch nicht als Ersatz für die Reinigungsrituale, die vom "Tabuwächter" Justiz in Kraft gesetzt werden sollen; ein Ventil ist kein Reinigungsritual. Reinigungsrituale müssen die soziale Ordnung wieder instand setzen, indem sie das Tabu bestätigen: Die Verbrecher werden bestraft, die Unschuldigen freigesprochen.

*Telenoche* - wie auch andere kritische Medien, die die demokratische Ordnung verteidigen - verfügt über keine andere Möglichkeit, als wie ein Ventil - oder als "Unruhestifter", als "Provokateur" von Politik und Justiz - zu funktionieren: Wo das Problem der demokratischen Ordnung in bezug auf Korruption letztendlich gelöst werden muß, ist nicht nur in der Öffentlichkeit, sondern im Rahmen der Justiz. Insofern die Justiz als Instanz für die Bestrafung der Verstöße gegen die demokratische Ordnung - zum Beispiel bei politischer Korruption - unfähig ist, die Ordnung zu gewährleisten, können die kritischen Massenmedien lediglich die Funktion des "Ventils" bzw. Unruhestifters erfüllen. Im Gegensatz zum Tabuwächter *ATC 24*, agiert *Telenoche* als Stimme der nicht regierenden Bürger, und manchmal sogar in der Funktion des Demokratiewächters, allerdings eines solchen, dessen Tätigkeit nur effektiv sein kann, soweit diese Demokratie von den drei Mächten der demokratischen Ordnung gewährleistet werden kann.

Die Nachrichtensendungen, die für diese Studie analysiert wurden, stammen aus den Jahren 1995 und 1996. Jedoch wurden zusätzlich Nachrichten aus den Jahren 1997 und 1998 analysiert und kein bedeutender Unterschied ist in der Darstellung der politischen Korruption festzustellen. Außerdem wird das Thema "Korruption", das in den Jahren 1995, 1996 einen Boom erfuhr, gegenwärtig vom Thema "Sicherheit", "Verbrechen und Gewalt auf der Straße" ersetzt, wobei dasselbe grundsätzliche Problem des Verbrechens, der Verstöße gegen die demokratische Ordnung besteht.[172] Diesmal kommt es allerdings anders zum Ausdruck: Wenn die Justiz nicht in der Lage ist, die Demokratie zu bewachen, werden unterschiedliche Formen des politischen Verbrechens - also Verletzungen der Tabuverbote der Demokratie -, die ihre Grundwerte in Frage stellen, als Themen in der Öffentlichkeit zyklisch explodieren. Je weniger effektiv die Justiz funktioniert, desto häufiger und ausgeprägter finden Skandale statt, weil sie alleine nicht ausreichen, die Werte der demokratischen Ordnung zu bestätigen: Politische Skandale sind ausschließlich eine "imaginäre" Bestätigung der demokratischen Werte, die in den Arenen der Justiz und der Politik ihre Verwirklichung finden müssen. Wenn dies nicht der Fall ist, agieren die kritischen Medien als Unruhestifter, die gleichzeitig eine Spannung in der Gesellschaft zum Ausdruck bringen und weiter ausdehnen. Skandale bestätigen im Rahmen eines substantiellen demokratischen Systems die Normalität der Demokratie, wie die Monster die Normalität der Zuschauer im Zirkus. Jedoch laufen die Monster in Argentinien, noch nicht ganz domestiziert und in der Masse der Bürger versteckt, auf den Straßen frei herum.

---

172    Häufig wurde festgestellt, daß viele der Bank- bzw. Firmenüberfälle, die in Argentinien häufig stattfinden, von Polizisten oder Ex-Militärs - also "Beamten" - begangen wurden. Hier wird wiederum das Problem des Machtmißbrauchs durch 'Repräsentanten der demokratischen Ordnung' deutlich.

# VIII. Zusammenfassung

Die mediale Konstruktion der politischen Korruption stellt ein wenig erforschtes Thema der Soziologie dar, obwohl die Korruption als politisches, wirtschaftliches, kulturelles oder kriminologisches Phänomen hingegen häufiger untersucht wurde. Jedoch bleibt in der Soziologie die Ebene der diskursiven Konstellationen, die im Diskurs der Massenmedien in bezug auf die politische Korruption in der Öffentlichkeit das Phänomen der Korruption als soziales Phänomen konstruieren, wenig berücksichtigt. Die vorliegende Studie ist ein Versuch, einen Beitrag dafür zu leisten, diese Lücke aufzufüllen. Die vor allem während der letzten Jahrzehnte durchgeführten Untersuchungen über die Logik und "Karriere" der politischen Skandale in den Medien und ihren Bezug zur Bestätigung bzw. Stabilisierung der demokratischen Ordnung brachten neues Licht in die Analyse der politischen Korruption und ihre symbolischen Ebenen. Jedoch beziehen sich nach wie vor die meisten Untersuchungen mit einem solchen Forschungsinteresse auf Einzelfälle und nicht auf die "Normalität" des Umgangs mit Korruption. Vor allem in Ländern, in welchen politische Korruption zu den alltäglichen Praktiken gehört, wie das bei Argentinien der Fall ist, erweist es sich als unentbehrlich, die symbolischen Ebenen zu untersuchen, die einen Beitrag leisten, um diesen besonderen Umgang mit Korruption verstehen zu können. Darin besteht der zweite Beitrag dieser Analyse.

Eine Auseinandersetzung mit dem historischen und gegenwärtigen politischen Kontext Argentiniens zeigt, daß dieses Land über zahlreiche Gründe für die alltägliche Praxis der Korruption verfügt: Diese Gründe liegen in einer vom Autoritarismus geprägten politischen Kultur, die sowohl Menschenrechte als auch Werte wie Gleichheit der Bürger vor dem Gesetz historisch verkannt hat; eine Justiz ist in Argentinien vertreten, die überlastet ist und manipuliert wird; die Presse, die aufgrund ihrer kritischen Berichterstattungen ständig bezüglich ihrer finanziellen Situation und journalistischen Arbeit bedroht ist; eine politische und zivile Kultur, die sich durch Individualismus und Indifferenz gegenüber den Gesetzen und zivilen Normen charakterisieren läßt. Der Übergang von einer stadtzentriertem zu einer marktwirtschaftlichen Ökonomie akzentuiert dieses letzte individualistische Merkmal.

Die Analyse der medialen Darstellung der Korruption, die als ein Vergleich zweier unterschiedlicher Diskursgemeinschaften - *ATC 24* als "Stimme der Regierung" und *Telenoche 13* als regierungskritische Sendung - durchgeführt wurde, sollte verdeutlichen, wie der Begriff der Korruption im medialen Nachrichtendiskurs als ein wesentlicher Bestandteil des allgemeinen politischen Diskurses Argentiniens konstruiert wird. Nachdem die Eigenschaften des audiovisuellen und des journalistischen Diskurses - also des Untersuchungsmaterials - beschrieben wurden, erfolgte eine Beschreibung der Nachrichten in ihrer gattungsspezifischen Besonderheit, sowie der Eigenschaften, die es ermöglichen, für das Publikum als "wirklich" und glaubwürdig zu erscheinen. Darüber hinaus wurde dargestellt, wie und inwiefern die Fernsehnachrichtensendungen zur Konstruktion der sozialen Wirklichkeit beitragen.

Die qualitative, von der diskursanalytischen Perspektive geprägte Forschungsmethode dieser Untersuchung wurde durch eine Adaptierung der Grounded Theory für die Analyse medialer Texte, insbesondere mit Hilfe von Begriffen des symbolischen Interaktionismus und der *dichten Beschreibung* von Geertz, entwickelt. Eine weitere Ressource für die Analyse stellte der Begriff der Implikation dar, da im Laufe der Untersuchung festgestellt wurde, daß die Konstruktion der Korruption nicht nur auf einer expliziten Kommunikationsebene erfolgte.

Die politische Korruption - dies ergab sich als Resultat der durchgeführten Interpretationen - wird von den analysierten Sendungen nicht dargestellt, sondern thematisiert. Im Falle von *ATC 24* erfolgt dies, indem die Korruption abstrahiert, *dämonisiert* wird, so daß die Sendung als "Stimme" der Regierung einerseits das Thema zur Sprache bringt - um ihre Glaubwürdigkeit als Nachrichtensendung erhalten zu können - und andererseits die Regierung vom Thema Korruption im Diskurs unangetastet läßt. Der politischen Korruption wird bei *ATC 24* eine kriminelle Konnotation entzogen, wobei die gewöhnliche, "unpolitische" Kriminalität im Diskurs dieser Sendung besonders ausgeprägt stigmatisiert wird.

Bei *Telenoche*, die sogar die Position des Skandalierers mit der Enthüllung eines Korruptionsfalls im Stadtrat von Buenos Aires einnimmt, wird der politischen Korruption eine Konnotation vor allem implizit verliehen, die die gesamte regierende Klasse in bezug auf dieses Thema in Frage stellt, wobei die Konnotation der politischen Korruption die Verbindung zum Bereich der Kriminalität nicht ausschließt. Beide Sendungen machen außerdem von der moralischen Kommunikation Gebrauch, obwohl diese mit unterschiedlichen Bewertungen, was zum "Guten" oder "Bösen" gehört, geprägt ist. Im Diskurs von *ATC 24* sind im Bereich des "Guten" hauptsächlich die Bemühungen der Regierung im allgemeinen und der Regierenden insbesondere einzuordnen, die mit Tugenden wie Autorität, Fleiß und Entschlossenheit die Korruption und die Kriminalität bekämpfen. Zum "Bösen" gehören sowohl eine unsichtbare, *dämonisierte* Korruption, als auch die gewöhnliche, überwiegend von den Bürgern der benachteiligten Schichten verübten Kriminalität. Die moralische Kommunikation *Telenoches* vermittelt in erster Linie implizit, daß die in unterschiedlicher Hinsicht benachteiligten oder von den Regierenden betrogenen Bürger, die sich um ihr Überleben in einer ungerechten Gesellschaft bemühen, zum Bereich des "Guten" gehören. Die Regierenden hingegen, die ihre Privilegien als Machinhaber zum eigenen Vorteil mißbrauchen, gehören nicht nur zum Bereich des "Bösen", sondern sogar des Lächerlichen.

Die diskursiven Strategien der Sendungen lassen deutlich feststellen, daß es sich bei Korruption um ein politisches Tabu handelt. Personen, Handlungen oder Objekte, die tabu sind, gehören gleichzeitig zum Bereich des Heiligen und des Unreinen und lassen sich vom Gewöhnlichen trennen, indem sie stark markiert, verriegelt und unzugänglich werden - sowohl in der Sprache als auch visuell und räumlich. Nur wenige Privilegierte - seien sie Priester, Minister usw. - verfügen über einen Zugang zum Tabu und über die Möglichkeit, die entsprechenden Rituale und Bußhandlungen in Kraft zu setzen, um in den gefährlichen Bereich des Tabus einzudringen. Im Falle der Verletzung des Tabus müssen ebenfalls Rituale und Bußhandlungen durchgeführt werden, um die Ordnung, die die Tabus schützen, wieder herzustellen.

Das Tabu der Korruption wird in Argentinien permanent "berührt", was die Bürger sowohl im Alltagsleben als auch durch die kritischen Medien erfahren. Auf die Doppelmoral, die diesbezüglich vorherrscht, deuten die zahlreichen Euphemismen hin, die im argentinischen sprachlichen Repertoire vorhanden sind: Es gehört zur Normalität, daß über Korruption mit Strategien, die das Tabu der jedoch permanent "berührten" Korruption vermeiden, geredet wird. Im Falle von *ATC 24* wird das Tabu der "berührten" Korruption vermieden, indem das Thema abstrahiert und dämonisiert wird und seine Definition von den Regierenden monopolisiert ist. Die Korruption bleibt weiterhin verriegelt und unzugänglich, indem über sie mit Elementen der moralischen Kommunikation "informiert" wird und indem die Autorität der Regierung als "Tabuwächter" mit Hilfe von ritualisierter Kommunikation unterstützt wird. Ersatzthemen in bezug auf die Tugenden der Regierenden, Effektivität der Polizei und der Regierung in der Bekämpfung der Kriminalität usw. sollen zur "Objektivität" und "Glaubwürdigkeit" der "Stimme" der Regierung *ATC 24* weiter beitragen.

Bei *Telenoche* erfolgt die Thematisierung des ständig berührten Korruptionstabus insbesondere durch die Verwendung der impliziten Kommunikation. So läßt diese Sendung durch die Bildung von starken Kontrasten zwischen den Regierenden und den Bürgern darauf hindeuten, daß erstere von ihren öffentlichen Funktionen für private Zwecke profitieren. Parodistische Sequenzen stellen eine Ressource der Nachrichtenübermittlung dar, die von *Telenoche* häufig verwendet wird, um auf besonders kritische Weise die Regierenden, die der Korruption verdächtigt sind, in Frage zu stellen.


Die Korruption gehört zu den fundierenden Tabus der symbolischen Konstellation einer demokratischen Ordnung. Da dieses Phänomen jedoch in Argentinien nicht eindeutig zum Bereich des "Ungewöhnlichen" gehört, weil es ständig "berührt" wird, und andererseits die entsprechenden Reinigungsrituale von den entsprechenden "Tabuwächtern" - der Justiz in erster Linie - nicht in Kraft gesetzt werden, gerät die Legitimität der demokratischen Ordnung in Gefahr. In diesem Rahmen versucht *ATC 24* mittels ihrer diskursiven Konstellation eine Vorstellung der demokratischen Ordnung durchzusetzen, die die Regierenden in bezug auf die Korruption als "Tabuwächter" darstellt; eine Funktion, die hauptsächlich eine unabhängige Justiz erfüllen sollte. *Telenoche* hingegen strebt danach, die demokratische Ordnung in der Öffentlichkeit zu schützen, die alle Bürger als gleichberechtigt auffaßt - auch die Regierenden; die kritischen Medien und die Justiz sollen als demokratische "Tabuwächter" für den Erhalt der demokratischen Ordnung sorgen, wie der Diskurs *Telenoches* zum Ausdruck bringt. Da die Justiz dies alleine jedoch nicht schaffen kann, übernimmt *Telenoche* die Position des Skandalierers, der Korruptionsfälle selbst enthüllt. So agiert *Telenoche* nicht nur als Ventil der Wut der Bürger, sondern auch als Unruhestifterin.

# IX. Literaturverzeichnis

ADAMS, W. P.; CZEMPIEL, E. -O; OSTENDORF, B. (Hrsg.): *Länderbericht USA I. Geschichte, politische Kultur, politisches System, Wirtschaft.* Bonn (Bundeszentrale für politische Bildung) 1992.

ALEXANDER, Jeffrey (Hrsg.): *The micro-macro link.* Berkeley (University of California Press) 1987.

ALTHEIDE, David L.: *Qualitative media analysis.* Thousand Oaks, London, New Delhi (Sage) 1996.

AMATO, Alberto: *Un tenue soplo de esperanza.* In: Clarín, 28.12.1997, S. 6-7.

AMATO, Alberto: *El "rating" de la historia.* In: Clarín Digital, 27.12.1998.

AMNESTY INTERNATIONAL (Hrsg.): *Argentina: Alarm at renewed wave of attacks against journalists.* In: Internet Page AI, 18.02.1997.

AUSTIN, J. L.: *How to do things with words.* Oxford (Oxford University Press) 1962.

AYAß, Ruth; BERGMANN, Jörg: *Rhetorische Elemente als Bestandteile moralischer Kommunikation. Eine Forschungsskizze zur Sendereihe "Das Wort zum Sonntag".* Reihe: Moral. Formen der kommunikativen Konstruktion von Moral. Fachgruppe Soziologie, Universität Konstanz; Institut für Soziologie, Universität Gießen. Als Manuskript gedruckt. 1993.

BACH, Kent: *The semantics-pragmatics distinction: What it is and why it matters.* Aus: Rolf, Eckard (Hrsg.): *Pragmatik. Implikaturen und Sprechakte.* Opladen (Westdeutscher Verlag) 1997. S. 33-50.

BADENI, Gregorio: *Riesgo de autocensura.* In: Clarín, 18.04.1998, S. 55.

BALLE, Christel: *Tabus in der Sprache.* Frankfurt a. M. (Peter Lang) 1990.

BARTHES, Roland: *Mitologías.* México, Madrid (Siglo XXI) 1980.

BARTHES, Roland: *La aventura semiológica.* Buenos Aires (Ediciones Paidós) 1993.

BAYERISCHER RUNDFUNK (Hrsg.): *Gebrauchswörterbuch Fernsehen.* München (TR-Verlagsunion) 1992.

BELL, Allan: *The language of news media.* Oxford (Blackwell) 1991.

BERELSON, B.: *Content analysis in communications research.* Glencoe, IL (Free Press) 1952.

BERGER, Peter: *Redeeming laughter. The comic dimension of human experience.* New York, Berlin (Walter de Gruyter) 1997.

BERGER, Arthur Asa: *Media analysis techniques.* Newbury Park, London, New Delhi (Sage) 1991.

BERGER, Peter; LUCKMANN, Thomas: *Die gesellschaftliche Konstruktion der Wirklichkeit. Eine Theorie der Wissenssoziologie.* Frankfurt a. M. (Fischer) 1995.

BERGMANN, Werner; ERB, Rainer: *Kommunikationslatenz, Moral und öffentliche Meinung. Theoretische Überlegungen zum Antisemitismus in der Bundesrepublik Deutschland.* In: *Kölner Zeitschrift für Soziologie und Sozialpsychologie.*, 38. Jg. (1986), H. 2, S. 209-222.

BERGMANN, Jörg; LUCKMANN, Thomas: *Formen der kommunikativen Konstruktion von Moral. Darstellung eines Forschungsvorhabens.* Reihe: Moral. Formen der kommunikativen Konstruktion von Moral. Fachgruppe Soziologie, Universität Konstanz/Institut für Soziologie, Universität Gießen. 1993 Als Manuskript gedruckt. 1993.

BETTELHEIM, Peter; STREIBEL, Robert (Hrsg.): *Tabu und Geschichte. Zur Kultur des kollektiven Erinnerns.* Wien (Picus) 1994.

BLUMER, Herbert: *Symbolic interactionism. Perspective and method.* Englewood Cliffs, New Jersey (Prentice-Hall) 1969.

BORGES, Jorge Luis: *El idioma de los argentinos.* Buenos Aires (Seix Barral) 1994.

BORGES, Jorge Luis: *Obras completas I.* Barcelona (Emecé) 1996.

BOURDIEU , Pierre: *Delegation und politischer Fetischismus.* Aus: Ebbighausen, Rolf; Neckel, Sighard (Hrsg.): *Anatomie des politischen Skandals.* Frankfurt a. M. (Suhrkamp) 1989. S. 36-54.

BRYSK, Alison: *The politics of human rights in Argentina. Protest, change and democratization.* Stanford, CA (Stanford University Press) 1994.

BUTTERWECK, Hellmut: *Österreich und seine NS-Prozesse nach 1945. Politischer Opportunismus warf Mörder und Mitläufer in einem Topf.* Aus: Bettelheim, Peter; Streibel, Robert (Hrsg.): *Tabu und Geschichte. Zur Kultur des kollektiven Erinnerns.* Wien (Picus) 1994. S. 45-67.

CARNOTA, Fernando; TALPONE, Esteban: *El palacio de la corrupción. Droga, negociados y enriquecimiento en el Concejo Deliberante.* Buenos Aires (Sudamericana) 1995.

CAVAROZZI, Marcelo: *Autoritarismo y democracia (1955-1996). La transición del estado al mercado en la Argentina.* Buenos Aires (Ariel) 1997.

CERRUTI, Gabriela; CIANCAGLINI, Sergio: *El octavo círculo: Crónica y entretelones de la Argentina menemista.* Buenos Aires (Planeta) 1991.

CHION, Michel: *La audiovisión. Introducción a un análisis conjunto de la imagen y el sonido.* Barcelona (Ediciones Paidós) 1993.

CLARKE, Michael (Hrsg.): *Corruption. Causes, consequences and control.* London (Frances Printer) 1983.

COLE, P.; MORGAN, J. L. (Hrsg.): *Speech acts.* New York (Syntax & Semantics) 1975.

CRABTREE, Benjamin; MILLER, William (Hrsg.): *Doing qualitative research.* Newbury Park, London, New Delhi (Sage) 1992.

DEBRAY, Régis: *El estado seductor. Las revoluciones mediológicas del poder.* Buenos Aires (Manantial) 1995.

DENZIN, Norman: *Symbolic interactionism and cultural studies. The politics of interpretation.* Oxford UK, Cambridge USA (Blackwell) 1992.

DERRIDA, Jacques; STIEGLER, Bernard: *Ecografías de la televisión. Entrevistas filmadas.* Buenos Aires (EUDEBA) 1998.

*Desplazan a dos militares por hacer espionaje a periodistas.* In: Clarín Digital, 24.11.1998.

*Diccionario de la Real Academia Española.* Madrid (Espasa Calpe) 1992.

DIJK, Teun A. van: *La noticia como discurso. Comprensión, estructura y producción de la información.* Barcelona, Buenos Aires, México (Paidós) 1990.

DIJK, Teun A. van: *The interdisciplinary study of news as discourse.* Aus: Jensen, Klaus; Jankowski, Nicholas (Hrsg.): *A handbook of qualitative methodologies for mass communication research.* London, New York (Routledge) 1991. S. 108-120.

DOIG, Alan: *'You publish at your peril!' The restraints on investigatory journalism.* Aus: Clarke, Michael (Hrsg.): *Corruption. Causes, consequences and control.* London (Frances Printer) 1983. S. 74-104.

DUCROT, Oswald: *Decir y no decir. Principios de semántica lingüística.* Barcelona (Editorial Anagrama) 1982.

DURKHEIM, Emile: *Über die Teilung der sozialen Arbeit.* Frankfurt a. M. (Suhrkamp) 1977.

DUTIL, Carlos; RAGENDORFER, Ricardo: *La Bonaerense. Historia criminal de la policía de la Provincia de Buenos Aires.* Buenos Aires (Planeta) 1997.

EBBIGHAUSEN, Rolf; NECKEL, Sighard (Hrsg.): *Anatomie des politischen Skandals.* Frankfurt a. M. (Suhrkamp) 1989.

ECHECHURRE, Humberto: *Periodistas bajo fuego. Los ataques a la libertad de prensa.* Buenos Aires (El Tribuno) 1997.

ECO, Umberto: *Semiología de los mensajes visuales.* Aus: Metz, Christian; Eco, Umberto; Durand, Jacques u.a. (Hrsg.): *Análisis de las imágenes.* Barcelona (Ediciones Buenos Aires) 1970. S. 23-80.

ECO, Umberto: *La estructura ausente. Introducción a la semiótica.* Barcelona (Editorial Lumen) 1989.

EDELMAN, Murray: *Politik als Ritual. Die symbolische Funktion staatlicher Institutionen und politischen Handelns.* Frankfurt a. M. (Campus) 1976.

EHLICH, Konrad (Hrsg.): *Diskursanalyse in Europa.* Frankfurt a. M., Berlin, Bern u. a. (Peter Lang) 1994.

ENRIGHT, D. J. (Hrsg.): *Fair of speech. The uses of euphemism.* Oxford (Oxford University Press) 1985.

ENZENSBERGER, Hans Magnus: *Politik und Verbrechen. Neun Beiträge.* Frankfurt a. M. (Suhrkamp) 1964.

ENZENSBERGER, Hans Magnus: *Elementos para una teoría de los medios de comunicación.* Barcelona (Anagrama) 1972.

ESCHENBUURG, Theodor: *Tabus der Politik.* In: *Magnum (Köln),* Jg. 1960, H. 31, S. 29-30.

ETZIONI, Amitai: *Capital corruption. The new attack on american democracy.* San Diego, New York, London (Harcourt Brace Jovanovich) 1984.

FORSCHUNGS- UND DOKUMENTATIONSZENTRUM CHILE - LATEINAMERIKA (FDCL); ÖKUMENISCH-MISSIONARISCHES INSTITUT. (Hrsg.): *Lebend wurden sie verschleppt - Lebend wollen wir sie zurück. Eine Dokumentation zur Repression in Argentinien und den deutsch-argentinischen Beziehungen.* Berlin (FDCL) 1983.

FERRELL, Jeff; SANDERS, Clinton (Hrsg.): *Cultural criminology.* Boston (Northeastern University Press) 1995.

FISHMAN, Mark: *Manufacturing the news.* Austin, London (University of Texas Press) 1980.

FLECK, Christian; KUZMICS, Helmut (Hrsg.): *Korruption. Zur Soziologie nicht immer abweichenden Verhaltens.* Königstein/Ts. (Athenäum) 1985.

FONTANIER, Pierre: *Les figures du diskours.* Paris (Flammarion) 1977.

FRAZER, James George: *Taboo and the perils of the soul*. London, Melbourne, Toronto (Macmillan) 1966.

FREUD, Sigmund: *Totem und Tabu. Einige Übereinstimmungen im Seelenleben der Wilden und der Neurotiker*. Frankfurt am Main (Fischer Bücherei) 1956.

FREUD, Sigmund: *Der Witz und seine Beziehung zum Unbewußten. Der Humor*. Frankfurt a. M. (Fischer) 1996.

GALLO, Darío; CABALLERO, Roberto: *La Justicia que quiere Menem*. In: Noticias, Nr. 1109 vom 28.03.1998.

GALTUNG, Frederic: *Zum Beispiel Korruption*. Göttingen (Lamuv) 1994.

GARCÍA JIMÉNEZ, Jesús: *Narrativa audiovisual*. Madrid (Cátedra) 1993.

GEERTZ, Clifford: *Dichte Beschreibung. Beiträge zum Verstehen kultureller Systeme*. Frankfurt a. M. (Suhrkamp) 1983.

GERMIS, Carsten: *Parlamentarische Untersuchungsausschüsse und politischer Skandal. Dargestellt am Beispiel des deutschen Bundestages*. Frankfurt a. M. (Haag und Herchen) 1988.

GLASER, Barney; STRAUSS, Anselm: *The discovery of grounded theory. Strategies for qualitative research*. New York (Aldine de Gruyter) 1967.

GLASGOW UNIVERSITY MEDIA GROUP: *More bad news*. London (Routledge & Kegan Paul) 1980.

GOBELLO, José (Hrsg.): *Nuevo diccionario lunfardo*. Buenos Aires (Corregidor) 1997.

GOFFMAN, Erving: *Strategische Interaktion*. München (Hanser) 1981.

GOFFMAN, Erving: *Frame analysis. An essay on the organization of experience*. Boston (Northeastern University Press) 1986.

GREWENIG, Adi (Hrsg.): *Inszenierte Information. Politik und strategische Kommunikation in den Medien*. Opladen (Westdeutscher Verlag) 1993.

GRICE, H.P.: *Utterer's meaning, sentence-meaning, and word-meaning*. In: Foundations of Linguistics, Jg. 1968, H. 4, S. 225-242.

GRICE, H. P.: *Logic and conversation*. Aus: Cole, P.; Morgan, J. L. (Hrsg.): *Speech acts*. New York (Syntax & Semantics) 1975. S. 41-58.

GRONBECK, Bruce E.: *The rhetoric of political corruption*. In: The Quarterly Journal of Speech, Jg. 1978, H. 64, S. 155-172.

GRONDONA, Mariano: *La corrupción*. Buenos Aires (Planeta) 1993.

GÜNTHER, Ulla: *und aso das isch gar need es Tabu bi üs, nei, überhaupt need. Sprachliche Strategien bei Phone-in-Sendungen am Radio zu tabuisierten Themen.* Bern, Frankfurt, New York u. a. (Lang) 1992.

HAASE, Norbert; OLESCHINSKI, Brigitte (Hrsg.): *Das Torgau-Tabu. Wehrmachtstrafsystem, NKWD-Speziallager; DDR-Strafvollzug.* Leipzig (Forum) 1993.

HALPERÍN, Jorge: *La pelea entre la prensa y el poder.* In: Clarín, 04.01.1998, S. 12-13.

HAMBURGER INSTITUT FÜR SOZIALFORSCHUNG (Hrsg.): *Nie wieder! Ein Bericht über die Entführung, Folter und Mord der Militärdiktatur in Argentinien.* Weinheim, Basel (Beltz) 1987.

HANSEN, Anders; COTTLE, Simon; NEGRINE, Ralph: *Mass communication research methods.* Houndmills, London (Macmillan) 1998.

HANSON, Ralph E.: *Objectivity and narrative in contemporary reporting: a formal analysis.* In: Symbolic Interaction, Jg. 1997, H. 20/4, S. 385-396.

HEIDENHEIMER, Arnold (Hrsg.): *Political corruption. Readings in comparative analysis.* New York, Chicago, San Francisco u. a. (Holt, Rinehart and Winston) 1970.

HERRMANN, Theo (Hrsg.): *Methodologische Grundlagen der Psychologie. Forschungsmethoden der Psychologie.* Göttingen (Hogrefe) 1994.

HICKETHIER, Knut: *Film- und Fernsehanalyse.* Stuttgart (J. B. Metzler) 1993.

HITZLER, Ronald: *Skandal ist Ansichtssache. Zur Inszenierungslogik ritueller Spektakel in der Politik.* Aus: Ebbighausen, Rolf; Neckel, Sighard (Hrsg.): *Anatomie des politischen Skandals.* Frankfurt a. M. (Suhrkamp) 1989. S. 334-354.

HOLMES, Leslie: *The end of communist power. Anti-corruption campaigns and legitimation crisis.* Cambridge (Polity Press) 1993.

HOLTMANN, E. (Hrsg.): *Politik-Lexikon.* München (Oldenburg) 1991.

HOTTINGER, Mary (Hrsg.): *Geldgeschichten. Von Mark Twain bis W. Somerset Maugham.* Zürich (Diogenes) 1994.

IGLESIAS, Hernán: *Eliseo Verón está de vuelta.* In: Mediomundo, 1. Jg. (Julio 1997), H. 2, S. 14-17.

ILARI, Virgilio: *Das Ende eines Mythos. Interpretationen und politische Praxis des italiensichen Widerstands in der Debatte der frühen neunziger Jahre.* Aus: Bettelheim, Peter; Streibel, Robert (Hrsg.): *Tabu und Geschichte. Zur Kultur des kollektiven Erinnerns.* Wien (Picus) 1994. S. 129-174.

*Incendio intencional en el único diario editado en Esquel.* In: Clarín, 26.12.1997, S. 47.

JÄGER, Siegfried: *Kritische Diskursanalyse. Eine Einführung.* Duisburg (Diss) 1993.

JÄGER, Siegfried: *Text- und Diskursanalyse. Eine Einleitung zur Analyse politischer Texte.* Duisburg (DISS) 1994.

JANUSCHEK, Franz: *Anspielungen und Distanzierungen im populistischen Mediendiskurs am Beispiel des österreichischen Politikers Jörg Haider.* Aus: Grewenig, Adi (Hrsg.): *Inszenierte Information. Politik und strategische Kommunikation in den Medien.* Opladen (Westdeutscher Verlag) 1993. S. 117-142.

JENSEN, Klaus; JANKOWSKI, Nicholas (Hrsg.): *A handbook of qualitative methodologies for mass communication research.* London, New York (Routledge) 1991.

KAMPS, Klaus; MECKEL, Miriam (Hrsg.): *Fernsehnachrichten. Prozesse, Strukturen, Funktionen.* Opladen/Wiesbaden (Westdeutscher Verlag.) 1998.

KANDIL, Fuad: *Anomie.* Aus: Schäfers, Bernhard (Hrsg.): *Grundbegriffe der Soziologie.* Opladen (Leske + Budrich) 1986. S. 18-20.

KÄSLER, Dirk: *Der Skandal als "politisches Theater". Zur Schaupolitischen Funktionalität politischer Skandale.* Aus: Ebbighausen, Rolf; Neckel, Sighard (Hrsg.): *Anatomie des politischen Skandals.* Frankfurt a. M. (Suhrkamp) 1989. S. 307-333.

KEPPLER, Angela: *Präsentation und Information. Zur politischen Berichterstattung im Fernsehen.* Tübingen (Narr) 1985.

KIENER, Franz: *Das Wort als Waffe. Zur Psychologie der verbalen Aggression.* Göttingen (Vandenhoen & Ruprecht) 1983.

KIESEL, Doron; RABIUS, Martin; VALTINK, Eveline (Hrsg.): *Das verbotene Bild. Tabu und Gesellschaft im Film.* Frankfurt a. M. (Gemeinschaftswerk der Evangelischen Publizistik e. V.) 1986.

KNOBLAUCH, Hubert: *Vom moralischen Kreuzzug zur Sozialtechnologie. Die Nichtraucher- Kampagne in Kalifornien.* Reihe: Moral. Formen der kommunikativen Konstruktion von Moral, Fachgruppe Soziologie, Universität Konstanz; Institut für Soziologie, Universität Gießen. Als Manuskript gedruckt. 1993.

*La corrupción argentina en la mira internacional*. In: Clarín, 12.03.1997, S. 18.

LACEY, Nick: *Image and representation. Key concepts in media studies*. New York (St. Martin's Press) 1998.

LANGE, Klaus: *Das Bild der Politik im Fernsehen. Die filmische Konstruktion einer politischen Realität in den Fernsehnachrichten*. Frankfurt a.M. (Haag+Herchen) 1981.

LANHAM, Richard: *A handlist of rhetorical terms. A guide for students of English literature*. Berkeley, Los Angeles (University of California Press) 1969.

LARSEN, Peter: *Textual analysis of fictional media content*. Aus: Jensen, Klaus; Jankowski, Nicholas (Hrsg.): *A handbook of qualitative methodologies for mass communication research*. London, New York (Routledge) 1991.

LAUSBERG, Heinrich: *Elemente der literarischen Rhetorik. Eine Einführung für Studierende der klassischen, romanischen, englischen und deutschen Philologie*. München (Max Hueber) 1971.

LEINFELLNER, Elisabeth: *Der Euphemismus in der politischen Sprache*. Berlin (Duncker & Humblot) 1971.

LEVINSON, Stephen C.: *Pragmatik*. Tübingen (Niemeyer) 1994.

LIEDTKE, Frank (Hrsg.): *Implikaturen. Grammatische und pragmatische Analysen*. Tübingen (Max Niemeyer) 1995.

LIEDTKE, Frank: *Das Gesagte und das Nicht-Gesagte: Zur Definition von Implikaturen*. Aus: Liedtke, Frank (Hrsg.): *Implikaturen. Grammatische und pragmatische Analysen*. Tübingen (Max Niemeyer) 1995. S. 19-46.

LINKE, Angelika; NUSSBAUMER, Markus; PORTMANN, Paul R.: *Studienbuch Linguistik*. Tübingen (Niemeyer) 1996.

LUCKMANN, Thomas (Hrsg.): *Moral im Alltag. Sinnvermittlung und moralische Kommunikation in intermediären Institutionen*. Gütersloh (Bertelsmann Stiftung) 1998.

LUCKMANN, Thomas: *Riten als Bewältigung lebensweltlicher Transzendenzen*. In: Schweizerischer Zeitschrift für Soziologie, Jg. 1985, H. 3, S. 535-550.

LUCKMANN, Thomas: *Die intersubjektive Konstitution der Moral*. Reihe: Moral. Formen der kommunikativen Konstruktion von Moral, Fachgruppe Soziologie, Universität Konstanz; Institut für Soziologie, Universität Gießen. Als Manuskript gedruckt. 1993.

LUCKMANN, Thomas: *Gesellschaftliche Bedingungen geistiger Orientierung*. Aus: Luckmann, Thomas (Hrsg.): *Moral im Alltag. Sinnvermittlung und moralische Kommunikation in intermediären Institutionen*. Gütersloh (Bertelsmann Stiftung) 1998. S. 19-46.

LUGONES, Paula: *Preocupa a la SIP el aval de la Corte al derecho a réplica.* In: Clarín, 18.04.1998, S. 54.

LUHMANN, Niklas: *Soziologie der Moral.* Aus: Luhmann, Niklas; Pfürtner, Stephan (Hrsg.): *Theorietechnik und Moral.* Frankfurt (Suhrkamp) 1978. S. 8-116.

LUHMANN, Niklas: *Soziale Systeme. Grundriß einer allgemeinen Theorie.* Frankfurt a. M. (Suhrkamp) 1987.

LUHMANN, Niklas: *Die Gesellschaft der Gesellschaft.* Frankfurt a. M. (Suhrkamp) 1997.

LUHMANN, Niklas; PFÜRTNER, Stephan (Hrsg.): *Theorietechnik und Moral.* Frankfurt (Suhrkamp) 1978.

LUTHE, Heinz Otto: *Komik als Passage.* München (Fink) 1992.

MAFUD, Julio: *Psicología de la viveza criolla.* Buenos Aires (Americalee) 1965.

MAINGUENEAU, Dominique: *Introducción a los métodos del análisis del discurso.* Buenos Aires (Hachette) 1976.

MAINGUENEAU, Dominique: *Die "französische Schule" der Diskursanalyse.* Aus: Ehlich, Konrad (Hrsg.): *Diskursanalyse in Europa.* Frankfurt a. M., Berlin, Bern u. a. (Peter Lang) 1994. S. 187-195.

MCDONALD, James: *A dictionary of obscenity, Taboo and euphemism.* London, New York, Victoria u. a. (Penguin) 1988.

MCGUIRE, James W.: *Peronism without Perón. Unions, parties, and democracy in Argentina.* Stanford, California (Stanford University Press) 1997.

MEAD, George Herbert: *Philosophie des Geldes. By Georg Simmel.* In: *Journal of Political Economy,* Jg. 1901, H. 9, S. 616-619.

MECKEL, Miriam; KAMPS, Klaus: *Fernsehnachrichten. Entwicklungen in Forschung und Praxis.* Aus: Kamps, Klaus; Meckel, Miriam (Hrsg.): *Fernsehnachrichten. Prozesse, Strukturen, Funktionen.* Opladen/Wiesbaden (Westdeutscher Verlag.) 1998. S. 11-29.

MEHRINGER, Hartmut: *Vichy und die Résistance.* Aus: Bettelheim, Peter; Streibel, Robert (Hrsg.): *Tabu und Geschichte. Zur Kultur des kollektiven Erinnerns.* Wien (Picus) 1994. S. 78- 99.

MERTEN, Klaus; SCHMIDT, Siegfried; WEISCHENBEG, Siegfried (Hrsg.): *Die Wirklichkeit der Medien. Eine Einführung in die Kommunikationswissenschaft.* Opladen (Westdeutscher Verlag) 1994.

MESSI, Virginia: *No todos los jueces se deciden a investigar falsos operativos.* In: Clarín Digital, 28.03.1999.

METZ, Christian: *Más allá de la analogía, la imagen.* Aus: Metz, Christian; Eco, Umberto; Durand, Jacques u.a. (Hrsg.): *Análisis de las imágenes.* Barcelona (Ediciones Buenos Aires) 1970. S. 9-22.

METZ, Christian; ECO, Umberto; DURAND, Jacques (Hrsg.): *Análisis de las imágenes.* Barcelona (Ediciones Buenos Aires) 1970.

MITSCHERLICH, Alexander: *Vom geahnten zum gelenkten Tabu.* In: *Magnum (Köln),* Jg. 1960, H. 31, S. 27-28.

MORÁN, Rafael: *Mendoza: la cámara oculta ayudó a descubrir otra coima.* In: Clarín Digital, 14.11.1998.

MORENO OCAMPO, Luis: *En defensa propia. Cómo salir de la corrupción.* Buenos Aires (Editorial Sudamericana) 1993.

MORIN, Edgar: *New trends in the study of mass communications.* Birmingham (Centre for Contemporary Cultural Studies, Birmingham University) 1968.

MOSCOVICI, Serge: *The invention of society. Psychological explanations for social phenomena.* Cambridge (Polity Press) 1993.

MUCKENHAUPT, Manfred: *Text und Bild.* Tübingen (Gunter Narr) 1986.

MULEIRO, Vicente: *Aquella jueza Barubudubudía.* In: Clarín Digital, 27.12.1998.

MURARO, Heriberto: *Políticos, periodistas y ciudadanos.* Buenos Aires (Fondo de Cultura Económica) 1997.

MURPHY, David: *Journalistic investigation of corruption.* Aus: Clarke, Michael (Hrsg.): *Corruption. Causes, consequences and control.* London (Frances Printer) 1983. S. 58-73.

NINO, Carlos: *Un país al margen de la ley.* Buenos Aires (Emecé) 1992.

NOHLEN, Dieter (Hrsg.): *Wörterbuch Staat und Politik.* Bonn (Bundeszentrale für politische Bildung) 1995.

NOLTE, Detlef: *Ein neuer Perón? Eine Bilanz der ersten Präsidentschaft von Carlos Menem (1989-1995).* Aus: Nolte, Detlev; Werz, Nikolaus (Hrsg.): *Argentinien. Politik, Wirtschaft, Kultur und Außenbeziehungen.* Frankfurt a. M. (Vervuert) 1996. S. 98-124.

NOLTE, Detlev; WERZ, Nikolaus (Hrsg.): *Argentinien. Politik, Wirtschaft, Kultur und Außenbeziehungen.* Frankfurt a. M. (Vervuert) 1996.

PALERMO, Vicente; NOVARO, Marcos: *Política y poder en el gobierno de Menem.* Buenos Aires (Norma) 1996.

PARSONS, Talcott: *Durkheim, Èmile.* Aus: Sills, David L. (Hrsg.): *International Encyclopedia of Social Sciences.* o.O. (McMillan) 1968. S. 311-319.

PELINKA, Anton; WEINZIERL, Erika (Hrsg.): *Das grosse Tabu. Österreichs Umgang mit seiner Vergangenheit.* Wien (Österreichische Staatsdruckerei) 1987.

PERALTA RAMOS, Mónica; WAISMAN, Carlos (Hrsg.): *From military rule to liberal democracy in Argentina.* Boulder, Colorado (Westview Press) 1987.

PHILO, Greg: *Seeing and believing. The influence of television.* London, New York (Routledge) 1990.

PLASSER, Fritz; ULRAM, Peter; WELAN, Manfried (Hrsg.): *Demokratierituale. Zur politischen Kultur der Informationsgesellschaft.* Wien, Köln, Graz (Böhlau) 1985.

PLETT, Heinrich: *Einführung in die rhetorische Textanalyse.* Hamburg (Buske) 1979.

POGGI, Gianfranco: *Money and the modern mind. Georg Simmel's Philosophy of money.* Berkeley (University of California Press) 1993.

PRYLUCK, Calvin: *Sources of meaning in motion pictures and television.* New York (Arno Press) 1976.

QUEVEDO, Francisco de: *Poesía completa, II.* Madrid (Turner) 1995.

RAMMSTEDT, Otthein: *Tabus und Massenmedien.* In: *Publizistik,* Jg. 1964, H. 1, S. 40-44.

RAWSON, Hugh: *A dictionary of euphemisms and other doubletalk. Being a compilation of linguistic fig leaves and verbal flourishes for artful users of the English language.* London, Sydney (Macdonald & Co.) 1981.

RECANATI, Francois: *Meaning and force. The pragmatics of performative utterances* Cambridge (Cambridge University Press) 1987.

REEMTSMA, Jan Philipp (Hrsg.): *Folter. Zur Analyse eines Herrschaftsmittels.* Hamburg (Junius) 1991.

REEMTSMA, Jan Philipp: *Das Heer schätzt den Menschen als solchen. Ein neues Jahrhundert der Folter.* Aus: Reemtsma, Jan Philipp (Hrsg.): *Folter. Zur Analyse eines Herrschaftsmittels.* Hamburg (Junius) 1991. S. 25-36.

RELEA, Francisco: *La intimidad y la libertad de prensa.* In: Página 12, 29.03.1998, S. 14.

RODRIGO ALSINA, Miguel: *La construcción de la noticia.* Barcelona, Buenos Aires, México (Paidós) 1993.

ROKSANDIC, Drago: *Nationale Konflikte in Titos Jugoslawien - ein Tabu?* Aus: Bettelheim, Peter; Streibel, Robert (Hrsg.): *Tabu und Geschichte. Zur Kultur des kollektiven Erinnerns* Wien (Picus) 1994. S. 100-128.

ROLF, Eckard (Hrsg.): *Pragmatik. Implikaturen und Sprechakte.* Opladen (Westdeutscher Verlag) 1997.

ROSE-ACKERMAN, Susan: *Corruption and government. Causes, consequences and reform.* Cambridge, New York, Melbourne (Cambridge University Press) 1999.

ROTHE, Martin: *Rechtswörterbuch Spanisch-Deutsch/Deutsch-Spanisch.* Neuwied, Kniftel, Berlin (Luchterhand) 1996.

ROUQUIE, Alain: *Poder militar y sociedad política en la Argentina.* Buenos Aires (Emecé) 1982.

RUSSO, Manfred: *Zeichenrituale in der politischen Kommunikation: Vom Wort zum Bild.* Aus: Plasser, Fritz; Ulram, Peter; Welan, Manfried (Hrsg.): *Demokratierituale. Zur politischen Kultur der Informationsgesellschaft.* Wien, Köln, Graz (Böhlau) 1985. S. 105-120.

SANCHEZ, Matilde: *La comedia de la política.* In: Clarín Digital, 27.12.1998.

SANCHEZ, Matilde: *Democracia y libertad de prensa.* In: Clarín Digital, 27.12.1998.

SCHÄFERS, Bernhard (Hrsg.): *Grundbegriffe der Soziologie.* Opladen (Leske + Budrich) 1986.

SCHEERER, Thomas M.: *Nacht und Nebel in Argentinien. Repressionsverbrechen der Diktatur 1976-1983 und ihre Bewältigung.* Aus: Reemtsma, Jan Philipp (Hrsg.): *Folter. Zur Analyse eines Herrschaftsmittels.* Hamburg (Junius) 1991. S. 91-154.

SCHREUERS, Monika: *Demokratie in Argentinien. 1983 bis 1995.* Friedrich-Alexander-Universität Erlangen-Nürnberg, Diss. Als Manuskript gedruckt. 1995.

SCHÜTZ, Alfred: *Gesammelte Aufsätze II. Studien zur soziologischen Theorie.* Den Haag. (Martinus Nijhoff) 1972.

SHELL, Kurt L.: *Kongreß und Präsident.* Aus: Adams, W. P.; Czempiel, E.-O.; Ostendorf, B. u. a. (Hrsg.): *Länderbericht USA I. Geschichte, politische Kultur, politisches System, Wirtschaft.* Bonn (Bundeszentrale für politische Bildung) 1992. S. 357- 396.

SHELL, Kurt L.: *Die Verfassung von 1787.* Aus: Adams, W. P.; Czempiel, E. -O; Ostendorf, B. u. a. (Hrsg.): *Länderbericht USA I. Geschichte, politische Kultur, politisches System, Wirtschaft.* Bonn (Bundeszentrale für politische Bildung) 1992. S. 329- 339.

SILLS, David L. (Hrsg.): *International Encyclopedia of Social Sciences.* o.O. (McMillan) 1968.

SIMMEL, Georg: *Philosophie des Geldes.* Frankfurt a. M. (Suhrkamp) 1996.

SMITH, William C.: *Authoritarianism and the crisis of the Argentine political economy.* Stanford (Stanford University Press) 1989.

SOEFFNER, Hans-Georg (Hrsg.): *Interpretative Verfahren in den Sozial- und Textwissenschaften.* Stuttgart (Metzler) 1979.

SOEFFNER, Hans-Georg (Hrsg.): *Beiträge zu einer empirischen Sprachsoziologie.* Tübingen (Gunter Narr) 1982.

SOEFFNER, Hans-Georg: *Interaktion und Interpretation. Überlegungen zu Prämissen des Interpretierens in der Sozial- und Literaturwissenschaft.* Aus: Soeffner, Hans-Georg (Hrsg.): *Interpretative Verfahren in den Sozial- und Textwissenschaften.* Stuttgart (Metzler) 1979. S. 328-351.

SOEFFNER, Hans-Georg: *Statt einer Einleitung: Prämissen einer sozialwissenschaftlichen Hermeneutik.* Aus: Soeffner, Hans-Georg (Hrsg.): *Beiträge zu einer empirischen Sprachsoziologie.* Tübingen (Gunter Narr) 1982. S. 9-48.

SOEFFNER, Hans-Georg: *Erzwungene Ästhetik. Repräsentation, Zeremoniell und Ritual in der Politik.* Aus: Willems, Herbert; Jurga, Martin (Hrsg.): *Inszenierungsgesellschaft. Ein einführendes Handbuch.* Opladen (Westdeutscher Verlag) 1998. S. 215-234.

SOEFFNER, Hans-Georg; HITZLER, Ronald: *Qualitatives Vorgehen - "Interpretation".* Aus: Herrmann, Theo (Hrsg.): *Methodologische Grundlagen der Psychologie. Forschungsmethoden der Psychologie.* Göttingen (Hogrefe) 1994. S. 98-136.

SOLER, Sebastián: *Derecho penal argentino. Tomo V.* Buenos Aires (TEA) 1978.

SORIA, Carlos: *La hora de la ética informativa.* Barcelona (Mitre) 1991.

SPOO, Eckart (Hrsg.): *Die Tabus der bundesdeutschen Presse.* München (Carl Hanser) 1971.

STRAßNER, Erich: *Fernsehnachrichten. Eine Produktions-, Produkt- und Rezeptionsanalyse.* Tübingen (Niemeyer) 1982.

STRAUSS, Anselm: *Grundlagen qualitativer Sozialforschung.* München (W. Fink) 1994.

STRAUSS, Anselm; CORBIN, Juliet: *Basics of qualitative research. Grounded theory procedures and techniques.* Newbury Park (Sage Publications) 1990.

THIABUT, Bernhard: *Präsidentialismus und Demokratie in Lateinamerika. Argentinien, Brasilien, Chile und Uruguay im historischen Vergleich.* Opladen (Leske+Budrich) 1996.

THOM, Gary B.: *The human nature of social discontent. Alienation, anomie, ambivalence*. Totowa/New Jersey (Rowman & Allanheld) 1983.

TODOROV, Tzvetan; DUCROT, Oswald: *Enzyklopädisches Wörterbuch der Sprachwissenschaften*. Frankfurt a. M. (Athenaion) 1975.

*Torturas y brutalidad policial en el continente*. In: Clarín, 20.04.1998, S. 31.

TUCHMAN, Gaye: *Telling Stories*. In: *Journal of Communication*, 26. Jg. (1976), H. 4, S. 93-123.

TUCHMAN, Gaye: *Making news. A study in the construction of reality*. New York (The Free Press) 1978.

TUCHMAN, Gaye: *Qualitative methods in the study of news*. Aus: Jensen, Klaus; Jankowski, Nicholas (Hrsg.): *A handbook of qualitative methodologies for mass communication research*. London, New York (Routledge) 1991. S. 79-92.

UEDING, Gert (Hrsg.): *Historisches Wörterbuch der Rhetorik*. Tübingen (Max Niemeyer) 1976.

ULANOVSKY, Carlos: *Los argentinos por la boca mueren. Cómo usamos y abusamos de la lengua*. Buenos Aires (Planeta) 1998.

*Una década de censura en TV*. In: Página 12, 02.01.1998, S. 22-23.

VACA, Juan Carlos: *"Soy inocente", insistió Angeloz ante la Justicia*. In: La Nación, Edición internacional, semana del 30 mayo al 05 Junio 1997.

VERBITSKY, Horacio: *Robo para la Corona. Los frutos prohibidos del àrbol de la corrupción*. Buenos Aires (Planeta) 1991.

VERBITSKY, Horacio: *Un mundo sin periodistas. Las tortuosas relaciones de Menem con la prensa, el poder, la ley y la verdad*. Buenos Aires (Planeta) 1997.

VERBITSKY, Horacio: *Noticias de Nueva York*. In: Clarín, 29.03.1998, S. 14-15.

VERÓN, ELISEO (HRSG.): *ANÁLISIS ESTRUCTURAL DEL RELATO*. BUENOS AIRES (TIEMPO CONTEMPORÁNEO) 1970.

VOGEL, AMOS: *DIE MACHT DES VISUELLEN TABUS*. AUS: KIESEL, DORON; RABIUS, MARTIN; VALTINK, EVELINE (HRSG.): *DAS VERBOTENE BILD. TABU UND GESELLSCHAFT IM FILM*. FRANKFURT A. M. (GEMEINSCHAFTSWERK DER EVANGELISCHEN PUBLIZISTIK E. V.) 1986. S. 103-106.

WAGNER, HANS: *MEDIEN-TABUS UND KOMMUNIKATIONSVERBOTE. DIE MANIPULIERBARE WIRKLICHKEIT*. MÜNCHEN (OLZOG) 1991.

WAISMAN, CARLOS: *THE LEGITIMATION OF DEMOCRACY UNDER ADVERSE CONDITIONS: THE CASE OF ARGENTINA.* AUS: PERALTA RAMOS, MÓNICA; WAISMAN, CARLOS (HRSG.): *FROM MILITARY RULE TO LIBERAL DEMOCRACY IN ARGENTINA.* BOULDER, COLORADO (WESTVIEW PRESS) 1987. S. 97-110.

WALDMANN, PETER: *ANOMIE IN ARGENTINIEN.* AUS: NOLTE, DETLEV; WERZ, NIKOLAUS (HRSG.): *ARGENTINIEN. POLITIK, WIRTSCHAFT, KULTUR UND AUßENBEZIEHUNGEN.* FRANKFURT A. M. (VERVUERT) 1996. S. 58-80.

WEBSTER, HUTTON: *TABOO. A SOCIOLOGICAL STUDY.* NEW YORK (OCTAGON BOOKS) 1973.

WILLEMS, HERBERT; JURGA, MARTIN (HRSG.): *INSZENIERUNGSGESELLSCHAFT. EIN EINFÜHRENDES HANDBUCH.* OPLADEN (WESTDEUTSCHER VERLAG) 1998.

WILSS, WOLFRAM: *ANSPIELUNGEN. ZUR MANIFESTATION VON KREATIVITÄT UND ROUTINE IN DER SPRACHVERWENDUNG.* TÜBINGEN (NIEMEYER) 1990.

WOLF, MAURO: *LA INVESTIGACIÓN DE LA COMUNICACIÓN DE MASAS. CRÍTICA Y PERSPECTIVAS.* BARCELONA, BUENOS AIRES (PAIDÓS) 1987.

WOODSON, LINDA: *A HANDBOOK OF MODERN RHETORICAL TERMS.* ILLINOIS (NAT. COUNCIL OF TEACHERS OF ENGLISH) 1979.

YOUNG, GERARDO: *CABEZAS: PRELLEZO CONFESARÍA QUE RECIBIÓ ÓRDENES DE YABRÁN.* IN: CLARÍN DIGITAL, 01.06.1998.

# Sozialwissenschaften

*Helmut Böse*
**Der persönliche Rat in der Gegenwartsgesellschaft**
Eine soziologische Studie zu einem unterschätzten Alltagsphänomen
Schriftenreihe des Freiburger Instituts für angewandte Sozialwissenschaft e.V.
(FIFAS), Band 7, 2001, 240 S., ISBN 3-8255-0324-0,
ca. 50,- DM

*von Busse, Mark Christian*
**Faszination und Desillusionierung**
Stalinismusbilder von sympathisierenden und abtrünnigen Intellektuellen
Freiburger Arbeiten zur Soziologie der Diktatur, Band 6, 2000, 622 S.,
ISBN 3-8255-0271-6, 69,- DM

*Huhnke, Brigitta*
**Patriarchale Politikvermittlung
im öffentlich-rechtlichen Fernsehen**
Zwei Beispiele: die mediale Inthronisierung des Bundespräsidenten
Roman Herzog und die vierte Weltfrauenkonferenz 1995 in Peking
Feministische Theorie und Politik, Band 13, 1998, 186 + XVI S.,
ISBN 3-8255-0230-9, 39,80 DM

*Katt, Katharina*
**Bürgerinnenbeteiligung in der Kommune**
Empirische Studie zur politischen Partizipation von Frauen
am Beispiel der Zukunftswerkstätten in Heidelberg
Aktuelle Frauenforschung, Band 41, 2000, 168 S.,
ISBN 3-8255-0304-6, 46,- DM

*de Marinis, Pablo*
**Überwachen und Ausschließen**
Machtinterventionen in urbanen Räumen der Kontrollgesellschaft
Beiträge zur rechtssoziologischen Forschung, Band 13, 1999, 280 S.,
ISBN 3-8255-0268-6, 69,80 DM

# Centaurus Verlag

# Sozialwissenschaften

*Friedhelm Raden*
**Christliche Hilfswerke im Kalten Krieg**
Soziologische Studien, Band 23, 2000, 208 S.,
ISBN 3-8255-0294-5, 49,80 DM


*Schwengel, Hermann (Hg.) unter Mitarbeit von Britta Höpken*
**Grenzenlose Gesellschaft?**
29. Kongreß der deutschen Gesellschaft für Soziologie.
16. Österreichische Kongreß für Soziologie.
11. Kongreß der Schweizerischen Gesellschaft für Soziologie.
Freiburg im Breisgau 1998.
Band II/1: Sektionen. Forschungskomitees. Arbeitsgruppen.
1999, 538 + XXII S., ISBN 3-8255-0281-3, 69,80 DM
Band II/2: Ad-hoc-Gruppen. Foren.
1999, 720 + XVI S., ISBN 3-8255-0290-2, 69,80 DM


*Thiemo Schmitt*
**Der Natürliche Egoismus**
Soziologische Studien, Band 24, 2000, 188 S.,
ISBN 3-8255-0305-4, 49,80 DM


*Heidrun Stalb*
**Eheliche Machtverhältnisse**
Ein Theorienvergleich
Soziologische Studien, Band 13, 2000, 132 S.,
ISBN 3-89085-859-7, 39,80 DM


*Tübinger Institut für frauenpolititsche Sozialforschung (Hg.)*
**Den Wechsel im Blick**
Methodologische Ansichten feministischer Sozialforschung
Aktuelle Frauenforschung, Band 40, 2. Auflage 2000, 328 S.,
ISBN 3-8255-0221-X, 49,80 DM


# Centaurus Verlag

If you have any concerns about our products,
you can contact us on
ProductSafety@springernature.com

In case Publisher is established outside the EU,
the EU authorized representative is:
**Springer Nature Customer Service Center GmbH
Europaplatz 3, 69115 Heidelberg, Germany**

Printed by Libri Plureos GmbH
in Hamburg, Germany